国家艺术基金传播交流推广资助项目"兵团军垦文艺精品数字化保护与传播"
【2017-A-03-(168)-0501】
兵团文艺精品工程扶持项目"兵团军垦民间文艺优秀作品集成"
(兵财教【2020】21号)

Xinjiang Bingtuan Kenqu Minsu Wenhua Yanjiu

新疆兵团垦区民俗文化研究

薛洁◎著

中国文联出版社

图书在版编目（CIP）数据

新疆兵团垦区民俗文化研究 / 薛洁著. -- 北京：中国文联出版社，2024.1
　　ISBN 978-7-5190-4754-2

Ⅰ. ①新… Ⅱ. ①薛… Ⅲ. ①农垦地区－俗文化－文化研究－新疆 Ⅳ. ①G127.45

中国国家版本馆CIP数据核字（2023）第168839号

著　　者	薛　洁
责任编辑	王素珍
责任校对	秀点校对
装帧设计	吴燕妮

出版发行	中国文联出版社有限公司		
社　　址	北京市朝阳区农展馆南里10号	邮编	100125
电　　话	010-85923025（发行部）	010-85923091（总编室）	
经　　销	全国新华书店等		
印　　刷	三河市龙大印装有限公司		
开　　本	710毫米×1000毫米　1/16		
印　　张	17		
字　　数	240千字		
版　　次	2024年1月第1版第1次印刷		
定　　价	68.00元		

版权所有·侵权必究
如有印装质量问题，请与本社发行部联系调换

★ 1950年春，在疏勒草湖拉开了军垦第一犁

★ 1951年，新疆军区女战士张迪源（湖南女兵）成为全军第一位女拖拉机手

★ 全军战士省一件，修起工厂一大片——1952年，七一棉纺厂外景

★ 面对蜿蜒的界河，背靠伟大的祖国。我们种地就是站岗，我们放牧就是巡逻

★ 困难九十九，难不住战士一双手——1950年，部队行军过程中在青石板上烙大饼

★ 天当被，地当床，挖个地窝当营房——20世纪50年代战士们的宿营生活

★ 1991年，八师一三三团民间歌手在演唱

兵团非物质文化遗产项目展览　　　传承　沟通　和谐

国家级非物质文化遗产项目

曲艺————新疆屯垦小曲子戏

新疆屯垦小曲子戏与秦腔、迷糊剧、甘肃大鼓以及陕甘宁的山歌在唱腔、唱词的韵味上具有密切的血缘关系，是在上述剧种的基础上逐步演变形成的一种特殊的剧种。

小曲子戏在吉木萨尔红旗农场的四场湖、五场湖等地区传播，始于中原来的戍民及清朝的屯垦、民屯和奇台"塘头老二"戏班子，有200余年的历史。新疆小曲子戏是一种地方剧种，具有浓郁的地方特色和农民风格，历史源远流长。早在清朝末年就有《三下屯》、《十岁郎》、《兰桥担水》、《绣荷包》等小调的传唱。小曲子戏有自己的风格和演唱技巧，在唱腔唱词上具有明显的乡音韵味，方言土语、乡间小调，可边唱边舞，时而花腔大度，时而叠腔恒恍；有传统大剧架式，又有小戏摆设；有文言格律，又有方言土语，所以这种剧种灵活多样，变化多端，传授各异，使人百看不厌。

据一些老艺人说，小曲子戏由过去的九腔十八调发展到今天的三十六大调、七十二小调，这些曲调常用的有越调、五更、东调、西字、岗调、连相、尖头花、木114、银纽丝等。有三本经过收集整理的新疆曲子戏的词和谱曲，共计词曲50余首，词100余首。弹唱乐器有三弦、二胡、笛子、磁铃、竹板等。

★ 国家级非遗名录——新疆屯垦小曲子戏

兵团非物质文化遗产项目展览

传承 沟通 和谐

国家级非物质文化遗产项目

民间音乐————眉户（迷糊戏）

眉户（迷糊戏）是由内地传播到新疆本地的，具有独特的风格、弹唱技巧，及浓厚的乡音韵味、方言土语和唱腔。迷糊戏由原眉户戏演变而来。眉户原流传于甘肃武威一带，原籍甘肃武威的狄氏祖辈们自清朝末年迁至新疆，并将眉户戏带至新疆，经多年的发展和演变，成为后来的迷糊戏，并一代一代流传至今。从清朝末年开始，新疆当地人把眉户作为生活乐器，相互传唱从未间断。直止"文革"前夕，一度中止弹唱。粉碎"四人帮"后，当地老艺人和群众又自发地开始唱起了迷糊戏，而且很受欢迎。

迷糊戏可白唱，也可以伴奏演唱，也可自弹（三弦、二胡等）自唱，也可以多种乐器伴奏合唱，可多种乐器合奏。迷糊戏用的主要乐器有：三弦、二胡、笛子、梆子、碰铃、竹板等，形式灵活多样，易被群众接受和流传。迷糊戏虽由内地眉户戏演变而来，但融入了兵团屯垦史和兵团经济社会的发展变化，尤其融入了来自五湖四海内地各流派演唱的技巧，使迷糊戏逐渐自成一体，成为深受地群众喜爱的一个剧种。迷糊戏与秦腔和新疆曲子戏有着密切的血缘，相互难以分割，因此，研究秦腔、追塑新疆小曲子戏等民间曲艺文化，都与迷糊戏有着千丝万缕的联系。

★ 国家级非遗名录——眉户（迷糊戏）

兵团非物质文化遗产项目展览

传承 沟通 和谐

国家级非物质文化遗产项目

传统手工技艺———哈萨克毡绣和布绣

哈萨克毡绣和布绣工艺，是在毡子和布面上，绣上各种各样的花色图案，成为哈萨克族的传统民间手工艺。毡绣制作的方法和步骤是：将上好的羊毛处理干净，通过人工擀毡，制成羊毛毡。然后，取一块质地较好的毡子，又盐（或碱）、面粉少许，与牛奶调和在一起成稀液体状，用小木棍、牙釜、粗棍长短即可，蘸上液体在毡子上按照构好的图案一笔画成，不用尺子和任何辅助工具，画出的图案对等、工整、美观大方，其技艺之精湛令人赞叹。在奶液中加盐和适量的面粉调和做高，一是在毡子上或布上留白色，色泽清晰；二是容易让毡或布吸收，附着力强，不易脱落。画毡好后，用钩针将毛毡沿着图案形状绣制。毛毡颜色可相互搭配，部分图案可用金丝线绣制。布绣的基本方法和步骤：用一个方框（约一平方米大）将绣布绷紧，在方框内绣制，其他操作程序与毡绣相同。毡绣和布绣材料选用彩色纺线、各色毛线、金丝线。基本颜色黑色、白色、蓝（天蓝、普蓝）、红色、绿色、铊色和铅色、粉色。绣制工具为钩针。

哈萨克毡绣和布绣是哈萨克民族原生态的手工技艺，属哈萨克族世代相传的民族文化，是哈萨克族民俗和古老文化的表现，能够长期保存，构思奇特、技艺精湛，构成了哈萨克族牧民与众不同的民族风格。

★ 国家级非遗名录——哈萨克毡绣和布绣

5

★ 国家级非遗代表作——兵团秦剧，图为王瑛编剧八场秦腔现代戏《昆仑山下的承诺》演出剧照

枪杆诗

枪杆诗，是当年部队创作的歌谣、快板、诗、词或顺口溜等，枪杆诗在战争年代就伴随着部队一起成长。在行军打仗的过程中没有桌椅，指战员们克服困难，利用战斗、行军间隙写文章、作诗、写顺口溜等。到了解放战争时期，枪杆诗更是十分活跃、蓬勃发展。并为这种诗（词、快板词、顺口溜等）正式命名为——枪杆诗。枪杆诗，不仅及时反映了战斗（役）情况、战士生活和思想，同时，鼓舞了斗志、教育了战士、打击了敌人。对战斗、生产、克服困难起了很大的作用。还体现了部队战士革命的乐观主义精神。解放战争时期的新四旅（后编为六军十七师），更是发挥了枪杆诗的巨大的杀敌作用，诗与战役（斗）相互作用，战役（斗）给枪杆诗提供创作的平台，反过来，枪杆诗又极大地鼓舞了部队士气，战士们在战役（斗）中，英勇善战，屡建奇功。在保卫延安的战战役（斗）中，每战必胜，每攻必克。战士们的政治、军事素质很高，部队文化生活也异常活跃。枪杆诗，是特殊年代和特殊环境、特殊历史背景下产生的特殊的文化，是战争年代部队战斗历程的缩影。从枪杆诗的字里行间，我们可以隐隐看出在那炮火连天、战后纷飞的年代，我军统帅及将领们，高超的指挥艺术；在危急情况下，我们的干部身先士卒，杀向敌阵；在强大的敌人面前，战士们以压倒一切敌人的英雄气概，冲锋陷阵，视死如归；在异常困难的条件下，我军将士不怕困难、不畏艰苦、不悲观，不动摇，始终保持着乐观的旺盛的革命斗志，对未来充满信心。

★ 兵团级非遗项目——民间文学·枪杆诗

6

兵团非物质文化遗产项目展览

传承　沟通　和谐

民间文学——新疆屯垦文学

新疆屯垦文学广泛流传于区内外及国外。创作主体是新疆历代屯垦民，亦有短期流寓官员，当代还有来自全国的作家、诗人游历新疆时的各类创作。

新疆古称西域，自古以来就是多民族聚居之地，多种宗教并存传播，东西方文化擦击交融，具有丰厚的民族文化积淀。新疆屯垦文学有漫长的形成和发展历史。新疆屯垦是中华民族治国安邦智慧的集中体现之一，历代中央政府为了保卫边防、维护祖国统一、促进新疆的发展和稳定，都在新疆实行屯垦戍边。新疆屯垦的军民之漫长的屯垦戍边实践中，创造了大量的民间传说、口头故事和文学作品，从一个独特的角度反映了中华民族的精神风貌，丰富了中华民族的文学宝库。

由于新疆屯垦的独特使命和艰苦的生活环境，新疆屯垦文学集中体现了中华民族自强不息的民族精神和高度的爱国主义责任感，是中华民族文化的精华和民族智慧的结晶。

面对现代化和全球化进程的加快，以传统农耕文化为主要内涵的新疆屯垦文学面临严峻的挑战。当前，兵团用多种形式举办研讨会和纪念活动，出版屯垦文学作品，如近期举办的"边塞诗歌节"等，继承和发展了屯垦文学事业。

★ 兵团级非遗项目——民间文学·新疆屯垦文学

民间文学——屯垦英烈传说

屯垦英烈谱《火凤凰之歌》是一部歌颂从汉代张骞开始，一代又一代远离亲人故土，为国镇守边疆的汉族官吏、戍边将士、屯垦军民抗击外敌侵略、维护祖国统一的民间口头文学。全书分上下两卷。上卷由《误失的国土》、《杀尽黄毛贼》和《巴奇赤匪徒的末日》组成；下卷分《伟大的公民》、《永不移动的界牌》、《国土在我心中》三部分。

屯垦英烈传说《火凤凰之歌》整个故事以"汉有张骞探险途，班超勇建定边疆。先人拓疆多艰辛，岂容俄寇掠国土"开头，在冷战时期以雷权柱义者武装抗我的艰难岁月中，"割不断的国土情、难不倒的兵团人，攻不破的防城线，摧不垮的军县魂"成为主旋；进入新时期又以"我家住在绿尽头，国门就在房背后，界河边上种庄稼，边境线上牧羊牛"这首歌谣来表现屯垦戍士的生活与情怀。《火凤凰之歌》是以口头式流传于新疆阿勒泰地区、塔城地区和被讲其他边境地区汉族官吏、驻防兵勇和屯民聚居区。这是一部集顺口溜、谚语、诗歌、故事、传说为一体口头传承的民间文学。《火凤凰之歌》是千余年来一代代远离亲人、远离故土为国戍边的有着爱国主义精神的作品，其意义远不是爱国主义生动教材所能涵盖的，放到历史长河中，尤其是新疆兵团处在反对"三股势力"前沿的形式下，其价值是不可估量的。

★ 兵团级非遗项目——民间文学·屯垦英烈传说

7

兵团非物质文化遗产项目展览
传承 沟通 和谐

兵团级非物质文化遗产项目

民间舞蹈---军垦鼓艺

兵团农八师一四三团始建于1950年，前身为中国人民解放军第22兵团9军26师77团。这些来自于五湖四海的官兵铸剑为犁，他们中有二十多名曾在南泥湾战斗过的老红军战士，从家乡带来了腰鼓，在生产劳动之余，给大家表演，丰富群众文化生活，激励了人们的斗志。逐步被群众热爱和接受，纷纷向他们学习，为腰鼓在该团的普及打下了基础，一代一代的传承下来。随着团场社会的发展，职工群众把腰鼓逐步演变成了具有浓郁兵团特色的屯垦腰鼓，男女老少踊跃参与。表演时龙腾虎跃、气势宏伟，展示了无私奉献、开拓进取的屯垦精神。现有成人腰鼓队300多人，少年腰鼓队340人，形成了一代一代的传承关系。在屯垦腰鼓的基础上又先后建立起160人的军垦威风锣鼓队，每到节庆等重大活动，这些队伍都要助兴表演，成为团场职工群众文化生活经营性重要的活动内容。

★ 兵团级非遗项目——民间舞蹈·军垦鼓艺

兵团非物质文化遗产项目展览
传承 沟通 和谐

兵团级非物质文化遗产项目

民间音乐----布拉丁家族民族民间歌手传承人

布拉丁家族民族民间敬唱活动密切影响到地处喀什葛尔河中游、农三师图木舒克市伽师总场及伽师县39、99一带。维吾尔族自古以来以能歌善舞著称。现生活于农三师图木舒克市伽师总场的布拉丁家族，祖孙五代以口传心授形式传唱民族民间歌曲，传唱内容以喀什民歌、库车民歌、当地民歌为主，演奏乐器为传统的弹布尔、热瓦甫、都它尔、手鼓等为主。表演形式主要以家庭聚会、亲朋好友激会上、节、庆事活动等即兴弹唱娱乐、交流切磋技艺，不作为谋生手段，无商业目的，民间歌舞世家特征明显。

布拉丁家族五代人凭借对民族民间传统歌舞的兴趣和爱好，以家庭、家族为基础，自发地自愿地传承和弘扬民族民间歌、舞、音乐，有效地保护了民族民间歌舞传统及活动形式和方法。几代人中也不断产生出在当地较有影响的民间歌舞手。同时，通过家族、家庭的自发传承，一定程度上也影响促进了当地群众对民间传统歌舞音乐的兴趣爱好，有效地普及和提高了传统歌舞艺术的发展水平，为活跃兵团基层农工文化生活，激发劳动热情起了极大的推动作用。

★ 兵团级非遗项目——民间音乐·布拉丁家族民间歌手传唱

8

兵团非物质文化遗产项目展览

传承 沟通 和谐

兵团级非物质文化遗产项目
民间美术————党氏家族蛋壳画

党氏蛋壳画传承人党广云擅长人物画，利用剪纸、布贴作画，还在瓷盘上、葫芦壳上、各种蛋壳上作古装彩色人物画。她作的蛋壳画，构思巧妙，内容丰富，工艺精湛，具有民族风格和时代气息。

蛋壳画的主要工艺程序及其做法：一是选好蛋形（鸡蛋、鸭蛋、鸟蛋、鹅蛋均可），选择光滑的、颜色好的、形状好的蛋，然后根据绘画的内容，确定位置，在蛋壳上打一个绿豆大小的小洞，小洞的相对面打一个针眼小孔，小孔朝下，小洞朝上，用针管插进洞内，将蛋内纹搅，使血摇晃，然后用针管往外抽出蛋黄和蛋清，抽净后用嘴吹，把蛋黄和膜吹出来，洗净净身。二再用针管将酒精打进去消毒、洗净。作画时直接用毛笔从打洞的地方画起（把小洞做大的眼睛或口形），提笔作画，一笔成功，不得涂改。蛋壳先用墨汁画好，然后进行彩色上色，最后均匀地刷上青漆，刷出亮度，用布擦亮，干后进行彩色上色，把蛋画放在包装盒内。蛋壳画的内容多为民族风情、兵团屯垦人物、传说故事、自然山水风景、十二生肖、名著人物等。

党广云1989年以来创作的蛋壳画有：《百蛋图》、《十三寿星》、《西游记》、红楼梦《金陵十二钗》、《水浒传》、《十二生肖》、《西厢记》、《五十六个民族大团结》等，至今色泽鲜艳，完整无损。

★ 兵团级非遗项目——民间美术·党氏家族蛋壳画

新疆生产建设兵团非物质文化遗产项目
现代套彩烙画艺术

烙画艺术具有悠久的历史，是中华民间传承久远的艺术瑰宝，它的烙铁为高温代墨作画，号称中国一绝。烙画艺术，属中西结合，古今交融，精美典雅，别具一格。品种丰富的魅力艺术，它的种类有：梅兰竹菊、山水花鸟、人物、动物、书法、西画、国画、壁画、长卷等，其题材广泛，具有收藏、欣赏的艺术价值。据考证，烙画艺术在民间传统美术中无人传承，几乎面临濒危。

现代套彩烙画艺术的技法，是从传统单线烙法，发展成为以烘为主，以色为辅，以烘烤定型的现代套彩烙画烙画艺术，所采用的工具材料，大都为普通烙铁30瓦至100瓦，通上电源，待烧热，便可使用。画笔为普通的油画笔、水粉笔、毛笔、排笔等，板材以静面三合板为主，一幅作品通常画好后，进行装裱，挂在墙上或放在较干的地方保存，应做到长期保护的计划。

兵团农九师杨新平现代套彩烙画技术，是在传统烙画的基础上，进行了探索、革新，并继承和发扬光大，其作品多以兵团团场生活为创作素材。目前，这种画法尚属国内首创，是新一代的代表画法，具有极高的艺术价值、民间风味和军垦特色，得到了中国文联副主席、中国民间文艺家协会主席冯骥才先生、中国民间文艺家协会副秘书长赵铁信等老艺术家的高度评价和认可，并赢得了社会市场的需求。杨新平烙画的主要代表作有《清明上河图》，军垦系列有《守望》、《凯歌进疆》、《军垦第一犁》、《创业》等。

★ 兵团级非遗项目——民间美术·现代套彩烙画

9

阿肯弹唱

阿肯弹唱是哈萨克族人民传统文化和民族精神的展示，对于研究和弘扬民族文化，有其特殊的文化价值。哈萨克族历史悠久，自民族诞生以来，阿肯弹唱就相伴以致，是哈萨克族群众最喜闻乐见的一种娱乐活动，传统节日、婚礼喜事，男孩割礼或有名望的人的阿斯（人死周年后）的祭祀等，都举办阿肯弹唱。阿肯弹唱是哈萨克民间集聚多人、双人或单人弹奏冬不拉演唱的一种群众性文化娱乐形式。每逢举办阿肯弹唱会，各个阿肯歌手（同时也邀请本单位阿肯参加）骑上骏马，怀抱"冬不拉"踊跃参歌。演唱形式分自弹自唱、二人对唱、男女对唱或多组轮唱。从日出唱到月升，有时一连数日，比出高低。

阿肯弹唱，为自愿报名（多则几十对，少则十几对，或几对阿肯）。在台上，一般年龄相仿的阿肯通过抓阄组成一个对唱组，每组二人，不分男女，每人怀抱乐器冬不拉，边唱边弹。弹唱常用曲调有20多个（也可以自行发挥曲调）。唱词即兴发挥，所以，阿肯要有文化，要脑子灵、反应敏捷，而且，口齿伶俐、对答如流。唱词内容丰富多彩；天地日月、人情世故、牲畜草场、社会风貌、英雄人物、好人好事，或揭露讽刺社会的某些不良风气和个人的不良行为等。阿肯分为两种：一种是只写词曲的阿肯，叫甲子巴阿肯；另一种是又写又唱、又弹的阿肯，叫阿依特斯阿肯。

演唱幽默、滑稽、风趣、诙谐，斗嘴逗笑，令人捧腹大笑，忍俊不禁。阿肯弹唱有时词语和缓温顺，有时十分尖刻、扣人心弦。问唱者若弹唱的是五字一句，对唱者也必须五字一句对唱，内容必须相关，不能走调。阿肯若与棋逢对手，可唱上几天几夜不分胜负和高低。有的也就几个回合很快就败下阵来。胜败之分，以对手不能应对，张口结舌或是哑口无言、无词以对为败阵，反之为胜。

2007年毛台（中）与本场获奖歌手合影　　北塔山毛台的个人阿肯弹唱专辑

阿肯弹唱会金奖：畜牧一连的古丽　　阿肯弹唱银奖：民族连的巴哈赛

北塔山阿肯弹唱会

★ 兵团级非遗项目——民俗·阿肯弹唱

★ 马军武的一天生活·升国旗　李宏／摄

★ 1987年10月,农五师红枸杞丰收

★ 高山有好水,平地有好花——四师是全国最大的薰衣草种植基地

11

★ 2001年，八师紫泥泉种羊场举办的首届民俗文化节

★ 2002年，石河子民间文艺民俗文化演唱展示会在南山举行

★ 绿色大地一点红——2003年7月，在八师的大农田作业中

★ 2006年7月22日，四师油菜花开

★ 2008年，三师迎奥运民间文艺表演

★ 六师五家渠市广场的腰鼓表演

前　言

　　新疆兵团垦区民俗文化是兵团几代军垦儿女在履行国家赋予的屯垦戍边使命，实施亦军亦农、劳武结合、守边卫国的生产劳动和生活实践中集体创造、集体传承、集体享用的社会生活文化和共同精神财富。

　　兵团垦区民俗文化主要从兵团垦区社会民俗文化、民间文学和民间艺术入手，对其概念、类别、内容以及民俗生活变迁等进行阐述，以挖掘、探讨兵团垦区民俗文化的内涵、特征及其价值影响，并对垦区民俗文化传承中存在的问题提出解决对策和保护措施，尤其提出垦区民俗文化中军垦特色非遗的保护与传承、构想和前瞻。

　　本项目以兵团军垦民俗文化、军垦民间文学、军垦民间艺术为主要内容，在广泛调查、收集资料和实地田野的基础上，对流传、存活在老一辈军垦人中的民俗文化的口述史、文字资料、词曲、图片、实物等进行梳理，解决是什么的问题；运用民族学、历史学、民俗学、民间文艺学、社会学等学科综合分析、阐释研究，探讨垦区民俗文化内涵、特征和价值，解决为什么要研究的理论问题；对其存在的问题提出解决对策和保护措施，对一脉相承、有生命力价值的优秀民俗文化遗产，进而提出解决如何保护和传承的实践路径。

目 录

第一章 新疆兵团垦区民俗文化概述
第一节 兵团垦区民俗文化生态环境 …………………………………… 003
一、自然地理环境 …………………………………………… 004
二、社会历史背景 …………………………………………… 006
三、兵团的性质、任务和作用 ……………………………… 010
四、人口与民族 ……………………………………………… 011
第二节 兵团垦区民俗文化研究背景及研究综述 ………………… 016
一、研究背景与研究缘起 …………………………………… 016
二、国内外研究动态综述 …………………………………… 019
第三节 研究方法及其研究意义 ………………………………… 025
一、研究方法 ………………………………………………… 025
二、研究意义 ………………………………………………… 027

第二章　兵团垦区民俗文化主要内容

第一节　兵团垦区民俗生活与民俗文化变迁 …………………… 031
　　一、兵团垦区的民俗生活 ………………………………………… 031
　　二、兵团垦区民俗生活文化变迁 ………………………………… 064

第二节　兵团垦区民间文学及其代表性作品 …………………… 087
　　一、屯垦戍边生活与兵团垦区民间文学 ………………………… 087
　　二、兵团垦区民间文学的主要类型 ……………………………… 092
　　三、兵团垦区民间文学代表性作品 ……………………………… 099

第三节　兵团垦区民间艺术及其代表性作品 …………………… 119
　　一、兵团垦区民间艺术及其代表作 ……………………………… 119
　　二、兵团垦区民间艺术的主要特点 ……………………………… 141

第三章　兵团垦区民俗文化的内涵、特征及其价值影响

第一节　兵团垦区民俗文化内涵 ………………………………… 147
　　一、兵团垦区民俗文化反映兵团人履行屯垦戍边使命的爱国主义精神 … 147
　　二、兵团垦区民俗文化反映兵团人艰苦创业、乐观向上的无私奉献精神 … 150
　　三、兵团垦区民俗文化反映兵团人思乡情愫、热爱美好生活的人文主义情怀 … 152
　　四、兵团垦区民俗文化反映兵团人美美与共的审美追求精神 ………… 154
　　五、兵团垦区军垦传说故事、歌谣和谚语的民俗文化阐释 ………… 155
　　六、军垦歌曲的民俗文化内涵意蕴 ……………………………… 162

第二节　兵团垦区民俗文化的显著特征 ………………………… 167
　　一、军旅性是兵团人屯垦戍边劳动生活的突出特征 …………… 167
　　二、集体性是军垦人屯垦戍边生活的本质特征 ………………… 170
　　三、多元性与交融性是兵团人屯垦戍边生活的和而不同特征 … 171
　　四、传承性与时代性是兵团人屯垦戍边生活的继承和创新 …… 173

第三节　兵团垦区民俗文化的价值分析 ………………………… 175

一、兵团垦区民间文学在屯垦戍边生活中的地位与作用 …… 175
　　二、兵团垦区民间艺术的价值分析 …… 183

第四章　兵团垦区民俗文化整体变迁发展态势

第一节　兵团垦区民俗文化整体变迁 …… 189
　　一、民俗主体：由"部队将士"到"亦兵亦民" …… 189
　　二、民俗事象：从"整体统一"到"丰富多样" …… 191
　　三、民俗情境：从"军营模式"到"城镇模式" …… 195
　　四、民俗生活："多元交融"与"多元一体" …… 199

第二节　兵团垦区民俗文化互动与和谐民族关系 …… 204
　　一、集市互动："赶巴扎" …… 204
　　二、节日互动：紫泥泉种羊场哈萨克族古尔邦节 …… 207
　　三、婚礼互动：紫泥泉种羊场哈萨克族婚俗 …… 209

第五章　兵团垦区民俗文化资源的保护与发展

第一节　兵团民俗文化传承现状、问题与对策 …… 215
　　一、兵团民俗文化传承现状 …… 215
　　二、兵团民俗文化传承中存在的问题及原因分析 …… 220
　　三、解决对策及其保护措施 …… 224

第二节　兵团垦区民俗文化资源保护专题研究 …… 233
　　一、关于非遗保护中的家庭教育保护传承 …… 233
　　二、民间优秀传统文化在家庭教育传承的内容和意义 …… 239

第三节　兵团垦区民俗文化中军垦特色非遗的保护传承与发展 …… 248
　　一、军垦特色非遗的真实存在、活态流传具有保护传承的可行性基础 …… 248
　　二、兵团军垦特色非遗保护与传承的目的和意义 …… 252
　　三、兵团军垦特色非遗保护传承的构想与前瞻 …… 254

主要参考文献 /260

后　记 /263

第一章
新疆兵团垦区民俗文化概述

新疆生产建设兵团垦区（以下简称"兵团垦区"）民俗文化主要指在兵团垦区屯垦戍边的各族军垦将士、职工群众集体创造、集体传承及集体享用的一种社会生活文化。兵团垦区民俗文化是一个丰富多元的富矿：一是因为它与古屯垦文化、军旅文化根脉延续、源远流长；二是因为它是全国各地人的原籍文化在新疆兵团大熔炉中相互影响、兼容并蓄的结果；三是因为它融入新疆本土，吸收了多民族的文化元素。可以说，它植根于古屯垦文化，传承着军旅文化传统，融会了全国各地的多元文化，又吸纳了新疆各民族民俗文化营养，兼容并蓄，美美与共，最终形成了一个集汉文化传统、军旅、各地文化和新疆民族民俗文化于一体的多元交融文化——全国唯一的新疆兵团亦军亦农、亦工亦牧、亦兵亦民的屯垦民俗文化。

第一节　兵团垦区民俗文化生态环境

兵团垦区是在党和国家领导下，最早由1949年秋进疆中国人民解放军枪镐并举，于1954年10月集体就地转业组建，具有一定的党、政、军、企职能的准军事化特殊群体，用以完成党和人民赋予的屯垦戍边重大职责的区域范围。这个特殊群体在这个特定的区域范围内劳作生息，构成了一个垦区社会。

兵团垦区按中国人民解放军1949年深秋进疆、1950年初春在南北疆启动军垦第一犁的区域规划布局，目前建有40个垦区。第一师含金银川垦区（原沙井子垦区）、阿克苏垦区、阿拉尔垦区；第二师含库尔勒垦区、乌鲁克垦区、焉耆垦区、且若垦区、塔里木垦区；第三师含喀什垦区、图木舒克垦区（原小海子垦区）、伽师垦区；第四师含霍城垦区、伊宁垦区、昭苏垦区；第五师含博乐垦区、塔斯尔海垦区；第六师含五家渠垦区、芳新垦区、奇台垦区；第七师含奎屯垦区、车排子垦区、乌尔禾垦区；第八师含石河子垦区、下野地垦区、莫索湾垦区、安集海垦区；第九师含塔城垦区、额敏垦区、叶尔盖提垦区、乌什水垦区；第十师含北屯垦区、巴里巴盖垦区、屯南垦区；第十二师含乌鲁木齐垦区、吐鲁番垦区、北亭垦区；第十三师含哈密垦区、巴里坤垦区、黄田垦区；第十四师含皮墨垦区、和田垦区。

一个地域风俗的形成与变迁是诸多因素共同作用的结果。"文化的本质内涵是自然的人化，文化的生成机制当然离不开自然环境，或曰地理环境。文化又是一种社会的产物，其生成机制根于社会环境。"[1] 因此，考察文化的生成机制，须从自然地理环境和社会历史环境展开，从两者整合而成的文化生态做出概述与辨析。兵团是在特殊的历史条件下，在特殊的地理环境中，建立的特殊的准军事化社会组织。兵团民俗生活的形成与变化主要受其所处的自然地理环境、社会历史背景及民俗主体构成的影响。

一、自然地理环境

"任何人类历史的第一个前提无疑是有生命的个人的存在。因此，第一个需要确定的具体事实就是这些个人的肉体组织，以及受肉体组织制约的他们与自然界的关系。"[2] 自然物质环境对于人类来说极为重要，是他们赖以生存发展的基础。人类不但要依赖于自然环境获得衣食住行等多方面的生存资料，同时人类与自然相互依存过程中创造出来的文化也受到地理环境的一定影响。也就是说，人类的生存发展及人类文化的产生均与自然环境有着密切关系。兵团垦区人们在一望无际的荒原上求生存、求发展，他们的衣食住行及风俗习惯等诸多方面是与特定的自然环境相适应的。

（一）地理分布

兵团垦区分布在我国的新疆天山南北，同蒙古国、哈萨克斯坦与吉尔吉斯斯坦相邻。在创建阶段，各地开垦种植的区域大多处在路到头、水到头、电到头的状态。在农牧团场的布局及建立方面，是以当时剿匪、守边和今后保卫边疆、建设边疆为前提分布建立的。因而，各个团场在

---

[1] 冯天瑜：《文化守望》，武汉：武汉大学出版社，2006年，第38页。
[2] 《马克思恩格斯全集·第三卷》，北京：人民出版社，1960年，第23页。

空间分布方面形成了以下布局特点：点多、面广及布局分散，人们称其为"两圈一线"。"两圈"指的是北疆环古尔班通古特沙漠部署的师团，还有南疆环塔克拉玛干沙漠部署的师团，以沙漠边缘为起点，兵团的上百个团场的有序布局，如同两个绿油油的包围圈，紧紧锁住沙漠中躁动不安的风沙。"一线"指的是新疆兵团为守边卫国在中蒙、中哈边境线建起的一个个团场，屯垦戍边。兵团共14个师、176个农牧团场，且分布在天山南北。南北疆的地州市间为兵团师部的驻地，南北疆各县镇间为兵团某师团部的驻地，近邻一路之隔，远则隔河相望，绵延千里，守望不断。天时地利人和，交往交流交融。可以说，新疆有多大，兵团就有多大。

（二）自然环境

"三山夹两盆"是新疆地形的基本特点："三山"即东北面雄踞着阶梯状的阿尔泰山，南面是高峻陡峭的昆仑山，中部横亘着高大雄伟的天山。天山将新疆分为南北两大部分，天山以南为南疆，天山以北为北疆，天山东段的哈密、吐鲁番地区称为东疆。"两盆"即准噶尔盆地和塔里木盆地。天山与阿尔泰山之间为准噶尔盆地，呈半封闭形，总面积为38万平方千米，是我国第二大盆地；北疆西北分布有兵团的第四、五、九、十师；北疆准噶尔盆地中部古尔班通古特沙漠，兵团第六、七、八、十一、十二师共有100多万人口分布在其南缘。南疆塔里木盆地地处天山和昆仑山之间，总面积为53万平方千米，是我国第一大盆地，分布有兵团第一、二、三、十四师；塔里木盆地中的塔克拉玛干沙漠，总面积33.76万平方千米，是我国第一大沙漠。东天山以南、库鲁克山以北，是哈密盆地和吐鲁番盆地，盆地北面是天山南坡，分布着大大小小的绿洲，兵团第十三师的多数农场在这里。[①]

兵团的气候和整个新疆气候一样，都属于干旱温带大陆性气候。按地理位置的不同，可以分为三种类型：北疆西北部和天山山区属中温带半干旱区气候，包括兵团第四、五、九、十师；北疆准噶尔盆地属中温带干旱气候，包括兵团第六、七、八、十一、十二师和第十师的部分地区；南疆与东疆的垦区属暖温带干旱区气候，包括兵团第一、二、三、十三、十四师。

新疆四季分明，夏季炎热，冬季严寒漫长，春秋季较短。日照时间长，昼夜温差大，干燥少雨，夏季较多降雨。北疆冬天多雪，地面积雪通常可达到5—25厘米，既保护了冬麦越冬，也为春播作物提供了水源。但南疆雪少，一般地面无雪或少雪，农业用水主要靠高山雪水和水库。总之，兵团垦区处在新疆南北疆，气候的主要特点是，干燥少雨，风沙较大，冬寒夏热，昼夜温差大，日照长，阳光充足。

二、社会历史背景

（一）兵团历史

"不懂得历史就不会懂得文化。"[②] 从1949年秋部队进疆算起，兵团已走过70多年的发展历程，经历了创立、发展、撤销、恢复、再发展的曲折道路。梳理兵团的发展历史，对兵团文化产生、变化、发展以及把握兵团文化特点、挖掘文化内涵提供历史依据。

[①] 参见刘戈玉主编《新人口礼赞：人口和计划生育工作回顾与展望·新疆兵团卷》，北京：中国人口出版社，2007年，第18页。

[②] 费孝通：《费孝通在2003：世纪学人遗稿》，北京：中国社会科学出版社，2005年，第77页。

1. 计划经济时期

1979年之前，我国农垦管理所实施的是以行政管理为主、高度集权的计划经济体制。各地农垦部门依照统一领导、分级管理的基本原则，由主管机关对所属国有农场等企业进行统一化管理。国家通过各种计划和规定，集中了企业的人财物和产供销的管理权，严格控制着企业的生产经营和分配发展，各种生产和分配都要纳入国家计划。这种管理体制，在建场初期艰苦的条件下，为集中人力、物力、财力，进行大规模建设，推动国营农场的发展，完成国家赋予的屯垦戍边特殊政治任务，发挥过重要的作用。

(1) 兵团初期（1949年10月—1954年10月—1966年5月）

1949年9月25日，新疆和平解放。同年10月，王震司令员率领着中国人民解放军进军新疆；12月，毛主席颁发《关于1950年军队参加生产建设工作的指示》。遵照指示，1950年春，中国人民解放军开始了垦荒造田。[①]1952年2月，毛主席发布《人民革命军事委员会命令》："……你们现在可以把战斗的武器保存起来，拿起生产建设的武器。当祖国有事需要召唤你们的时候，我将命令你们重新拿起战斗的武器，捍卫祖国。"[②]1953年1月，中央军委和西北军区批准了《关于驻新疆人民解放军整编为国防部队、农业和建筑工程部队的整编方案》。同年5月，新疆军区根据中央军委和西北军区的命令，将驻疆人民解放军分别整编为国防部队和生产部队。这次整编为之后组建新疆军区生产建设兵团奠定了基础。

1954年10月7日，中央军委批准，以原生产部队为基础，成立了新疆军区生产建设兵团（以下简称"兵团"）。下辖15个师级单位，即

---

① 参见新疆生产建设兵团史志编纂委员会、《新疆生产建设兵团史料选辑》编辑部编《新疆生产建设兵团史料选辑》（第1辑），乌鲁木齐：新疆人民出版社，1992年，第24页。

② 新疆生产建设兵团史志编纂委员会、《新疆生产建设兵团史料选辑》编辑部编：《新疆生产建设兵团史料选辑》（第1辑），乌鲁木齐：新疆人民出版社，1992年，第4页。

10个农业建设师、南疆和石河子2个生产管理处、1个建筑工程师、1个建筑工程处和1个运输处。这一时期,有两个突出的特点:"一是完成了两个转变,即是新疆生产部队从军事武装集团到经济建设集团的转变;工作任务从以武装斗争为中心到以经济建设为中心的转变。二是规划和建设正规化农牧团场,发展工交建商企业。"[①] 兵团成立后,为了发展壮大自己,制定了第一个五年计划,确立发展方针:"以发展农业为中心,以水利建设为先导。"

这一时期,兵团在物质生产和精神文明建设方面都取得了巨大的成绩。首先物质生产方面突出表现在对塔里木盆地与准噶尔盆地的开发与利用,以及边境农牧团场的建立,到1966年兵团发展为158个农牧团场;20世纪50年代初,部队在亦军亦农的同时,用节衣缩食的军费,投资创建八一毛纺厂、八一制糖厂、八一棉纺厂、八一加工厂、八一造纸厂等一批以"八一"命名的新型工业;在教育、科技、文化、医疗卫生事业等精神文明建设方面取得前所未有的、长足的发展。

(2) 兵团事业受挫阶段(1966年5月—1981年12月)

可分为如下两个不同阶段:第一个阶段是"文化大革命",起止时间为1966年5月—1975年3月。兵团受到了极大的冲击,多项事业受到很大的破坏,兵团以往的成绩被否定。第二个阶段是兵团体制撤销,起止时间为1975年3月—1981年12月。撤销兵团体制之后,建立了新疆农垦总局,兵团所管辖的农牧团场都归属于农垦系统。在职能及管理方面,农垦总局同兵团体制都存在明显差别。领导机关同基层生产单位严重脱节,农业生产同工交建商脱节,经长时间努力形成的农业服务体系受挫严重,导致无法对人、财、物进行统一管理,责、权、利无法高度统一。

---

① 参见李福生主编,方英楷副主编《新疆生产建设兵团简史》,乌鲁木齐:新疆人民出版社,1997年,第3页。

2. 二次创业时期

新疆生产建设兵团得以恢复是在改革开放初。1981年年末，中共中央、国务院及中央军委联合颁发《关于恢复新疆生产建设兵团的决定》，认可了兵团曾经的地位及发挥的作用，同时也肯定了由其继续执行屯垦戍边的使命。1982年，新疆兵团及所属师局与番号得以恢复，同时党委机关、行政机关、军事机构还有群团组织也得以恢复。根据中央的重要指示，开始对农垦经济体制实施改革。兵团农牧团场实施大包干责任制，允许团场内职工开办家庭农场，同时在大范围内实施团场承包经营责任制，加大多种经济成分的发展力度，构建现代化企业制度。兵团步入了一个全新的发展阶段，秉持经济建设，不断推动经济体制改革。1990年3月，兵团实施计划单列，为其后续的发展营造了优越的外部环境，兵团也正式进入二次创业阶段，步入了再创辉煌的全新时期。

（二）兵团体制

"新疆兵团为中共领导以汉族为多数的各族军民，在新疆地区执行屯垦戍边重要使命的社会主义农垦组织，是党政军企结合的政治、经济与半军事化社会组织。"[1] 以上是兵团的定义，其中包含了其基本性质、历史使命以及人员构成。其担任的主要任务就是屯垦戍边，属于武装性生产建设部队。民间概括兵团特殊身份"是军队没军费，是企业办社会，是农民办工会，是政府要纳税"[2]。

在管理体制方面，兵团直接受中央政府的管辖，也受新疆自治区的直接管辖，享受省级权限，同时在国民经济与社会发展等诸多方面实施国家计划单列。兵团的行政、司法、财政及经济等多项事务均由中央政

---

[1] 李福生主编，方英楷副主编：《新疆生产建设兵团简史》，乌鲁木齐：新疆人民出版社，1997年，第302页。

[2] 参见农八师·石河子市编委会编《中国歌谣集成新疆卷·新疆生产建设兵团农八师·石河子市分卷》，乌鲁木齐：新疆人民出版社，1993年，第105—106页。

府进行统一管理；兵团的党务与税收由自治区负责管理；在法律范围内兵团有一定的自主权利。

在管理体系方面，兵团沿用的是人民解放军的建制。兵团的"师"大部分都和自治区的地区行政中心相对应，由师管辖团。团级单位指的是农场及牧场等，通常称之为"农牧团场"，为县处级。与连队相对应的为乡村。伴随着兵团事业的不断发展，屯垦戍边也逐渐朝着屯城戍边的方向发展，兵团在很大程度上已经建成党政军企、工农学商相结合的综合实体。根据兵团屯垦戍边事业的全面发展态势，中央发布《关于新疆生产建设兵团农业师更名的决定》：自2012年12月24日起，"新疆生产建设兵团农业建设第×师"正式更名为"新疆生产建设兵团第×师"[①]。

纵观兵团的整个发展史可以得出，其屯垦戍边事业是将军队发挥战斗队、工作队及生产队的作用作为先导，从以国营农场为重心的屯垦戍边逐步向屯城戍边发展。

三、兵团的性质、任务和作用

兵团承担着国家所赋予的屯垦戍边的重要使命，是在自己管辖的垦区内，根据国家法律和新疆自治区的法规，自行对内部行政及司法实务进行管理，实施国家计划单列的特殊社会性组织，受中央政府和新疆自治区政府的双重领导。中共中央确定兵团的主要任务是屯垦戍边，即保卫边疆，建设边疆，维护社会稳定和祖国统一。

党和国家历来高度重视和关心兵团事业。第一代领导集体有着远大的眼光，创立了兵团，赋予其战斗队、工作队、生产队、屯垦戍边的重

---

① 转引自薛洁主编《中国歌谣集成·新疆兵团卷》，五家渠：新疆生产建设兵团出版社，2015年，第1页。

要使命；第二代领导集体英明果断，恢复了兵团，肯定兵团是维护祖国统一、边疆稳定、民族团结、经济建设的重要力量；第三代领导集体批准兵团计划单列，强调把兵团放到新疆历史长河、国际国内形势和新疆稳定发展下认识兵团的重要性；第四代领导集体鼓励兵团全面发挥建设大军、中流砥柱和铜墙铁壁的三大作用。习近平总书记于2014年4月29日视察兵团，提出兵团对新疆有着重要作用，应发挥稳定器、大熔炉和示范区三大功能，强调新形势下兵团工作只能加强，不能削弱，对兵团的战略地位及重要作用给予了充分肯定与极大鼓舞。所以，兵团是一个党政军企合一、担负着党和国家赋予的屯垦戍边使命的特殊社会组织，在不同的历史时期，发挥着不可替代的重要作用。

四、人口与民族

兵团文化的创造者、承载者来自全国各地。1949—1954年在部队基础上，于1954年组建成立兵团，总人口17.55万人；至全国第六次人口普查，兵团的总人数已超过260万。人口增长的主要方式是迁入。这样一来，便需对兵团迁移人口来源进行梳理，进而使兵团民俗主体的来源、民俗文化的基本脉络得以理清。

（一）人口来源

1. 军人、复转军人

据统计，兵团成立初期总人口为17.55万，其中有10.5万为进疆部队人员。[①]1949年，在陕西及甘肃等地区征兵上千青年女学生；1951年，在华东野战军医院征调约2000名未婚女医护军人；1950年至1952

[①] 参见李福生主编，方英楷副主编《新疆生产建设兵团简史》，乌鲁木齐：新疆人民出版社，1997年，第300页。

年，在湖南征调约 8000 名青年女兵；1952 年，在山东老解放区一次性征调约 3000 名女兵。①"为巩固国防和适应兵团经济建设的需要，兵团根据中央和自治区的指示，也选留一些外省籍和原籍是新疆非兵团户口的复员转业军人安置在兵团就业。"②相关数据显示，1960—1962 年，有 0.67 万退伍转业军人安置在兵团内；1962—1963 年，有 8 万退伍军人安置在兵团；1964—1965 年这段时间，接收内地 3.37 万新的转业军人③；1960—2006 年这段时间，共有 14.56 万复员转业军人被安置在兵团工作。④

2. 支边青年

兵团正式成立后，中央作出重要指示，兵团在天山南北屯垦戍边、垦荒造田开发建设，兵团急需扩充人员数量。为此国家颁布相关政策，动员大量支边青年来到兵团。他们来自各个省市，如山东、河南、四川、上海、天津等，有初高中毕业生、应届毕业大学生、社会青年及内地青壮年农民等。例如 1954 年，近 8000 名山东妇女支边来兵团；1955 年，在诸多省份招收 3857 名初高中毕业生及社会青年；1956 年，有 45436 名河南青壮年来兵团支边。国家对兵团屯垦戍边事业提供有力的支持，每年都会给兵团分配大量大中专毕业生，1958—1965 年，国家就给兵团分配了 6088 名大专毕业生。⑤1963—1966 年，国家动员了上海、北京、武汉、天津等城市 12.67 万余名支边知识青年⑥陆续来到兵团，这当中仅

---

① 参见新疆生产建设兵团妇女联合会编《新疆兵团妇女 1949—2009》，乌鲁木齐：新疆人民出版社，2010 年，第 13 页。
② 赵子芳：《兵团体制下民族关系影响因素及形态探析》，《新疆社科论坛》2011 年第 3 期。
③ 参见刘科编著《新疆生产建设兵团人口迁移与开发研究》，乌鲁木齐：新疆人民出版社，1997 年，第 108 页。
④ 参见新疆生产建设兵团史志编纂委员会编《新疆生产建设兵团劳动和社会保障志》，五家渠：新疆生产建设兵团出版社，2007 年，第 131 页。
⑤ 参见刘科编著《新疆生产建设兵团人口迁移与开发研究》，乌鲁木齐：新疆人民出版社，1997 年，第 90 页，第 104 页。
⑥ 支边知识青年：在新疆兵团简称"支青"。

上海支青就达 97048 人。①

3. 劳改、刑满释放新生就业人员

此类迁入人口是兵团迁入人口中最为特别的一种，虽然整体规模不大，可始终存在着。1959 年 9 月，特赦 1622 名罪犯，且都留在兵团就业。1961 年，中央决定从甘肃河西一带调一批"三类人员"②进兵团，共计有 2.07 万人。相关数据显示，1954—1984 年，兵团共计安置将近 7 万名劳改与刑满释放新生人员。③

4. 各类随迁家属

国家出于对军垦官兵安家立业、安心扎根屯垦戍边基业考虑，有组织、有计划、有步骤地为军垦官兵接家属和安置家属。此类人员大部分都是女人、老人及孩子，在兵团总人口中占据很大的比重。1952 年 2 月—9 月末，新疆军区共接收 7044 名进疆部队家属。④1953 年 5 月 8 日，新疆军区政治部做出现阶段农业部队家属来新疆的规定，同时对指战员接家属的办法也给予明确规定。1957 年，为刑满释放人员安家，共安置 1047 户新生人员家属。1959—1960 年年初，兵团按计划接收并安置了江苏、安徽等省份的支边青壮年及家属将近 10 万名，接收甘肃移入的职工及家属等 1 万多名。⑤

5. 自愿来疆人员

20 世纪 50 年代末至 60 年代初，由于爆发全国性的经济困难，严重缺少粮食，再加上开发边疆需要劳动力，大量内地人口不断向新疆兵团

---

① 参见李福生主编，方英楷副主编《新疆生产建设兵团简史》，乌鲁木齐：新疆人民出版社，1997 年，第 305 页。
② 三类人员：指劳改、劳教、刑满释放人员。
③ 参见新疆生产建设兵团史志编纂委员会编《新疆生产建设兵团劳动和社会保障志》，五家渠：新疆生产建设兵团出版社，2007 年，第 140—142 页。
④ 参见新疆生产建设兵团史志编纂委员会、兵团党史研究室编《新疆生产建设兵团史料选辑》（第 13 辑），乌鲁木齐：新疆人民出版社，2003 年，第 449 页。
⑤ 参见刘科编著《新疆生产建设兵团人口迁移与开发研究》，乌鲁木齐：新疆人民出版社，1997 年，第 106 页。

流动。如1959—1962年，兵团共接收全国各地自愿来新疆的人员21万。此类人口为兵团迁入人口的又一重要组成部分，这些人口主要来源于甘肃、河南、四川、山东及安徽等省份。

人口迁移所代表的就是文化传播，人口迁移、文化传播就是兵团文化发展的基础。伴随着部队进疆、军旅文化的影响，各地人口的不断迁移，各地域的文化因子不断流入兵团，共同铸就着履行屯垦戍边使命的兵团文化发展的脉络和灵魂。

（二）民族构成

截至2011年年底，兵团总人数为261.37万人，其中汉族有225.22万人，在总人数中占比86.17%，维吾尔族有21.03万人，在总人数中占比8.04%，回族有7.65万人，在总人数中占比2.92%，哈萨克族有4.74万人，在总人数中占比1.82%。[①] 兵团主要民族有汉族、维吾尔族、哈萨克族、回族及蒙古族。另还有锡伯、达斡尔、苗、彝、土家等少数民族。

从以上关于兵团的人口来源及民族构成能够得出：第一，人口来源较为繁杂，往往表现在人口身份及来源地方面；第二，民族构成区域多元化，由多个民族共同构成，如汉族、维吾尔族、哈萨克族、回族及蒙古族等。由于人缘、地缘同业缘之间的关系极为密切，所以兵团有着以汉族为主体的多民族"大杂居，小聚居，相互交错居住"的分布特点。

小结：创造任何一种文化，均需特定的生态环境，特定的文化同特定的生态环境有十分密切的关系。[②] 在兵团所处的自然地理环境及社会历史环境的共同作用下，兵团民俗文化得以形成及发展。对于兵团

---

① 数据来源：笔者根据新疆生产建设兵团统计局与国家统计局兵团调查总队编撰的《新疆生产建设兵团统计年鉴·2012》，数据整理。
② 参见龚佩华《龚佩华人类学民族学文集》，北京：民族出版社，2003年，第35页。

民俗生活而言，自然地理环境为其"文化空间"，社会历史环境决定了兵团民俗文化的特征和精神。因此，传承部队军旅文化、荟萃祖国各地家乡原籍文化以及植根于新疆本土文化，构成了多元文化背景下的兵团垦区民俗文化。

第二节 兵团垦区民俗文化研究背景及研究综述

一、研究背景与研究缘起

(一)研究背景

1. 国际背景

随着全球化进程的加快和延伸,人们更加重视保护文化的多样性。联合国教科文组织(UNESCO)2003年颁布了《保护文化多样性》,并强调文化多样性是人类文明不可或缺的重要组成部分,它与生物多样性类似,都是社会生活的基本形态,保护并维持文化多样性已经成为人类得以持续发展的必要措施,应置于国家战略的高度来对待。国家间文化交流频繁,文化呈现趋同性特点,但民俗文化却始终保持着一定的差异性、多样性,正是在文化多样性理念的倡导下,民俗文化研究得到了学者、专家及社会人士的高度重视。

21世纪保护非物质文化遗产(以下简称"非遗")成为共识,有关民俗文化方面的研究及保护也备受关注,一些优秀的民俗文化被认定为人类共同遗产。2003年UNESCO在巴黎举行的世界大会上通过了《保护非物质文化遗产公约》,并对非遗代表作进行了分类,"民俗"便包含其中。

2. 国内背景

随着全球文化交流的日益深化，文化多样性受到各国的重视，我国也开始研究如何解决现代文化与传统文化间的矛盾与冲突，怎样在全球化的环境下保持我国文化的多样性。在我国传统文化体系中，民俗文化是重要的一部分，而且是我国非遗保护的一类，政府和人民已经意识到民俗文化在文化发展中发挥的重要作用。国务院于 2006 年、2008 年、2011 年、2014 年陆续公布了四批国家级非遗代表作名录的详细名单，而新疆地区的非遗代表作名录里民俗类主要有蒙古族、哈萨克族、维吾尔族、塔吉克族、柯尔克孜族的服饰，塔吉克族的引水节、播种节、诺鲁孜节，哈萨克族、锡伯族和塔吉克族婚俗，柯尔克孜族驯鹰习俗，锡伯族西迁节等 14 项；兵团级的民俗类非遗名录有北塔山农场的哈萨克族阿肯弹唱。

民俗已经被纳入非遗行列，是我国高度重视的公共文化。中国的春节、元宵节、清明节、端午节、中秋节、重阳节等已被列入国家非遗名录，法定假日体系进行了相应的调整，将清明节、端午节以及中秋节再次列入其中。[①] 此次调整说明国家对民俗的高度重视，同时也说明民俗在公共生活中的地位也上升到全新高度。[②]

中共第十七届中央委员会第六次全体会议通过了《中共中央关于深化文化体制改革推动社会主义文化大发展大繁荣若干重大问题的决定》。会议指出，在市场经济条件下，开展文化体制改革，符合民众精神多样化需求的客观实际。应充分发挥文化在服务社会、教育民众、引领风尚等方面的积极作用，培养全民族的文化自信，从而提高全国人民的文化素养，提升国家在文化方面的软实力，做好中华文化的传承与传播，实现文化强国的中国梦。党的十七大强调要促进社会主义文化的大发展和

[①] 参见高丙中《作为公共文化的非物质文化遗产》，《文艺研究》2008 年第 2 期。
[②] 参见高丙中《中国民俗概论》，北京：北京大学出版社，2009 年，第 2 页。

大繁荣，党的十八大再次提出要将我国建设成为文化强国，党的十九大要求全民族要树立并坚定文化自信。

本研究正是在我国高度重视文化建设、加强非遗保护的形势下，在全球文化交流日益频繁与多样的背景下，在学者加强民俗文化研究并获得丰硕成果的基础上，怀着兵团人不忘初心和履行屯垦戍边的使命，探究兵团垦区民俗文化。

（二）研究缘起

"没有一个社会结构是完全凭空构建的，它总是要基于前一个社会结构，继承其中的某些要素，在此基础上建立新的东西。"[①] 兵团延续了世代治疆方略，是在坚持屯垦思想的基础上建立的特殊体制。历代屯垦的使命、体制有很多不同之处，在被倾注无数军垦情感、为之奉献一生的军垦名城石河子这一方热土上，生活、学习、工作，激发了我的灵感。

我国民俗可以追溯到几千年前，其中蕴含着几千年各地区积淀和传承的无数历史瑰宝，从中我们能够发现中华民族的社会进程和文化演变，是了解我国社会发展、体现民众内心的最佳窗口。历史演变和发展进程中，民俗文化一直影响着人们的思维方式，并体现着当地不断变化的社会关系，同时影响着人们的生产和生活。兵团民俗也在兵团人日常生产和生活中发挥着重要作用，若缺乏对兵团民俗的了解便无法深入了解兵团的历史文化，无法切实体验兵团人的民俗心理，更不能真正理解和感受兵团精神的内涵。

本课题主要从新疆兵团垦区民俗文化、民间文学、民间艺术入手，对老一辈口耳相传、言传身教且流传存活下来的屯垦民俗文化的口述史、文字资料、词曲、图片、实物等进行梳理，解决是什么的问题；运用民

[①] 费孝通：《费孝通在2003：世纪学人遗稿》，北京：中国社会科学出版社，2005年，第10页。

族学、历史学、民俗学、民间文艺学、社会学等学科,对其文化内涵、特征、价值影响等综合分析和阐释,解决为什么要研究的理论问题;对一脉相承、有生命力价值的优秀民俗文化遗产,进而提出解决如何保护和传承的实践问题。

二、国内外研究动态综述

(一)国外研究动态

1846年,英国人汤姆斯(W. J. Thomas)首创"民俗学",至今已有160余年,而学界从未停止对民俗科学内涵的探讨和研究。美国人阿兰·邓迪斯(Alan Dundes)对已有民俗概念进行了批判,民俗、神话和传说标准词典有关民俗的定义共有21个,这些定义将其与"口头传统"联系起来,这在一定程度上导致民俗学理论存在很多困惑。在邓迪斯看来,民俗是某一群体共享的传统,其中包括传说、神话、谚语、民间故事、客套话以及绕口令等,还包括各种民间服饰、艺术、舞蹈、信仰、戏剧等,另外节假日也是其中的一种形式。他指出,民俗学属于每一位公民,不能将其局限于某个时代或某个阶层。他给出了"民"的定义:"民可指任何拥有一个及以上共同点的人类群体,而这个共同点是什么,需要根据具体情况而定。"[①]在他介绍此概念时,还着重提及陆军部队、工会、小学生、铁路工人的民俗。军队、政府、法院、企业、教堂等群体,均具有其本身特有的规则、秩序、连续性,而且这些特点可以在群体中发挥强有力的约束力。这些群体中其自身的公共秩序、认同感等均属于社会学领域的群体特征。校规、假期、升学或毕业等属于学校集体行为,而非习俗活动,但这些习俗活动依然需要群体的衣食住行、信仰、

[①] 高丙中:《民俗文化与民俗生活》,北京:中国社会科学出版社,1994年,第25页。

文娱、节日等习俗惯例予以支持和约束。①

J. H. 布鲁范德所著《美国民俗学》给出了民俗的定义：文化中各传统形式流传在民众中的事物或现象，其形式可以是口头式、习俗范例式，也可以是传统行为与交流的形式。②布鲁范德通过分析法将民俗分为物质的、口头的、习惯的三类，而且在他这本书中，还曾三次提及美国的华人民俗，第一次是关于唐人街的，第二次是关于中国歌曲的，第三次是关于"孔夫子类型"的。

鲍曼（R. Bauman）是"表演"派的代表者，他指出：相较于以往以文本为核心的研究，新研究存在很多不同，尤其是在探讨民间文学方面更注重表演的有机性，并将艺术及其表现形式、审美反应等包含在概念框架中，且这些表演通常发生在特定区域的文化思想与情境中。很明显，鲍曼是以系统的方式，通过联系性将"表演"视为某一情境中的活动，他更注重不断变化的口头文学而非以往书籍中的同类文本，可以说，他的研究是民俗学的新方向。C. W. 乔依纳对表演民俗学非常赞赏，在其所著《分析历史处境中的民俗表演的一个范式》一书中指出，为了能够最大程度了解和掌握民俗事件，应实现共时研究与历时研究的结合，而且应将表演人员、具体表演内容与其所处的政治环境、经济环境都考虑在内。

阿兰·邓迪斯《民俗解析》涉及民俗学、民间故事的母题，把传统的对民俗材料的确认、描述推向深度分析和阐释，反映了国际相关领域新成果。宾长初③认为斯坦因收录的资料是中华文化宝库的重要部分，从史料、学术和学科层面论述了《西域考古图记》具有的学术价值；其不仅提供了研究西域历史的第一手资料，而且对研究西部地区的自然地理环境、人文风俗，利用这一区位优势促进中西文化交流传播，促进本

---

① 参见乌丙安《民俗学原理》，沈阳：辽宁教育出版社，2001年，第41页。
② 参见［美］J. H. 布鲁范德《美国民俗学》，李扬译，汕头：汕头大学出版社，1993年，第10页。
③ 参见宾长初《〈西域考古图记〉的学术价值及现实意义》，《理论前沿》2000年第15期。

地区经济文化发展，激起爱国爱疆以及保护我们祖先留下的优秀文化遗产都具有重要的现实意义。日本学者爱川纪子在《无形文化遗产：新的保护措施》提出，通过记忆工程，将独具特色的文化保护下来；通过培养接班人，让优秀的民间文化活态传承，实现"活保护"。

（二）国内研究动态

1. 国内相关民俗文化研究

国内对现代民俗学的研究是从搜集、整理民间歌谣开始的，最具代表性的是北大"歌谣研究会"及其刊行的《歌谣周刊》。1930年，林惠祥撰写《民俗学》、方纪生编著《民俗学概论》，但他们写作都是参照了英国班妮（C. S. Burne）的《民俗学手册》，从中翻译和摘抄了部分重点片段，结合自己的观点略加修改而成。总而言之，我国民俗学研究初期，在顾颉刚、江绍原、周作人等老一辈学者、专家的辛勤付出和努力下，获得了可喜的成绩。20世纪70年代末，民俗学着手学科体系的建设，研究范围不断扩展和延伸，研究层次也更加深入，研究质量较以往有了明显提高，具有中国特色的民俗学方法论逐渐形成。

中国民俗学经历了近一个世纪的发展，大多数都是跨学科研究，因为学科、学术角度存在不同，研究方法存在多元化趋势。比如何其芳是从文学视角进行研究，顾颉刚则是从历史视角进行研究，凌纯声、江绍原以及马学良则是分别从人类学、宗教学、语言民俗学的角度展开研究。

我国民俗研究取得了丰硕成果，比较有代表性的有高丙中所著《民俗文化与民俗生活》（1994）、钟敬文《民俗文化学：梗概与兴起》（1996）、陈华文《民俗文化学》（1998）、高俊成《民俗文化》（2006）等。高丙中给出的民俗定义是："某一群体内部文化的模式化，是人们长时间甚至世代相传下来的一种活动方式，是民众基本活动在文化方面的体现。"① 在他看来，民俗包含生活的、文化的两种形态。民俗学的学术取向包括事象研究、整体研究两类。以往，大部分研究人员研究民俗时多以文化作为取向，同时辅以事象研究法将民俗形成、发展的过程抽象化，将民俗主体悬置，却对事象进行细致研究，即记录文本。这种研究方法获得了显著成就，但同时也存在诸多问题，因此需要生活取向的研究来加以弥补，从而推动民俗学理论发展。生活取向研究更注重对民俗主体、模式以及相关情景之间的互动，将这些内容以统一的过程来探讨和对待。②关于中国民俗文化，董晓萍《全球化与民俗保护》、冯骥才主编《守望民间——中国民间文化遗产抢救工程》、白庚胜《民间文化保护前沿话语》、王文章《非物质文化遗产保护研究》这些专著极具学术影响力。

2. 新疆兵团民俗文化的研究

关于新疆民俗文化，郎樱《玛纳斯论》对史诗独到的学术见解和研究方法颇具学术意义；贾合甫·米尔扎汗《哈萨克族历史与民俗》对哈萨克族历史与文化进行了全面系统的描述和研究。

高芳所著《一个兵团社区的文化变迁——以新疆生产建设兵团150团场为例》（2006）一书，从生产方式、婚姻及观念、物质文化、教育四个方面对其研究内容加以详细描述。在她看来，兵团文化不仅体现着地域性、军事化色彩，而且呈现出多元化特色。余刚的《多元一体视角下的兵团文化研究》，首先通过详细的调研和整理，对兵团文化发展过程梳理出一条整体、清晰的脉络，然后总结并概括了这个特殊群体在节日、婚丧、衣食住行等诸多方面的日常文化，同时以多元一体理论为支撑，对兵团文化特征与价值进行了分析。薛洁的《军垦民间文学的民俗文化阐释——以石河子垦区民间文学为例》（2001）认为，正是因为存在

---

① 高丙中:《中国民俗概论》，北京：北京大学出版社，2009年，第7页。
② 参见高丙中《民俗文化与民俗生活》，北京：中国社会科学出版社，1994年，第104页。

军垦特色生活，才形成了其独特的军垦民俗文化，屯垦戍边生活成为这里民间文学形成和发展的沃土和永不枯竭的源泉。① 此外，薛洁在另外一篇文章《新疆兵地民俗文化的交融和影响》（2010）中指出：新疆地区所有民族在长期的生产与生活中，不断影响着彼此，各民族联系更加紧密，从而形成了和而不同、和谐共荣的民俗文化；不同地区、不同民族的文化交流与影响，尤其是民俗文化的不断交融，形成了多元交融文化，也正是在这种文化力量的推动下，使新疆兵地民汉民俗文化形成了多元的统一体。②

韩慧萍、薛洁共同发表的《新疆哈萨克族女性民俗变迁》（2010）指出，随着现代化建设的发展，哈萨克族传统的游牧劳作方式已经逐渐被半定居甚至定居的形式取代，而在这个转型过程中，哈萨克族女性生产以及生活方式也产生了明显改变。郭颖、薛洁共同发表的《哈萨克族婚丧礼仪的变迁——以新疆兵团143中心团场紫泥泉哈萨克族为例》（2009）中提及兵团体制实现了哈萨克族与汉族的融合。黄晶晶所写的《兵团农十三师红星二牧场哈萨克族职工生活方式变迁研究》（2010），专门论述了哈萨克族职工在劳作方式、社交、物质及精神生活、婚嫁等诸多方面的变迁。文章指出，这些生活方式的变迁直接提高了当地消费水平，同时促进了经济的向前发展，也使人们的思想及观念有了转变。王新菊所写的《新疆生产建设兵团农七师131团加工厂河南上蔡话的演变》（2001），通过运用语言学及有关理论专门就兵团中河南人的语言使用情况、发音、词汇如何演变展开详细研究，文章还着重加强了对造成语言改变的外因的探究。

---

① 参见薛洁《军垦民间文学的民俗文化阐释——以石河子垦区民间文学为例》，《民俗研究》2001年第4期。
② 参见薛洁《新疆兵地民俗文化的交融和影响》，《民间文化论坛》2010年第5期。

3. 关于屯垦历史文化研究

专著主要有赵予征《新疆屯垦》《丝绸之路：屯垦研究》，张安福《历代新疆屯垦管理制度发展研究》，李福生主编、方英楷撰著《新疆兵团屯垦戍边史》，万卫平、王瀚林主编《屯垦戍边理论热点面对面》等；论文有王崇久《治国安邦的千古之策——关于新疆屯垦史的几个问题》、廖肇羽《西域屯垦的文化观照》、王小平《改革开放以来党关于屯垦戍边理论的创新及特点》等，为多视角地深入、系统研究屯垦历史文化开了先河。

（三）综述

国内外文化人类学与民俗学的概念特点、问题意识和研究方法，为本课题提供理论和方法上的借鉴。

学者们在民俗、民族理论等方面的研究获得了丰硕成果，内容更加全面，视角更加多元，这些都为本文的撰写和研究奠定了理论基础。但我们应该注意到，一些针对兵团民俗事象上的研究方式较单一，缺乏理论上的构建。因此，从整体角度进行探究，并从理论角度进行思考显得尤为重要。学者们研究新疆兵团，对屯垦历史文化的内容和特征、地位和任务、发展战略等有着独到见解，多视角、多方位地抛砖引玉，既肯定了屯垦发挥的历史作用及其社会价值和贡献，又为本课题借鉴正确观点和鲜活史料提供了重要的学术信息，但多是对新疆屯垦史、屯垦制度等研究，而对兵团垦区民俗文化还尚未见较系统研究。这正是本书努力的方向。

第三节　研究方法及其研究意义

一、研究方法

课题组深入兵团有代表性的师团连队实地调研，文献研读、观察及参与观察，走访、座谈及社会调查，点和面结合；在调查过程中通过拍照、录音、录像、电脑等科技方法，最大程度地保存和收集资料；运用民族学、民俗文化学、民间文艺学、社会学等学科理论综合分析、阐释研究。

（一）访谈法

选择有代表性的师团实地调研，对流传、存活在老一辈口耳相传、言传身教中关于屯垦民俗文化的口述史、传说故事、歌谣、文字资料、词曲、图片、实物等资源进行调查，直接观察、走访、座谈讲述者、传承者（表演者）和研究者。

1. 2014 年下半年、2015 年至 2016 年夏秋，项目组负责人及主要成员先后走访并考察兵团文联、宣传部、史志办和塔里木大学，访三师文工团刘皖新团长，伊犁州博物馆、伊犁将军府、林则徐纪念馆、察布查尔锡伯自治县和四师团场的史志办和团史馆，六师五家渠市将军博物馆、红旗农场、芳草湖农场，七师车排子垦区团场、兵团军垦博物馆、八师石河子市文联和下野地垦区、莫索湾垦区、石河子乡等，九师和十师边境团场、哈密巴里坤县、十三师红星一牧场、火箭农场、十四师文联民协等单位史志办、文化宣传相关部门。

2. 主要访谈人：陈平、安战国、李光武、秦安江、石河、任新农、廖肇羽、刘皖新、谢家贵、张有新、夏莉娜、曹斌才、宋胜先、杨培才、狄光照、党广云、坎门、库来西、徐金石、耿新豫、韩子猛、孟杰、程社红、李振翔、韩玉霞、陆振欧、宋玉兰、田永康、郑翠萍、王飞、金茂芳、吾普尔江、莫沙、木汗、金斯汉、阿依夏、金茂芳、李永梅、王永庆、闫慧荣、郭黎、吕永海、彭益民、潘劲伸、王兰芳、郝玉英、侯瑞云、杨新平、王春燕、陈秀英、盛兴福、苏秀花、张军旗、狄瀛茂、王建伟、刘锦安、白玉书、刘玉生、王邦龙、许学诚、刘玲、张艳、于忠胜、宋玉、王瑛等众多军垦文化名人、民间艺人。

（二）参与观察法

选点、调研单位和访谈老军垦。课题组成员重点在八师石河子市、石河子乡等与当地职工建立密切关系，进行实地考察并参与其中，做好记录。例如对社火表演者进行访谈，参与节庆、婚丧嫁娶等民俗活动。从诸多调研资料中整理出访谈录音资料9万多字、图片数百张、影像十数个。

（三）文献研究

除应用民族学田野调查方法以外，还运用了文献研读法。在搜集相关文献的过程当中，记录、摘抄与本次研究有关的资料并进行整理。笔者重点从如下几方面来搜集及整理文献：(1) 学术领域和民俗文化有关的专著与研究论文；(2) 兵团的史料文化志、文艺志，各师志、团场志及兵团统计年鉴等；(3) 和兵团人有关的著书及回忆录等。

二、研究意义

本课题通过对兵团垦区民俗文化的研究，旨在探索兵团民俗文化中的军垦特色、民俗文化内涵，挖掘其深层底蕴及存在价值，保护垦区优秀传统文化遗产，激活兵团民间文化艺术，为兵团文化建设、屯垦戍边教育和文化兴边工程提供理论支撑和实践依据。

（一）理论意义

做好本课题，是为了贯彻落实党的十八大文化强国发展战略的需要，是实施联合国保护公约和《国务院办公厅关于创新管理优化服务培育壮大经济发展新动能、加快新旧动能接续转换的意见》（国办发〔2017〕4号）文件精神的行动；是贯彻实施党的十九大坚定文化自信，推动社会主义文化繁荣兴盛的需要。这对于探索、建树兵团垦区民俗文化理论和丰富新疆民间文化理论具有重要意义：有利于深入研究兵团民俗文化及其保护利用，挖掘其融军旅、原籍文化和新疆民族文化于一体的多元共存、兼收并蓄的文化内涵以及发挥的政治、经济、社会和艺术价值的研究，弥补兵团垦区民俗文化研究的不足。

（二）现实意义

做好本课题，是对新中国新疆兵团军垦前辈集体创造、传承和享用的民俗文化精神食粮的整理和保护，不但能使国内外学术领域重视对兵团民俗文化的研究，对宣传兵团、开发建设新疆产生有利的影响，而且能为兵团优秀民间文化遗产保护传承提供一定的参考价值；不但能激活兵团民间民俗文化艺术，丰富职工群众民俗文化生活，而且有利于保护中传承，传承中创新，创新中发展。

第二章
兵团垦区民俗文化主要内容

民间风俗礼仪文化与收藏

第一节　兵团垦区民俗生活与民俗文化变迁

兵团垦区生活着 37 个民族（以汉族居多），来自全国各地，风俗各异。在 70 多年的屯垦戍边生活中，各民族交往交流，相互影响，民俗文化既有传承，也有变异交融。

兵团与一般的群体在原居住地实现与外来文化融合而产生变迁有所不同。兵团是通过人口迁移而形成的群体，是在制度的要求下，根据国家需要，人民解放军迁移至无论文化还是环境都截然不同的空间地区而形成的。因此可以说，兵团初期，文化大多体现的是军旅文化、建设边疆所需要和形成的文化。兵团组织编制继续使用部队编制，任何个体依然受军队制度的约束。[①] 屯垦初期，兵团的主体依然是人民解放军，并且各项活动均围绕军旅生活展开，所以，这个时期的兵团民俗事象主要体现的是戍边保国、艰苦奋斗、劳武结合等与军旅文化密切相关的生活和记忆。

一、兵团垦区的民俗生活[②]

人类文化的创造都是通过不断生存斗争和持续的生产生活而形成，所以，优秀文化都源自生产、生活，同时又能反作用到生产、生活中，

[①] 参见席霍荣《兵团文化生成与变迁的过程及分析》，《兵团党校学报》2009 年第 3 期。
[②] 参见廖梦雅（导师：薛洁）《兵团民俗生活变迁与民族关系研究——以八师石河子市为例》，石河子市：石河子大学硕士学位论文，2013 年，第二章部分。

以满足实际需求。①兵团民俗生活是兵团人屯垦戍边生产生活的集体传承、创新和享用。通过对兵团物质民俗、社会民俗、语言民俗和精神生活民俗的记述,可以看出军垦文化是一种以"兵"文化为源头和特色,以全国各地人的原籍文化和新疆本土文化相互吸收融入为多元一体的交融文化。军垦文化的内涵就是兵团精神的集中体现。70年岁月沧桑,70年风雨征程,70年辉煌伟业,兵团垦区人已将爱国主义和兵团精神深深融入屯垦戍边生活中了。

(一)物质生产民俗

新疆地广人稀,自然资源十分丰富,然而经济文化较落后于其他地区,交通极不便利。新中国成立初期,国家财政紧张,驻疆部队更多地参加到生产建设中,这样才能降低军费支出,从而缓解财政困难,还能推动和促进国家经济建设进程。

新疆军区于1950年元月下旬正式宣布开展大生产,所有军人必须加入劳动生产中,绝不允许有人置身于劳动生产建设之外。这里的部队不仅担负着保卫国防、剿灭土匪和残留特务、维护地方治安的任务,还发动所有军人在天山南北,以师团为单位进行布点,就地驻防和屯垦。②正是在这种环境和背景下,大生产运动在新疆全面开展起来。

20世纪50年代一首脍炙人口的《戈壁滩上盖花园》,是军垦战士物质生产生活民俗的真实写照。

劳动的歌声满山遍野,劳动的热情高又高。
生产运动猛烈地开展,困难把我们吓不倒。

---

① 参见龚佩华《龚佩华人类学民族学文集》,北京:民族出版社,2003年,第34页。
② 参见李福主编,方英楷副主编《新疆生产建设兵团简史》,乌鲁木齐:新疆人民出版社,1997年,第81页。

没有工具自己造，没有土地咱们开荒，没有房屋搭起帐篷，没有蔬菜打野羊，修水渠、打田坎……

开展大生产运动之初，条件十分艰苦，部队刚刚进驻垦区时，缺少肥料需要自己想办法，所以，从清晨到傍晚，无论是普通战士还是首长，师团连队上上下下都展开了热火朝天的积肥劳动。当时垦荒需要各种生产工具，除从苏联购进了75000多件铁耙、犁以及镰刀，剩下的都是由军区后勤部连夜赶工制作而成，有关数据显示，打造的农具共43107件。[①] 由于本地区缺少足够的铁，一些单位到很远的酒泉去制作所需农具，一些干部和战士将自己不多的积蓄拿出购买农具，大家齐心协力尽量解决生产过程中出现的种种困难。在当时，生产工具主要是锄头、镰刀、坎土曼，运输工具多为抬把子、扁担、爬犁子、牛马车以及独轮车等，耕地工具基本是木犁或铁犁、耱子或平地器，播种主要靠耧子完成。20世纪50年代中期，拖拉机、播种机等机器生产工具得以使用。

"坎土曼"是维吾尔族传统农具，通常发挥着锄头、铁锹的作用，用以刨地、铲土、撒粪、打田埂等，是一种"万能"的农具。由于新疆地区以沙壤土为主，土质松软，锄头或者十字镐等农具用得较少。另，新疆和平解放初期，物资匮乏，打铁行业还未兴起，在这种条件下，若能找到可以替代锄头、铁锹、十字镐的农具，是最好的选择。因此，刚开始开荒时，解放军向当地维吾尔族群众学习如何使用坎土曼，这种行为和活动是由当地自然地理条件所决定的，也是解放军尽快融入当地生产的具体表现。

当时，军垦战士大多亲自动手制作运输工具，然后通过牛马等牲畜拉动木制车，也因此进行了编排，分为牛车班或者马车排，负责物资运

[①] 参见李福生主编，方英楷副主编《新疆生产建设兵团简史》，乌鲁木齐：新疆人民出版社，1997年，第83页。

输任务。无任务时，牛马便用于耕地，并由专人看管牛马，通常两人管一头牛或一匹马、一架犁，同时需要负责饲养和使用。

进入春耕期，王光义和我作为一组管理两匹马和一架犁，并一直负责牲畜的饲养与使用。犁地时我负责牵马，他负责掌犁。虽然有两匹马，但都是战马，根本不会犁地。套上犁，马又蹦又跳的，要么走得飞快，要么就原地不动。走快时根本拉不住，停下以后再想赶走十分困难。记得有一次在套犁时，马又开始跳了，我只好将缰绳缠在手上使劲拉，结果手被勒出了血也没拖住它，缰绳被挣断，马跑了。没了马，犁地任务不能按时完成，王光义非常恼火，把马找回来后，使劲抽打它，打得它四条腿都发颤。当晚班会上对他不爱护马进行了批评，他还做了检查。班会结束后我和王光义讨论，驯马必须采取这种方式吗？能不能换个样？后来想到了"循循善诱"的法子。我们首先找一块荒地，只牵马不套犁让它在上面走，让它熟悉口令，一段时间后效果显著，上套后，马再也没有乱蹦乱跳了，还能听号令。从那以后，我们的马在全队都是最听话的马，跟着号令前进、停止，犁出的地笔直而平坦，根本没有高低不一的情况。[①]

上面这段节选自陆振欧老人的回忆录，介绍了垦荒初期马拉犁的生产情况。我们从中能够看出，在当时，部队的生产分工非常明确，每个人承担的责任和任务非常清晰，大家都投入了非常高的热情从事生产，而且也都想将工作做好。另外，通过简单的生产劳作，我们还能从中看到军旅文化的特点：第一，耕地时使用的是战马，新疆和平解放后不久，军队进驻这里搞大生产，能够进行生产的牲畜十分缺乏，只能用战马完成以减轻人力的负担。第二，生产时以班为单位进行，如果遇到问题就开班会来解决，不定期进行表扬和批评，军队的传统在生产中得到了体现和保持。第三，马的训练依然采用号令式，体现了战马听从号令，军

---

① 参见刘宁主编《一位老军垦的足迹：陆振欧文集》，五家渠：新疆生产建设兵团出版社，2011年，第184页。

队服从命令的特点。

还有个有关牲畜使用的故事——三人拉犁气死牛。

在女兵未入连前,胡有才所带连队只有男兵,大家除了开荒以外,少有其他娱乐活动。86名女兵下连后,给这里增添很多生气,无论歌声还是笑声都比以往多了很多。连队平时举办开荒拉犁比赛,为了不被女兵小看,男兵干劲十足。以往连队中,牛的功劳排第一,而女兵来到连队后,人的功效成了第一,官兵劳动力超过了牛,结果大家每每都会嘲讽牛拖后腿了。一天,王连长去团部回来,看见一头牛躺在路边,他以为牛在打盹,殊不知牛已经死了。当问到是怎么回事时,一个女兵说:"牛是被气死的。我们三个战士一起拉犁,比牛速度快,牛不服,结果气死了。"其实每个人都清楚,牛肚子发胀,是生病致死。但"三人拉犁气死牛"也成了这个连队无人不晓的经典故事。①

这个故事是军垦第一连连长胡有才讲述的,为了能够真切地了解兵团发展历史,项目组参观军垦第一连,胡连长讲述了这一故事。当时的生产条件极为艰苦,而在这种条件下,垦区所使用的农具大都自己制造,而且非常简单,如曲辕犁。另外,拉动犁除了需要用牛马拉动以外,剩下的就是垦区军垦战士依靠人力完成,这正是那时生产情况的生产模式和真实写照。

从垦荒初期兵团农业生产实际我们能够看出,当时农业生产的各个方面都体现出军队的作风和制度。部队从进驻新疆一直到1975年兵团撤销前,始终采取的是军队管理模式,生产时统一作业、集体劳动、令行禁止,无不显露着浓厚的军旅色彩。依靠科学从事生产,在不断实践中战胜各种艰难困苦。

第一,兵团农业生产始终按时序节令进行。新疆地区冬季非常寒冷而漫长,夏季昼夜温差大,春季和秋季时间较短,农业生产有着明显的

---

① 2010年10月1日参观军垦第一连时,笔者听胡有才连长的叙述后整理的资料。

季节性。"庄稼不等人"等俗语正是表明任何农业生产活动都必须按照时序和节令来安排,兵团农业生产基本上遵循春耕、夏种、秋收、冬储的规律开展。通过不断的生产实践和总结,垦区战士梳理出诸多与生产时令相关的经验,如"晚播弱,早播强,适时播种苗儿壮""芒种忙种,样样要种;过了芒种,不要强种"①"立夏前播棉花,麦收后种黄豆""飞杨花、种棉花"②等。秋收后到当年初雪降临前,需将土地翻耕完,这是因为如果下雪会影响翻耕速度,另外翻耕以后下雪,温度极低的情况下能够将害虫杀死。冬季来临后,气温下降本是农闲时期,然而由于地薄,生产条件艰苦,农作物能够健康成长需要有肥料的补充,所以,垦区战士平日里多进行积肥比赛,为第二年春耕做好充分的准备。

第二,经验性农事习俗形成并推广。这也是遵循生产规律的体现,如"地头多栽树,等于修水库"③"头水慢,二水赶,三水四水紧相连"④"麦子稠,豆儿稀,大豆(蚕豆)底下卧公鸡"⑤"上班一担粪,下班一担草,中午不休息,到处打沙枣"⑥等。上班挑一担牛圈、羊圈或马厩的粪肥进地,下班割一担草作为牧畜的饲料,中午不休息、到处打沙枣,因为职工食堂集体养猪,采集沙枣喂猪催长,改善生活。这些都真实地体现了兵团垦区劳动者的日常劳作。

第三,生产过程中一直开展动员会、总结会和欢庆会。开荒生产不

---

① 农八师·石河子谚语集成编辑委员会编:《中国谚语集成新疆卷·新疆生产建设兵团农八师·石河子市分卷》,乌鲁木齐:新疆人民出版社,1993年,第31页。

② 农一师十三团史志编纂委员会编:《农一师十三团志》,乌鲁木齐:新疆人民出版社,1997年,第371页。

③ 农一师十三团史志编纂委员会编:《农一师十三团志》,乌鲁木齐:新疆人民出版社,1997年,第371页。

④ 农八师·石河子谚语集成编辑委员会编:《中国谚语集成新疆卷·新疆生产建设兵团农八师·石河子市分卷》,乌鲁木齐:新疆人民出版社,1993年,第15页。

⑤ 农六师谚语集成编辑编委会编:《中国谚语集成新疆卷·新疆生产建设兵团·农六师分卷》,乌鲁木齐:新疆人民出版社,1993年,第164页。

⑥ 农八师·石河子谚语集成编辑委员会编:《中国谚语集成新疆卷·新疆生产建设兵团农八师·石河子市分卷》,乌鲁木齐:新疆人民出版社,1993年,第11页。

仅具有集体性、统一性，而且还有严密的组织纪律性。开展生产以前，团场对整年计划做提前安排，召集各营、连开动员会或誓师大会，讲明屯垦戍边的意义、阶段性工作内容，将任务分配给营、连。某个阶段的任务完成后，都要进行总结，表扬好人好事；对生产过程中出现的问题，不仅需要总结经验教训，还要批评与自我批评，受到教育。秋收后，为了庆祝丰收的硕果，召开庆功会，表彰先进个人和集体，文艺联欢掀起高潮。通过对张福坤老人的访谈，我们了解了当时每天的作息情况，足以体现部队生产的严明纪律。

> 那时我们的任务就是搞生产。夏季每天 6:00 必须起床，半小时后操场集合，连长简短安排工作。7:00 左右到达条田地里干活，9:30 大家统一在地头吃早饭。13:30 吃午饭（五一到九一这四个月期间中午一般有午休），下午劳动。晚饭 20:30 基本回到连队食堂吃。21:00 号声响起开始学习，学习开会前各连排班拉歌，23:00 熄灯休息。①

兵团初期的生产民俗体现的是军队管理体制下的命令执行，国家、集体意志明显，任何人都要服从集体要求，此时民俗中的"民"包含在军队的"军"中。这是军旅文化、农耕文化、亦军亦农影响下形成的兵团物质生产民俗。

（二）物质生活民俗

物质生活民俗概括来说就是衣食住行等消费生活的体现。它必须先

---

① 访谈对象：张福坤，男，汉族，72岁，退休职工；访谈时间：2012年9月2日；访谈地点：石河子市区。访谈对象：陈平，男，汉族，73岁，退休干部；访谈时间：2019年6月21日；访谈地点：乌鲁木齐市石河子大学办事处。

满足生理需要，如饮食可以解决饥渴之需，服饰能够满足遮盖身体、保暖之需，住房能够满足休憩、抵御风雨野兽，交通工具能够满足人们出行便利之需。兵团始终坚持不与当地民众争利、争地，以保卫边疆、开发和建设边疆为奋斗目标，通常选择在河流下游或是人烟稀少的荒漠开垦。兵团所有干部和战士在履行屯垦戍边的职责下，在争取自身生存的基础上完成生产任务，这种艰苦创业的精神成为其物质民俗文化认同的源泉。

兵团物质生活民俗主要指在屯垦戍边、亦军亦农生产劳动中广大军垦战士创造的物质财富，首先解决食衣住行的基本生活问题。

1. 饮食

饮食按地域不同而有差异，一方人生长在一方水土上，根据自然地理环境条件，人们从事不同的劳作，如南方人多从事稻作劳动，饮食上以大米为主；北方人在麦黍区劳作，饮食上多以面食为主。因而有"南米北面"之俗称。从各地来到新疆兵团的人，除保持原有的饮食习惯，南北方人饮食上的相互影响外，不论北方人，还是南方人又都受到当地民族饮食之影响，大多喜欢吃拉条子、羊肉抓饭、烤馕、烤肉等。兵团人在长期的共同生活中，由于地域、气候、出产等条件的影响，饮食习惯逐渐融合，形成地方独特性。

人们通过食物能够了解并感受生活。[①] 屯垦初期，生活困难，粮食不够吃，以苜蓿、野菜、瓜、菜、玉米芯子作补充，集体在食堂用餐。春耕、夏种、秋收，一般在田间地头早午餐。供给制时期，单位办集体食堂，战士吃大锅饭，开饭时或以班为单位打一盆菜，围而食之，或每人打一份饭，分而食之。小麦面、玉米面、大米为主食，肉类主要有猪肉、牛肉、羊肉，蔬菜有韭菜、萝卜、白菜等，饮食结构比较单一。从

---

① 参见彭兆荣《中国饮食：作为无形遗产的思维表述技艺》，《民族艺术》2012年第3期。

1949年开始一直到1955年，兵团所有官兵及其家属，无论职务高低均实施供给制，全部实施军事化生活。以下片段是采访陆振欧老军垦整理所得：

> 当时实行供给制，我个人认为供给制其实就是没有工资，但提供食物，发放少量的钱，非常简单的物质供给，但却是部队长期以来形成的传统。部队有级别（军、师、旅、团、营、连），然而待遇差别非常小。所有供给都是按国家力量分配，无工资级别和军区特殊待遇。另外穿衣等方面也是根据国家的实际情况进行发放。①

部队入疆到兵团成立，一直实行供给制，主要取决于那个时期的物质以及经济条件。根据相关规定，伙食按职务级别进行划分，连排以下吃大灶，营长级别吃中灶，而团级可以享受小灶。大灶每个人每天可获粮食24—28两，油和肉分别5钱、6钱，蔬菜1斤，木柴2.4斤，②中灶、小灶的供应要相对高些。屯垦初期，粮食吃完后需要到外地拉运，如果不能及时加工，就只能吃麦粒、玉米等；当时非常缺乏蔬菜，有时就着大葱盐水汤吃；如果想要改善伙食，就得想办法抓野兔和黄羊等动物。部队刚刚开始实行供给制的时候，由于粮食供应有限，食堂一般情况下主要提供圆馍、刀把子馍、玉米发糕、面条等，偶尔也会改善，有花卷、包子、饺子、大米饭、馄饨、荤菜等。当时，部队入驻新疆的同时，不同地区的文化也随着官兵一同带到这里。尽管粮食总量做了规定，但由于各地人饮食文化的不同，也将该要素考虑在食谱中，如北方人喜欢吃

---

① 访谈对象：陆振欧，男，壮族，83岁，退休干部；访谈时间：2012年8月23日；访谈地点：石河子市陆老家。
② 农八师·石河子市地方志编纂委员会编：《农八师垦区石河子市志》，乌鲁木齐：新疆人民出版社，1994年，第691页。

饺子和面条，南方人则喜欢吃大米和海鲜；口味也不同，江浙人偏爱甜食，四川、重庆等地的人爱吃麻辣味，西北人爱酸辣。所以，饮食上呈现出多样化特色，在这样的生活环境下，来自全国各地的人们逐渐适应了各种饮食习惯。

1955年开始，兵团实行工资制，凭票分餐按量供应。无论是官兵还是家属都要依靠工资生活和支付日常开销。此时，成家的官兵越来越多，除了主要工作外，一些时间精力投入家庭生活中。连队食堂尽量兼顾各地人的不同饮食需求，制订食谱，既有大米和面食，还有荤素搭配，每周一轮换，这样做，受到了五湖四海军垦战士的认可和喜爱。食堂会结合每个时期的经济情况调整食谱，提供相应的饭菜，战士们也可按个人喜好选择，尤其是那些单身战士一年都在食堂解决吃饭问题。已经组建家庭的官兵，一部分从食堂打饭回去与家属共享，如果遇到比较忙时，便会在食堂吃，不忙时还会选择在家动手做。如山东人的薄饼卷大葱、饺子，甘肃人的牛肉面、臊子面，河南人的胡辣汤，四川人还有远赴40里外的老沙湾置换大米的等等。可见，此时兵团军垦战士的饮食逐渐丰富起来，家乡特色较为突显，且相互学习的情况比较普遍。

改革开放以来，实施家庭联产承包制，大米、麦面为主食，种类有所增多，有拉条子、馒头、面片、包子、水饺、米饭等，副食方面除了本地的鸡鸭鱼肉及各类蔬菜以外，还能吃到产自东南沿海的海鲜，还有从四川、陕西等地运来的新鲜蔬菜。20世纪80年代至90年代，当地温室大棚建起，菜肴更加丰盛。饮食以家庭为主，除个别单身职工集中的单位保留食堂外，连队取消了食堂；少数留有食堂的，多用于农时大忙季节或其他工作人员的招待用餐。

2. 衣着

服饰是人类通过劳动而形成的特有成果，更是人类文明形成的产物，体现着实用性、民族性、装饰性等特征，它不仅是物质文明发展到一定阶段的产物，同时还是精神文明的产物。①

1949—1954 年，进疆部队统一着黄军装，戴帽徽领章和"中国人民解放军"胸牌。1954 年 10 月，组建新疆军区生产建设兵团，转业官兵，摘下心爱的帽徽领章胸章，戴没有帽徽的军帽，穿军用衬衣裤、军棉袄、军裤，着绿色军便服。内地来的中青年人穿蓝色中山装、中便裤、白衬衫，脚穿手工"千层底"布鞋、解放鞋，少数人穿皮鞋。

供给制时期，部队指战员无论男女，全部着黄布军装和军帽，穿布鞋或解放鞋。在和陆振欧老军垦访谈的过程中，他也提及了当时军垦战士服装发放情况：

> 实行供给制之初，每年发两套单衣，每两年发一套棉衣。但由于北疆的冬季极为寒冷，所以额外发放皮大衣、毡筒和皮帽。而南疆气温相对来说稍微高一些，所以并未发放皮大衣，但有棉大衣。另外每人一条二三公斤的被子，一床褥子和一套被单，两套睡衣。如果有需要，捆上、背在肩上便可奔赴生产。无论是团长、政委、教/指导员还是各级军官，他们的物资与普通战士是一样的，质量也没有区别，都是部队提供的军装。当时洗衣服缺少肥皂，部队都会发给每人一块肥皂和半斤莫合烟，一些人抽烟比较多，半斤根本不够，可以用肥皂换烟，或者用烟换肥皂。②

兵团成立后，供给制慢慢转变为工资制，这时便不再统一发放服装。有了工资后可以到团部商店进行选购，然后拿到商店缝纫组量体裁

---

① 参见亚森·不沙克《当代维吾尔族物质生产生活方式变迁研究——以吐鲁番恰勒坎村为例》，乌鲁木齐：新疆师范大学硕士学位论文，2008 年，第 9 页。

② 访谈对象：陆振欧，男，壮族，83 岁，退休干部；访谈时间：2012 年 8 月 23 日；访谈地点：石河子市陆老家。

衣订做（农忙时商店、缝纫组工作人员会下连队服务）。由于经济条件限制，市面上的布料颜色只有白、黄、灰、蓝、黑几种颜色可选，花布料较少，但多年来战士已经习惯穿黄军装，还会首选黄色。"文化大革命"前，人们始终沿袭部队的传统习惯，喜欢穿军装、戴军帽、穿解放鞋，并在当时成为一种潮流和时尚。

由于军垦战士早已习惯着军装，所以兵团成立很长一段时间里，衣服的样式依然以军装为主，大部分人购买的布料颜色也以黄色居多，但颜色却存在一定的差别，一些是浅黄色，一些是深黄色，还有淡绿黄、军绿色。按照军服制作，有些人做 2 个口袋，有些人做 4 个口袋。干部与士兵着装也稍有不同，如战士的单衣有种是钻洞式，而且未设计口袋，与当下的 T 恤比较类似，而干部的单衣是前分式，设计了口袋。女式衣服都是翻领式，大多数是列宁装，分上下装，上衣大多是黄色，下装可以是裤子，也可以是裙子；她们佩戴的帽子多无帽檐，男同志都有帽檐。生产时并没有硬性规定必须戴帽子，但开会或者集合时大家穿戴整齐，而且都会戴帽子。①

所以，20 世纪五六十年代的三件宝——毡筒、皮大衣、黄棉袄。男女大部分着军装，草绿色成为着装主色。衣服面料多是平纹布、斜纹布，卡其算是上等布料，颜色和款式单一，以黄蓝灰三色为主，干部、工人以穿黄军装为荣。实行布票、棉花票供应，衣服破了补了又补，社会上流行"新三年，旧三年，缝缝补补又三年"的习语、习惯，穿补丁衣服的人随处可见，大人穿后给孩子穿，兄弟姐妹间小的捡大的衣服穿。

兵团成立后，军便装依然是服饰主流。再后来，穿便装者开始增多，男同志更多地穿着蓝色中山装，女同志着素色或蓝色花布衫，对襟中式上衣和布鞋。那时，江苏、湖北、河南的农村支边人员通常穿的有

---

① 访谈对象：陆振欧，男，壮族，83 岁，退休干部；访谈时间：2012 年 9 月 14 日；访谈地点：石河子市陆老家。

土布缝制的衣裤，军人转业后着无领章和帽徽的军装，上海、武汉等地支边青年，主要穿列宁装、中山装、学生服。一到冬季，男同志便穿上大头鞋或者毡筒，戴上军帽，而小孩喜欢戴风雪帽，可以抵御寒风，又可以保暖，年长者家属有的穿深色斜襟上衣和大裆裤。1970年前后，开始流行的确良、涤卡成分的化纤布料，除冬天穿大头鞋或胶筒套毡袜以外，其他季节均穿单皮鞋、布鞋。20世纪70年代，的确良、涤卡颇受青睐，回内地探亲者多购买衣物，以能穿上的确良、涤卡衣料衣服为荣耀。1979年前，无论男女老幼，衣着以黄蓝灰三色为主。妇女混穿男士服装，还穿列宁服、大翻领、小翻领式衣服，男士上衣多为中山装、便装。中年人所穿布料为平布，也有少量斜纹、卡其、条绒。80年代中期，服装行业日益繁荣，改变了过去衣着花色单一、款式单调的状况。毛呢面料的服装受到青睐，毛衣毛裤不再稀奇。青年妇女穿大红大绿花色衣服逐渐多起来。90年代后，居民的服饰发生根本变化，面料多档化，服装成衣化，款式多样化，时装个性化。青年人冬季穿毛衣，外罩西装，呢子大衣，头戴呢子礼帽，以身穿皮衣皮裤、脚穿皮鞋为时尚。夏季则穿长短袖衬衫、西服、皮凉鞋、丝光袜。中老年人也穿起大花裤褂，款式、颜色、花样增多。秋季青年妇女除穿西装外，还喜欢穿健美裤、牛仔裤。

综上，兵团人服饰无论怎样变化，军绿色的黄军装、黄棉袄成为兵团创业时期的重要服饰标志。垦荒之初各方面条件都很艰苦，夏天露宿时，黄棉袄可就地一铺休息；冬季寒冷时，黄棉袄挡风保暖。所以黄棉袄一年四季都发挥了重要作用，与军垦战士结下了五冬六夏离不了的深厚情结。当时，军垦农场流行着这样的顺口溜：

  黄棉袄，是个宝，五冬六夏离不了，双手一揽挡风寒，就地一铺隔湿潮。

黄棉袄，黄袄片，伴我屯垦四十年，面子破碎全不见，丝丝缕缕化贡献。

　　黄棉袄，历史长，是我当年黄军装，抚摸军装想传统，艰苦奋斗永不忘。①

随着生活条件的改善，面料、服饰的多样化，人们总结出几十年的服饰变迁，即"70年代穿涤、80年代穿呢、90年代穿皮"，服装面料渐趋高档化，证明了社会的发展和进步。

3. 住房

屯垦戍边事业初创时，由于戈壁荒漠自然地理环境恶劣，条件艰苦，部队官兵白手起家，风餐露宿，住房极为简陋，搭建帐篷，就地取材，挖地窝子。对老一辈军垦战士而言，"地窝子"再熟悉不过，而且倍感亲切，这是他们入疆初期的家园。部队刚刚来到新疆时，住的帐篷或者地窝子。一开始，战士们为了省事，同时还能获取阳光，所以坑基本上没挖太深，把帐篷搭在坑上，保证获取足够的光线和空气流通，然而无法保暖；房顶经常落下灰土杂叶，四壁皆为土墙，帐篷时常还会被大风卷跑，灰尘四起；下雨天"外面大下，里面小下；外面不下，里面还下"。战士们汲取经验后，坑开始挖得比以前深不少，坑上也不会再搭建帐篷，最上边用梭梭柴搭起，铺上一层玉米秸或者芦苇等，将事先和好的泥巴盖在顶上，地窝子完成，保证冬暖夏凉，风雨不侵。再之后，战士们发挥创造性对地窝子内部进行装饰，将毛主席像挂在屋子最中央，支起了床铺，打造了火墙、炉子，设计了壁橱，还用土块垒砌了桌子、凳子等。

人类居住类型的不断变化取决于生产力水平，同时与自然环境及空

---

① 农八师·石河子市编委会编：《中国歌谣集成新疆卷·新疆生产建设兵团农八师·石河子市分卷》，乌鲁木齐：新疆人民出版社，1993年，第374页。

间变化存在密切联系①，兵团早期的居住环境也不例外。

当时一首民谣被广为传颂：新疆好，新疆好，住的房子三尺高，下面顶着四根棍，上面盖着芨芨草。②房子之所以只有三尺高，那是因为有一半挖在了地面以下，甚至还有的房子全部挖在地下。"地窝子，真奇妙，冬天热来夏天凉，见了老婆叫大娘。"③新疆地区空气非常干燥，水分含量低，地窝子无论是地基还是墙基都非常厚实，夏季太阳如果照不到，便很凉快，加之屋顶由芨芨草等覆盖，太阳无法透射进去。冬季室外温度通常在零下三四十摄氏度，再加上戈壁滩的风雪较大，地窝子建在地下，可以避免由此带来的寒风凛冽，所以有了冬暖夏凉的实际感受。由于采光并不理想，刚进去时，里外亮度反差太大，视力受到影响，才有了"见了老婆喊大娘"的风趣话语。这首歌谣突显垦区军垦战士的积极乐观、战胜困难、劳动创造生活的进取精神。

2012年9月的一天，笔者来到石河子金茂芳（1952年进疆的山东女兵）家中拜访，老人家回忆道：那时所在地多沼泽，放眼望去，地看起来都是干的，但是只要一挖便有水冒出，肯定不能挖地窝子。但是人没有睡觉的地方肯定不行，当时四周长满芦苇，战士们便割芦苇，先将芦苇毛铺在地上，然后把芦苇捆搭成三脚架的样子，这是当时最简单的芦苇棚。与地窝子相比，苇棚更舒服，用芦苇毛铺成的单子，既柔软还防潮，犹如躺在沙发上一般。另外，苇棚的透气性非常好，尤其在夏天格外受到人们的青睐。但芦苇干燥容易燃烧，而且在冬季无法防寒，因此秋收后，战士们便开始忙着打土块，盖土坯房，一些人把芦苇捆好，然后用泥巴一起填补空隙，人们可在其中生火来取暖。

---

① 参见艾买提江·阿布力米提《罗布人物质民俗文化研究》，乌鲁木齐：新疆师范大学硕士学位论文，2007年，第18页。

② 参见农八师·石河子市编委会编《中国歌谣集成新疆卷·新疆生产建设兵团农八师·石河子市分卷》，乌鲁木齐：新疆人民出版社，1993年，第373页。

③ 参见农八师·石河子市编委会编《中国歌谣集成新疆卷·新疆生产建设兵团农八师·石河子市分卷》，乌鲁木齐：新疆人民出版社，1993年，第373页。

后来，职工开始用红柳箍窑洞，通常一排窑洞有5—7间，每间面积基本保持在18—20平方米。到了1965年前后，由土木建构的平房开始增加，整体布局呈"一"字形，而且一般都是坐北朝南，一栋栋、一行行地排列，每栋有6—8间，没有成家的职工4—6人住一间，组建家庭的一家一间（人口多的人家可分到一间半或两间房），中间有火墙隔开，前间用作厨房，后间为卧室休息。①

20世纪60—70年代，脱土坯盖平房。军垦官兵、家属孩子陆续搬出地窝子，住进土木结构的一排排平房。房屋用杂木做椽条，上铺树枝、麦草，草泥封顶。房屋格局是军营式，纵横排列，每排7—9间，每户一间。后逐渐开始兴建住房，一般为土木结构，也有以土筑墙的"干打垒"式的，平房多为"一"字形，坐北朝南，或逆风相背，一栋栋排列，每栋5—7间不等，房间大小不一；也有用土块砌墙、苇把子做椽子（缺木料），草泥封顶的鱼脊形低矮平房，用石灰刷墙，报纸或白纸扎顶棚。这个时期盖的土坯房均为军营式建筑，一字排开、横排竖行，统一整齐。这是当时军垦将士开动脑筋、艰苦创建家园的体现和佳作。

进入20世纪70年代后，人口增多，军垦第二代长大，原住房狭窄，就在房前房后扩建住房，使用水泥椽条，石头砌地基，玻璃窗，草泥土墙刷白灰。用报纸或白纸糊顶棚，室内宽敞明亮，住宅风格大变。

20世纪80年代，团场兴起有规划地自建住宅，有院有园，与邻居用院墙隔开，一家一院，基本两三家一幢，类似军营住房。一排排一行行，整齐划一有序。房有土木结构、砖木结构、砖混结构。建房户前院种菜种花，中间是住房，有客厅、卧室、厨房等，后院养鸡、鸽、鹅、兔、猪、牛、羊，发展庭院经济，民居形成了"前有院，后有圈，中间是宫殿"格局；兴建砖木、砖混结构平房，质量有很大提高，家具讲究

---

① 访谈对象：金茂芳，女，汉族，78岁，退休干部；访谈时间：2012年9月20日；访谈地点：石河子市金茂芳家。

新潮组合；很多职工家庭安装了土暖气，不再烧火墙。90年代以来，各团场进行城镇化建设，一幢幢规划齐整、拔地而起的楼房逐渐代替了军营式的平房，职工陆续迁入楼房，建房由土木结构升格为砖木结构、砖混结构或空心板砖混结构，宽敞明亮，舒适坚固，为兵团人安居乐业，实现楼上楼下、电灯电话具备了条件。

4. 出行

交通的地位非常重要，不仅能够提高工作效率，而且促进了不同地域间的文化交流，推动了整个社会的发展。

20世纪50年代，团场各业待兴，交通不便，物资供应不足，战士外出一般都是步行，领导如果办公事外出需要坐吉普车或骑马。这个时期的交通运输工具主要有马车、牛车"六根棍"、爬犁子及少量拖拉机、汽车，可以说"基本靠走"。

垦荒初期，军垦战士是在不与民争利的前提下，开始了屯垦戍边的伟大事业。垦荒初期，军人自己勘探，找水寻路，在亘古荒原安营扎寨，戍守拓荒。所到之处，公路条件设施极差，指战员外出以步行为主，也有以爬犁、马车或骑马代步的，远行乘坐"六根棍"、拖拉机。初来此地，到处都是戈壁荒滩，根本没有路。就像鲁迅所讲：世上本没有路，走的人多了也便成了路。逐渐地，军垦战士在这里从事生产劳作，走出几条土路，能够与外界联系。战士们也在不断的开荒与生产过程中总结经验，探索出几种识路方法：第一，用结草作为标记，通常选用红柳或者梭梭作标记；第二，通过垒土形成标记，每隔一段距离，在较为显眼的地方堆出一小堆土作为记号；第三，"望烟找房"，如果迷路或无法确定方向时，只要朝着有炊烟的方向走，肯定能找到人家；第四，"闻吠寻人"，如果晚上迷路，可以朝狗吠方向走，同样可以找到出路。下面是陆振欧老先生给我们提供的资料和他的回忆。

刚到戈壁滩时根本找不到路，往这里运送粮食非常困难，战士们在地上踩的脚印便是路。在这广阔的荒滩上如何辨别方向？天未亮便出门开荒，夜幕降临时才回来，没路如何是好。大家集思广益，出主意想办法。最初实行的集体劳作，以连、排、班为单位进行劳动，出行都是集体行动，去回尚且能够解决。为使来回更加方便，大家想出了一个办法，去时路过毛毛草或长苇子时，在那个地方系个结，或在上面系个明显的布条，回来时找记号原路返回，这个方法成功了。但是如果路过没草的地方，隔200米便用坎土曼挖个坑，然后把挖出的土堆在一边，沿着土堆走回来。若遇到天黑才收工的情况，白天做的记号根本起不到作用，有时候劳动的地方离地窝子又远，点的油灯根本看不见，那时连队有两条狗，它们都很机灵，如果荒滩中发出一点响动，它们便会汪汪大叫，大家闻声走就能回来。收工早时还可往有炊烟升起的地方走，那都是有住所的地方。为了不在荒滩上迷路，大家想尽一切办法。那时荒滩上总有野兽出没，若无法找到回去的路，就会非常危险。①

　　军垦战士们在开荒的同时修建道路和桥梁，不仅使生产得到了发展，也使交通更加畅达。20世纪60—70年代，自行车成为"三转一响"（自行车、手表、缝纫机和收音机）中的重要一物，自行车成为主要交通工具，近乎家家要买一辆自行车，儿童从七八岁便开始学习骑自行车。70年代末，公路条件改善，兴建砂石路、柏油路，行路上班、上学以自行车代步；进入80年代后，自行车已很普遍，还出现了私人购买拖拉机、汽车，搞个体运输，摩托车也进入职工家庭；90年代，又有了个体经营的小客车成为主要交通工具。少数人家还购买了小汽车；21世纪以来，尤其近10多年私家汽车逐渐发展为师市团连进入军垦二三代家庭的交通工具。

---

① 访谈对象：陆振欧，男，壮族，83岁，退休干部；访谈时间：2012年9月14日；访谈地点：石河子市陆老家。

（三）社会生活民俗

兵团人来自全国各地，从军垦战士到国营农场职工的转变中，在与地方各民族的长期交流交融中，逐渐形成了以时代精神和兵团特色为主体的，既具战士的严明纪律，又有工人阶级品质，同时也极富农民本土特色、民族特色的兵团垦区生活民俗文化。社会生活民俗方面，本文主要描述分析兵团垦区的婚嫁丧葬、节庆活动等。

1. 礼仪习俗

婚礼：解放军进入新疆以后，不仅要做好边疆的守卫工作，还肩负着建设边疆的重任，如何让这些战士能够安下心来扎根边疆成为当时面临和必须解决的问题。战争时期，他们为了全中国的解放事业南征北战，自然没有时间谈及婚嫁问题；而如今迎来了解放，为了能使屯垦戍边事业可持续发展，战士们成家立业是必需之举，"没有老婆安不了心，没有孩子扎不下根"。王震在报告中曾明确指出：为尽可能减轻国家及新疆各族人民的负担，让20万大军安心戍边屯垦，必须动员大批女青年进疆，逐步解决战士的婚姻问题。创业初期，军垦官兵中男多女少现象十分突出（100∶1），在边疆安心扎根、建家立业成为重大问题。1950年至1954年，国家政府先后从湖南、山东等地招收女兵进疆，分配在各师团屯戍；这些湘鲁女兵首先是军垦战士，经过一段时间的亦军亦农锻炼成长，经组织介绍或自由恋爱，结婚组建家庭。当时的历史条件以及新疆的特殊环境，数以万计的进疆女兵和女青年的婚姻大事，就与20万战士长期驻守和保卫边疆、建设和扎根边疆，紧紧地联系在了一起，逐步解决了当时"没有老婆安不了心，没有孩子扎不下根"的现实问题。以下材料来自两位老人的回忆，正是对那个时代自身婚姻的讲述。

材料一：我（文汇娟）1951年3月在湖南参的军，在二十二兵团学习。有天吴科长叫我去他办公室,进去时还有两个人已经先到,吴科长便问我想做什么工作,我直接回答唱歌跳舞;吴科长问我,你会吗?虽然那个时候这些都不在行,但我却说:不会可以学嘛。结果第二天我就被分到了宣教科,当时我才知道之前看到的两个人中有一个便是宣教科的成科长,他暂时让我接触一些抄稿件、整理图书或者印材料的事情,接触时间久了,成科长给人印象挺好。即便是工作中出现问题,他也不会在会上直接批评,而是单独进行谈话并告诉我错出在哪儿。后来有一天下班,他约我到外面走走,走着走着突然笑眯眯地说,咱们做朋友吧,还一直望着我,可能因为太突然,我没有回答他,他就回宿舍了。几天后他又约我,但我并没拒绝,其实就是默认了,女孩子嘛,肯定会害臊些。当年10月我们便登记结婚了。①

材料二:我(张淑芳)山东人,1952年参军。当时在警通排的电话班工作,那里有4男6女。我老伴跟我说,他当时看了一眼就相中我了,当时他是电话班班长,年年都被评为先进,后来,我调到哪儿他就跟到哪儿,1955年我们床和被子挪到一起,墙上挂上毛主席像,便结婚了。哈哈!因为我俩是自由恋爱,所以结婚以后的感情一直很好。②

通过以上材料我们基本能够感受到那个年代兵团在婚姻方面的情况,当时需要组织出面介绍,然后双方见面,建立了感情才会批准结婚,

---

① 参见新疆生产建设兵团妇女联合会编《新疆兵团妇女 1949—2009》,乌鲁木齐:新疆人民出版社,2010年,第40页。
② 参见新疆生产建设兵团妇女联合会编《新疆兵团妇女 1949—2009》,乌鲁木齐:新疆人民出版社,2010年,第42页。

这也是结婚的一般程序。材料一的情况比较普遍，一般由党组织介绍，然后通过工作中的接触萌生感情，可以说这种感情是在组织成长中建立的革命感情，组织扮演了牵线搭桥的角色，并充当了传统婚姻中"媒人"的角色。组织介绍后，两人如果建立起感情，就可向党组织申请，批准后便可登记结婚，然后在礼堂办婚礼，结婚程序完成，相较于传统程序而言，要简单得多。最初兵团男同志多，女同志少，男女比例严重失调，因此组织对结婚条件做了一定规定和限制，如军龄需满5年，年龄在25岁以上的连级干部或战士可申请结婚。所以女兵和女青年进疆以后，首先要解决的是干部、老兵的婚姻问题，材料一便属于这种情况。1955年前后，进疆女同志逐渐增加，提倡自由恋爱结婚，材料二便属于这种情况。他们进入新疆，没有父母陪伴，因此父母包办婚姻的现象基本不存在。

1954年我向机关打结婚报告，结果年底便批了，但由于婚房没腾出来，所以还不能结婚。1955年元旦，包括我们在内的一共8对新人在礼堂举办了隆重婚礼，还发给我们每对新人2条长凳、8块木板，凳子上放上木板便搭好一张床，然后将每个人的行李搬到房子里，离开了集体宿舍的生活，其实当时每间房子的面积并不大，一排共8间，每家一间。收拾完毕后，机关敲锣打鼓召集大家都去参加，然后发喜糖。

当时副师长作为我们的主婚人，我们首先介绍了自己的名字以及与对方认识的过程，然后向大家鞠躬，在礼堂的正中央还挂了毛主席像，一鞠躬给毛主席，二鞠躬给证婚人，三鞠躬给战友，最后夫妻对拜。接下来证婚人读结婚证内容，某某愿意嫁给某某，谁是证明人，登记日期，最后将结婚证发给我们以代表组织认可合法婚姻。散了以后，大家各自牵着手回房间，当时专门买了2斤糖、1斤多瓜子和葡萄干，都放在了唯一的家具——桌子上。闹洞房时床上都是人，政治部凑钱买了个茶盘送给我作为贺礼，茶盘上还明显刻着"生产建设"几个字，那时正值转业为生产建设兵团之际，这四个字显得格外有纪念意义，所以一直保留着，目前已把它捐给军垦博物馆了。还有几个感情好的送给我几幅年画，一些是老寿星图案，还有胖娃娃图案，另外还有一幅挂历，墙都是土墙，所以直接钉个钉子挂上去，或用糨糊糊一糊就行了。我记得那时还准备了一块布，闹洞房的人在上面签上名字，作为贺礼留念。傍晚会餐时每个人手拿自己的碗筷，8人一桌大家同贺。那个时候结婚就这么简单。

这是我们访谈陆振欧老军垦时，他对自己婚礼的描述，从中能够获悉兵团早期婚礼的流程和场景。婚礼是单位领导组织的，战友和同事都来祝贺，当时大家都投身到生产中，所以很少有放假的时候；新人需要先登记，到了节假日时再举办集体婚礼，所以也是"挑日子"的，而且一般会选八一、十一、元旦或春节这些节日，另外，婚礼多在单位会议室或俱乐部举办。主席台上方会挂上毛主席像，台桌贴上红色喜字，新人身穿军装佩戴红花坐在台上，单位领导主持婚礼，同时致贺词。他不仅是主婚人，同时还是证婚人。每对新人握手首先向着毛主席像鞠躬，然后致谢各位来宾，谈谈各自的恋爱过程，表决心，即做好戍边搞好生产生活的决心，最后新人牵手或由新郎抱着新娘入洞房。其实"洞房"非常简单，通常只有一张床，基本没家具，货箱表面糊层报纸，便成了桌子。结婚都不置办嫁妆，不设宴席，而是直接把各自的被褥和衣服放在一起，买些瓜子、糖等，泡壶茶招待前来祝贺的战友。婚礼再简单也不能缺，这是结婚程序中不能缺少的重要环节，"婚姻亦总是一公开的仪式,它是一件关涉着当事男女之外一群人的社会事件"[①]。简单也一样蕴含着其中的文化功能,是民众对他们结合的认可和祝福。

从1955年开始,除组织介绍、关心婚姻外,自由恋爱逐渐增多,选择另一半主要以对方是否勤快、老实为标准,当然人品好也是重要标准之一。20世纪50年代初的婚姻,从性质上来看,较多的是组织做"红娘"(自由恋爱也存在),有的先结婚后恋爱;从形式上来看,大多为集体婚礼,无须迎亲等烦冗程序,男女双方基本在同一个团场。

一对对新人领取结婚证后,从各自的男女兵宿舍把被褥、用具搬入洞房。在连队礼堂(俱乐部)举行婚礼,由连长、指导员组织婚礼,领导讲话,证婚人证婚,分发喜糖、瓜子、花生等,战友们即兴扭起秧歌、跳起民族舞或拉歌助兴。

20世纪50年代后期至60年代,兵团女职工大量增加,自由恋爱结婚盛行。婚礼仍很简朴,不请客、不送礼,只少量送脸盆、茶缸、小镜子、钢笔、日记本等之类的生活用品和纪念品。新人单位领导主持讲话,祝贺新婚夫妇白头偕老、早生贵子,为屯垦戍边事业多做贡献等祝福、勉励话语;婚礼中新人介绍恋爱经过,后入洞房,很少有闹新房的。当时,新婚夫妇大多是只身在塞外,无父母在身边,故新人可免跪拜长辈之礼,新婚可免回娘家之劳。家乡婚礼的繁文缛节在兵团均被简化。70年代后,婚礼日渐隆重,送礼之风日渐盛行。或个人,或3—5人一起,向新人送脸盆、水壶、暖瓶、茶具、枕套、床单或被面等。新人则以香烟、糖果、瓜子、茶水招待。80年代以后,日渐铺张。男方大都负责把单位分的住房粉刷装修一新,置家具、家电等一应俱全;女方以床上用品、婚礼服以及日用品等陪嫁。迎新喜日,小汽车、客货两用车等交通设施到女方家迎亲,一路鞭炮齐鸣,热闹非凡。近20多年来,结婚购置楼房、买小汽车等已成风气。

[①]〔英〕马凌诺夫斯基:《文化论》,费孝通译,北京:华夏出版社,2002年,第29页。

寿庆：汉族进入老年，有祝寿习俗，一般在 50 岁、60 岁、70 岁、80 岁时举行，以 60 岁花甲之年最为隆重。寿宴在 59 岁时举办，寓意"寿长久"。寿宴一般以家庭成员为主，也有请亲朋好友的。老人坐上席，儿孙向老人祝寿，大家敬酒，说一些"福如东海，寿比南山"类的吉利话，席间拍一些照片来纪念。20 世纪 50—60 年代过寿，一般早晨吃几个荷包蛋，中餐或晚餐做几个好菜，吃长寿面。70—80 年代起生活水平逐年提高，除吃长寿面、一桌菜肴外，已有生日蛋糕。进入 90 年代以后，庆生日渐丰富，并时兴赠送生日贺卡，赠送礼品，多在家宴请亲友，流行在电台、电视台点歌，祝贺生日快乐。21 世纪以来，宴请亲朋好友去酒店庆生，旅游庆生，都很时尚。

丧葬：八师某团管辖区域内有座将军山，对它的由来大家说法不一。其中一种说法是在这里埋葬过多位将军，所以才有了这个名字。当时担任某团副司令员的赵锡光，同时还兼任某军军长，由于业务需要又兼石河子建设规划处处长一职，在垦荒最艰难的那段时间，为了军垦事业积劳成疾，患胃癌于 1955 年倒在了工地上。赵将军去世后被埋在"军垦第一连"旁边一个山脚下。之后，两位副军长和一位师长也埋于此。正因如此，这里才被称为将军山。①从这个流传的"将军山"故事可以得知，屯垦初期军垦战士去世依然采用的是土葬，并且就近安置。

1959 年，兵团司令员及组织共同决定，在距离石河子 13 千米的南部地区专门开辟一处 1 平方千米的地方作为军垦战士、家属的墓地，这就是红山公墓，它是石河子首块公墓，并进行了统一管理。这里共建 7000 多座墓，直到 1984 年不再对外开放。一些比较偏远的农场还使用土葬公墓，但缺少专人管理。

1950—1959 年，这里全部实行土葬。无论是干部还是普通战士去世，一般在去世的第三天，由单位组织召开追悼会，对其生平事迹进行追述，

---

① 盛大泉、李雷：《一个兵团老兵和他的连队》，《中国人才》2008 年第 2 期。

前来追悼的人员一律臂戴黑纱，追悼会开始前，首先向遗体告别，赠送花圈、挽联和挽幛，以此表示祭奠。葬礼完成后要在墓前竖立由木头或水泥制成的墓碑，上面刻上死者姓名、生卒日期以及籍贯等信息。这种葬礼远比传统丧葬程序简单很多，不用事先看风水，不烧纸钱，不燃放鞭炮，唯有军旅特色的致哀仪式，那就是军人的脱帽礼。20世纪50年代，军垦官兵在年龄结构上，青壮年占绝大多数（几乎无老死丧葬者）。部队将士将在剿匪中英勇牺牲的战友就地掩埋，站列一排排，脱帽默哀，鸣枪寄托哀思。20世纪60—70年代，干部、战士去世，发给丧葬费，实行土葬，由单位组织追悼会，领导致悼词，追忆死者生平事迹；亲属致答谢词。遗体用木棺或水泥棺装殓，用马车或拖拉机在领导、亲人陪送下，入墓地埋葬。

1982年，提倡火葬。凡汉族干部、职工、家属死亡，一律火化。死者遗体送火葬场火化后，骨灰存入骨灰盒，置殡仪馆。少数人也将骨灰盒存放家中。由于生活水平提高，葬礼逐渐讲究。在殡仪馆举行追悼会，单位、亲朋好友送花圈、挽联、挽幛、挽金。告别仪式一般为领导致悼词，追述死者生平事迹；亲人致答谢。与会者胸戴白花，亲人佩戴黑纱，奏哀乐、默哀，最后绕场向遗体告别，行火化。葬礼结束，死者亲属设宴款待亲友，以表纪念死者和答谢友人之意。

在石河子垦区某团，大多甘肃籍老军垦去世埋葬时，统一为头朝东脚朝西，代表在西北边疆戍垦，心系以东家乡，寓意思乡。十师北屯驻守在中哈边境的团场，都有一个"十三连"，这是军垦公墓。之所以称为"十三连"，是因为戍边战士不忍自己的战友脱离这个集体，依然编为一个特殊连队，对活着的人而言是一种慰藉。以此表达为戍守边疆、保卫边疆而献身的战友的崇高敬意。这两个团去世的战士埋葬时全部头朝东，以示不忘家乡，落叶归根；脚朝西，这是要目视对面邻国，脚踏在祖国的边境线，永不辜负戍边使命。虽然他们也有乡土情，但当他们踏上这片土地做戍边卫士起,这里就是他们的第二故乡,即便死后也要葬于此,来守住和保护祖国这块领土。

2016年国庆期间,我们慕名来到了十师的边境团场公墓"十三连",亲临其境,看着一个个、一行行墓碑记载,久久不能离去。脑海里留下了深刻印象,回来后依然挥之不去,笔者动情写下了这次实地调研的切身感受:当你走进"十三连",顿时令你肃然起敬。不是因为军垦公墓本身,而是因为公墓里长眠的军垦前辈戍边的平凡而感人的故事。该团干部职工习惯称其为"十三连"——这个根本就不存在的连队,然而在团场职工群众的心目中他们还存在,他们还活着,他们还是团场编制中的一个连队战士。国境线上一片坟,步调一致好齐整。活着屯垦守边关,死了还要看国门。他们生前为国守边,边关一守几十年,有的甚至从受命踏上这片热土就再也没有离开过边境,献青春、献子孙、献终身;他们临终嘱托领导和家人,把他们埋在十三连……"十三连"的这片墓地,设立在国境线上,一个个坟墓像战士列队一样,一排排、一行行;遗体下葬一律头朝东、脚朝西平整摆放。意为守卫西北边陲,根系以东家乡;而更深层次的寓意在于:活着屯垦守边关,死了依然面向西看护着、脚踏着祖国西北大门,眼盯着对面邻国动向,守卫着我们的国境线和我们的国门。正是他们生前身后至死不渝的屯垦戍边精神感召,传述着一个又一个动人故事和歌谣,吸引着无数慕名者前去瞻仰,深受教育。

这就是军垦人为坚守国家利益高于一切的信念而履行屯垦戍边使命所做出的不可磨灭的贡献。用青春和汗水把西北边陲风吹满地石乱走的千里边境变成物阜民丰、固若金汤的钢铁长城;用忠诚和生命铸成感天动地、激情豪迈的具有兵团军垦特色的边境文化大师——一座永不移动的界碑。

2. 岁时节庆民俗

全国各地的人给兵团带来了各地的节日文化,主要以汉族为主的东西南北中节日，虽有地方特征，但和而不同，美美与共。最隆重的传统节日是正月初一春节、正月十五元宵节。春节讲究亲人团聚，领导看望职工，各家互相拜年，互致问候和祝贺。春节后新一年农事及其他活动随即开始。正月十五元宵节燃放烟花爆竹，有民间社火、踩高跷、玩花灯等。依次是清明节、农历五月初五端午节、八月十五中秋节、九月初九重阳节、腊月三十除夕、大年初一春节等。年复一年，循环往复，节日美化着我们的日常生活。

这些节日在兵团既传承了内地节日的形式和内容，更重要的是丰富了兵团职工屯垦戍边的文化生活，密切了兵地关系，又吸收民族文化，融入多元一体。下面介绍几个主要节日。

春节：春节是重要节日。初创时期，每逢春节，军垦官兵集中扭秧歌，开联欢晚会迎新纳福。年三十吃饺子，初一至初三，吃鱼吃肉改善生活。这期间还开展"拥政爱民"活动，与邻近地方群众互相拜年，慰问演出，加强兵地联系，密切兵地关系。过年期间，团对团、连与连或团连上下级互相拜年，食堂改善伙食，一块儿聚餐，集体性很强，连队就是一个大家庭，军垦官兵都在这个大家庭生活。

春节是我国千年流传至今的传统节日。春节前夕，为了迎接这个盛大的节日，干部战士响应军委号召，全部出动，到处拾粪，积极开展积肥活动，为来年的春耕做好充分的准备。这已经成为春节的主要活动，同时还是一项重要任务。

那个时期即便条件很艰苦，传统节日依然要过。刚入疆那会，大家都是集体过节，吃大锅饭，每逢元旦和春节这些重要节日时，食堂还会额外增加菜，但食堂容量有限，所以大家直接在操场上每8人围成一圈席地而坐，用脸盆盛菜，通常有5—6个菜，吃饭时都会叫上家属。实行供给制时，春节、五一、七一、八一、十一都会举行集体会餐，以适当改善大家的伙食。而工资制时，每逢节假日会餐已不存在，因为很多人都成了家，有了老婆和孩子，所以这个时期都是在自家炒上几个菜庆祝，但食堂依然保留着，可以用饭票去买饭菜，所以基本都是在家过了，吃的量根据自家情况而定，更加方便。遇到节假日时，食堂的肉菜样式也会增加，可以买回去下酒，节就这样过了。①

以上可以看出，兵团成立之初，那时生产任务紧，所以过节统一放假，共同欢度。20世纪50年代初中期，军垦战士组建家庭在逐渐增加，节日都是集体共同欢聚度过，由食堂备好饭菜。再后来，成家的越来越多，战士们基本在家过年，每家每户都包饺子庆祝，茶余饭后走门串户，以瓜子、糖、茶和烟来招待。为了增添节日气氛，机关和各单位还专门组织一些文娱活动，比如扭秧歌、耍狮子等。

元宵节：正月十五，主要是吃元宵、猜灯谜、观灯会，各团场举办元宵社火，穿红戴绿扭秧歌、划旱船、舞狮龙、闹社火，尽情狂欢。元宵节可谓春节的延续和句号。

清明节：单位组织工作人员或学校组织学生到烈士陵园、军垦公墓扫墓，缅怀先烈、战友，讲述军垦故事，告慰故人，激励后人；各家各户从节前几日开始，备纸钱、香烛、食品，到公墓祭奠，土葬的除草添土，火葬的清洗墓碑，摆上供品，焚烧纸钱，缅怀已故亲人，保佑后人。届时，亲友相聚扫墓，还有踏青、野炊、放风筝等活动。

端阳（午）节：农历五月初五为端阳节。吃粽子是端午节的主要饮食习俗。粽子一般用芦苇叶做包皮，呈三角形，内装糯米、红枣、红豆、绿豆、花生、葡萄干，也有内装腊肉的。时下，粽子已成为送亲友的礼品。端午节这天，互相赠送，品味美好生活。

中秋节：这一节日象征秋天丰收季节，月饼是中秋节日食品的代表。每逢节日来临前，各单位工会为职工会员采购月饼，分发给个人；

---

① 访谈对象：宋玉兰，女，汉族，77岁，退休职工；访谈时间：2015年8月16日；访谈地点：石河子市宋玉兰家。

八月十五这一天，家家户户团团圆圆，围坐一起吃月饼和瓜果、赏月，亦称为"团圆节"。

小结：兵团人欢度的传统的节日有元旦、春节、元宵节、清明节、端午节和中秋节，除此之外还有五一劳动节、七一建党节、八一建军节、十一国庆节等纪念性节日。从进驻新疆一直到20世纪70年代，兵团人每逢节日时，虽然过得很简朴，但是非常有序，这也与当时的经济条件及生产任务相关。纪念性节日通常会放假1～3天，无论是兵师、团场还是连队，都会组织文艺活动，大家都会积极参加，除此之外，连队的露天电影成为节日的重要文化娱乐形式。平时生产任务紧，所以节假日期间除了连队战士举办娱乐活动外，剩下的时间自己支配，去团部购买需要的节日用品，访亲聚友。

3. 民间娱乐习俗

20世纪50年代，为活跃、丰富部队文化生活，在军垦战士中开展"五兵"活动，分别是兵写兵、兵唱兵、兵演兵、兵舞兵及兵画兵，连队呈现"处处有歌声，月月有晚会，节假日有活动"的小型多样的文化活动氛围。文艺工作者经常下到田间地头为战士们演出。当时经常开展的文娱活动项目有赛歌、跳集体舞、扭秧歌、拉洋片、相声、花鼓灯等。60年代，俱乐部建起，活动十分频繁。自编、自导、自演的数来宝、小话剧、双簧等文艺节目备受欢迎；"文化大革命"期间，跳"忠字舞"，唱"语录歌"，看"样板戏"成为主要的文化娱乐活动。1976年，群众性文化活动逐渐恢复，群众喜爱的舞狮子、扭秧歌开始兴起。80年代，兵团党委做出了加强文化工作的决定，兵团文化建设再次迎来新的春天：每5年举办一次全兵团职工业余文艺会演；边境团场文化长廊建设红红火火，各团举办的"绿洲之夏""巩乃斯之冬""金孔雀迎春"等文化艺术节异彩纷呈。旨在打造"军垦文化大师"的七师，特别近几年来在文化建设上的两大举措，使奎屯金三角地区的群众文化活动丰富多彩。先是连续五届的"军垦广场之夏"文化艺术节，每届历时 15 天，文艺晚会 15 台，观众超过 10 万人次，盛况空前。2000 年，农八师一四三团被文化部授予"中国民间艺术之乡"称号；该团以军垦鼓艺为特色的威风锣鼓、秧歌等民俗表演活跃民间至今。2018 年，中国民间文艺家协会组织专家实地考察、论证后授予七师"中国军垦文化之乡"称号。

（四）语言（方言）民俗

语言是交际工具，也是交流情感的工具。兵团人口来自祖国天南地北，其中山东、四川、甘肃、河南、湖北、江苏、上海等籍的人居多，其风俗习惯、语言风格不尽相同。兵团人在语言上最大的特点是能听懂各地人的方言，有的还会学说，惟妙惟肖。老一代军垦人原籍方言夹带普通话，是因为进疆时年龄小的也十几岁了，家乡方言已形成，但在兵团与各地人长期工作生活，原籍方言也发生了变化，逐渐吸收了普通话语调和词汇；各师市区第二、三代军垦人讲一口标准的普通话，而团场因河南籍人多，军垦后代们形成兵团的河南特色普通话。再因兵团西北人多并与地方紧邻的，普通话中有西北音或叫老新疆话。如"干什么"说成"干啥"，"去"念成 qi，"药"念成 yue，"脚"念成 jue 等。也有一些本地习语，如"老蛙"——乌鸦，"贼娃子"——小偷，"男娃娃"——男孩，"女娃娃"——女孩，"洋柿子"——西红柿，"葵花"——向日葵，"咋了"——怎么了，"谝传子"——闲聊天，"麻达"——问题、麻烦，把原籍称为"口里""老家"；有维吾尔族语言的汉语音译，成为口语化的交互用语，如"巴郎子"—维吾尔族小男孩，"洋缸子"——大嫂，"赶巴扎"——逛集市，"海买斯"——统统、全部，"麦格莱"——过来，"开抬"——走吧，等等。兵团垦区人，语言风格或直率简练，或温婉动听，但普通话一直是兵团人广为使用、传播最广的。

（五）精神生活民俗

1. 民间故事

民间故事有很多种类型，其中有关军垦的故事很多。有指战员们乐观积极的生活趣闻，有兵团领导关心战士和群众的动人故事，还有兵团和地方群众、汉族和少数民族团结友爱、互帮互助的真实场景。这些故事真切地反映了军垦官兵、广大人民群众在军垦生产与生活中所体现的集体主义、爱国主义精神。如《司令员与炊事员》的故事流传于兵团八师下野地垦区：

1953年7月，王震司令员到炮台视察工作。吃过晚饭，接见机关食堂全体炊事员。王司令员说："同志们辛苦了！"冯进昌代表全体炊事员说："首长比我们辛苦！""不，我们一样辛苦。"王司令员握着冯进昌的手，"你是炊事员，我是司令员，只是分工不同，辛苦是一样的辛苦，工作是一样的重要。""炊事员算啥，您司令员指挥千军万马……"一位同志在下面小声道。"呃！一样重要！一样重要！"司令员接过这位同志的话茬，"在我们共产党的军队里，炊事员、饲养员、司令员都是革命的一员，部队没有司令员不行，没有炊事员，战士吃不上饭还能打仗吗？没有饲养员喂战马，我们有骑兵吗？"司令员一席话，说得人们心里热乎乎的。[①]

这则故事，讴歌了王震司令员平易近人、关心体贴战士，始终与战士打成一片的高尚品德。其实，在军垦生活中，这样的故事还有很多。

2. 歌谣

劳动歌反映出屯垦初期军垦战士开荒造田，种粮植棉、造林防沙的劳动情景，体现了当时军垦战士以苦为乐的军垦民俗文化生活，从中我们也可以感受到他们积极乐观、不畏艰难的革命精神。如：

[①] 张学民主编，一二一团史志编纂委员会编：《一二一团场志》，乌鲁木齐：新疆人民出版社，1999年，第488页。

军垦颂
天当房，地当床，雪絮当被人如钢；
地下黄土烫脚心，开动机器多打粮。

拉沙改土
千军万马上战场，军垦战士拉沙忙；
担挑筐抬爬犁上，太阳落了有月亮。

老军垦
老军垦的宝，一年四季黄棉袄；
老军垦的饭，土豆、白菜、玉米糕。

俭朴歌
新三年，旧三年，缝缝补补又三年，
革命传统代代传。①

短短几首歌谣反映出老一辈军垦战士当年的民俗生活，真实地体现了战士们艰苦创业生活和不畏困难的乐观主义生活态度。

3. 谚语

在屯垦戍边生活中，军垦战士们亦军亦农，在农业大生产中，他们总结出了许多与农业生产相关的谚语，这些谚语既简练又有含义。如：

庄稼一枝花，全靠肥当家。

---

① 农四民间文学集成编辑委员会：《中国民间歌谣·新疆卷·农四师分卷》，乌鲁木齐：新疆人民出版社，1993年。

棉花要好三件宝，治虫施肥除杂草。

不播四月麦，不种五月棉。

三分种，七分管，十分收成才保险。

春冷必有雨，秋热定阴天。

燕子低飞雨来临，蚂蚁搬家有风云。

过了十月节，风来就是雪；垦荒者的心里，没有荒芜的土地。

军垦战士一双手，戈壁荒滩变绿洲。①

总而言之，"屯垦兴，则西域宁；屯垦废，则西域乱"，兵团民俗文化是兵团人屯垦戍边生活的集体传承、创新和享用。以上通过物质民俗、社会民俗、语言民俗和精神生活民俗四个方面的概述，可以看出军垦文化是一种以"兵"文化为源头和特色，以全国各地人的原籍文化和新疆本土文化相互吸收融入为多元一体的交融文化。军垦文化的内涵就是兵团精神的总体现。70年岁月沧桑，70年风雨征程，70年辉煌伟业，兵团垦区人已将爱国主义和兵团精神深深融入屯垦戍边生活中了。

兵团成立之初，民俗生活更多体现的是军队印记，无论是生产劳动，还是生活方式，都是集体劳作、统一安排、集中居住、互相帮助和学习、亲如一家，体现的正是兵营模式。②军味浓厚，整齐划一，简便迅捷，这便是兵团初期民俗的最大特征。在民间社会传统民俗中，国家符号没有像在部队、政府部门等单位那么明显。兵团与民间社会不同，全部是部队化管理，从建立之初便承载着国家权力和意志，所以兵团的民俗生活中自然也体现着这些内容。无论是生产还是生活，都是国家意志的体现。但是随着时代的变迁、民俗主体的变化，"民"的特点开始显

---

① 薛洁主编：《中国谚语集成·新疆兵团卷》，五家渠：新疆生产建设兵团出版社，2015年，第282页。

② 参见郭靖《浅论兵团军垦文化的历史起源与生成》，《长白学刊》2011年第5期。

现。在这个多元主体构成的垦区社会，从部队到兵团至今，多元文化碰撞一起，接触交流，并相互影响和吸收。

二、兵团垦区民俗生活文化变迁

1981年年底，兵团体制恢复以来，中央部署对农垦经济体制进行全面改革。农牧团场开始实施大包干责任制，鼓励职工家庭农场，积极推行承包经营责任制，以多种经济成分构建现代企业制度，与此同时，工业、交通、建设、商业企业也开始改革，全面围绕经济建设展开，兵团迎来了二次创业期。以往基层排班组织被取消，不仅实施了体制改革，同时大力推广和实行家庭联产承包责任制后，兵团职工逐渐转型，其中一些传统民俗文化业已恢复。社会变迁，兵团民俗生活也必然随之发生转变。

（一）物质生产生活民俗

1. 物质生产劳动

兵团物质生产劳动方面变化最大的应是战士们从一手拿枪、一手拿镐到机械化大农业生产习俗的形成和发展。1950年6月，新疆军区通过新疆省地方贸易公司引进拖拉机26台。1954年10月，生产建设兵团成立时，已拥有机耕农场24个，各种类型拖拉机236台，联合收割机89台，各种类型机械化农具20059件，机耕面积5.52万公顷。至1957年年底，兵团共有41个机耕农场和18个畜耕农场，有18个作业项目实现了机械化，并建成修理厂保养间等设施，培训出机务人员6249人，兵团机械化大农业初见雏形。[①]

[①] 数据参见新疆维吾尔自治区地方志编纂委员会《新疆通志·生产建设兵团志》，乌鲁木齐：新疆人民出版社，1998年，第214—215页。

表 2-1 1950—1988 年主要年份每千公顷耕地农业机械化装备水平表①

年份	农机动力（千瓦）	大中型拖拉机（台）	小型拖拉机（台）	大中型农具（架）	联合收割机（台）	农用载重汽车（辆）	排灌动力（千瓦）
1950		0.03		2.17	0.09		
1952	36.84	0.82		24.24	0.07		
1954	159.12	2.79	0.26	19.41	1.15	0.57	
1957	166.37	3.17	0.83	16.18	1.08	0.88	
1962	243.35	3.55	0.27	31.45	1.01	0.46	60.33
1965	257.64	4.38	0.18	28.35	1.26	0.58	15.88
1970	318.84	6.51	0.22	28.81	1.44	1.64	16.77
1975	467.89	7.27	0.72	26.37	1.51	1.48	52.75
1980	777.78	10.59	2.99	22.7	1.73	2.68	104.98
1985	1125.16	10.39	7.26	25.48	1.78	3.42	109.70
1988	1181.04	10.84	11.61	28.14	1.82	3.33	102.42

表 2-2 1989—2018 年兵团农业机械化装备水平表②

年份	农业机械总动力（千瓦）	大中型拖拉机（台）	小型拖拉机（台）	农用排灌动力机械（千瓦）	收获机械（千瓦）	农用载重汽车（辆）
1989	1165234	10189	2513	108157.1	133278.4	2982
1990	1199224	10266	13214	116921	130691	2708
1991	1266145	10780	13423	146007	132842	2713
1992	1355802	11098	14443	161698	136754	2867
1993	1353104	11256	14139	161948	130311	2870
1994	1362415	11310	14959	174606	137361	2363
1995	1401640	11845	16945	172893	144118	2307
1996	1491735	12624	17325	173126	144147	2350
1997	1526022	13208	19102	198409	144443	1811
1998	1607598	14568	20493	222825	140068	1616
1999	1694576	16411	20684	247120	137564	2042
2000	1800183	17139	22314	265994	136287	1843
2001	1892391	18115	24917	297421	148928	6591

---

① 数据参见新疆维吾尔自治区地方志编纂委员会《新疆通志·生产建设兵团志》，乌鲁木齐：新疆人民出版社，1998年，第219页。

② 数据参见新疆生产建设兵团统计局、国家统计局兵团调查总队编《新疆生产建设兵团统计年鉴》，1989—2018年数据整理。

续表

年份	农业机械总动力（千瓦）	大中型拖拉机（台）	小型拖拉机（台）	农用排灌动力机械（千瓦）	收获机械（千瓦）	农用载重汽车（辆）
2002	2030259	18733	27140	321970	152156	8826
2003	2210114	19494	30387	350637	149526	10316
2004	2329382	20058	33845	411312	137162	13777
2005	2493005	21219	34301	455872	138315	13349
2006	2705952	23137	35984	543878	141882	15733
2007	3035325	23663	53813	631036	138073	18341
2008	3183161	30417	39575	690739	159219	18220
2009	3385588	33298	37896	768000	181799	19130
2010	3693346	36819	37343	833171	204386	20606
2011	3962558	40017	35532	876179	238663	21598
2012	4243602	42772	34204	895319	339486	20587
2013	4587234	46310	32220	886430	386240	18357
2014	4841622	49931	32030	937716	422349	17862
2015	4996477	50798	29746	945996	514107	16929
2016	5193842	49791	30242	1009597	533097	17039
2017	5276979	51400	28526	1010051	514048	16495
2018	5389642	53664	27998	1024990	500992	15651

今日的兵团，农业生产全面实现机械化，各种主要农作物从播种到采摘均实现机械化。现代化机械大农业生产习俗已在兵团各农业团场全面铺开，农机研发、生产、推广体系全面建立并逐步完善，兵团农业正在向更高水平、向着先进生产力先进文化示范区的目标大步迈进。

以第七师2017年举办机采棉节为例，看其变迁发展。七师所在地位于乌苏境内。地理坐标为北纬44°20′—47°04′，东经83°51′—85°51′。20世纪50年代，苏联专家曾经断言，北纬45°地区无法种植棉花。兵团人就是不信这个"判死刑"的结论。一位连队医生，从河南家中寄来作为药棉用的棉花种子，取了十几粒棉籽，在门前空地上试种，竟然获得了收成，打破了苏联专家的预言。这十几粒棉籽经过几十年的培育和繁衍，不断扩大种植面积。如今，七师已经成为中国优质棉生产基地，从种到收，完全实现了机械化。一株棉花，包含着兵团七师人的奋斗和进取精神，也深深地蕴含着艰苦创业、无私奉献的兵团精神和兵团文化。七师决定在每年棉花开采时举办采棉节。2017年秋，成功举办了首届军垦采棉节，通过浩大隆重的节日活动，全方位展示了兵团现代农业的风采，并为做大做强兵团棉花品牌、棉花产业、棉花文化拓展出广阔的天地。

2. 饮食

经过长期的相处与交往，兵团垦区人们的原籍风俗和习惯已经有了明显改变。以往南方人偏爱甜食，而如今也开始喜食北方的面食，而且已经逐渐能够接受四川的麻辣。另外，以前按南方习俗冬至是要吃汤圆的，而现在可以根据北方习俗吃饺子。2014年冬至这天笔者观察到，石河子金马市场很多商铺不仅提供水饺，还提供了汤圆，大家根据自己的需求和喜好来选择，南北过节饮食习俗的明显区分早已看不出来，一些北方人不仅买了饺子，同时还买了汤圆，而南方人也买了饺子。

由于长期以来大家在同一个区域内生产、生活，民族之间饮食习惯方面也实现了交融。维吾尔族以馕、烤包子和手抓饭作为主食；回族则有拌面、凉皮、油香和丸子汤等特色食品，深受人们的喜爱，而这些食物也是汉族人民喜欢的食品。一些汉族人还会请教周边少数民族邻居或朋友各种食物的做法，学会自己做拌面、手抓饭和羊肉串等，如果不喜食羊肉抓饭，可以根据自己的喜好改为排骨抓饭或者鸡肉抓饭；哈萨克族一直以来以马背上的民族著称，所以他们擅长做各种肉制品和奶制品，而如今他们也开始烹饪各种佳肴。

馕受到更多汉族人们的喜爱。笔者在金马市场塔依尔的"阿不拉的馕"小店帮忙，参与观察，主要负责收款、为顾客打包，这个过程中还能与顾客交谈。1.5小时内，共有27位顾客光顾小店，其中只有1人是维吾尔族，其他全部是汉族，共卖出64个馕，其中大馕61个，甜馕2个，咸馕1个。这些顾客中有老师和学生，也有工人、网管、服务员，还有公务员，各个年龄段的人都有，但最多的还是中青年群体。塔依尔告诉我，每天下班时间买馕的人是最多的，而相比夏天，冬天生意会更好。店里一共有 3 名员工，基本上都是从 9：30 一直忙到 23：00，平均每天可以卖出 200 个大馕，咸馕和甜馕没有统计在内。

人们喜欢购买刚出馕坑的馕，基本上每个人买 1—2 个，有时也会帮邻居购买，多时一次可以买 10—20 个。一般情况下买馕都直接用食品袋装，如果用来送人或者带回内地，就需要使用设计好的精品袋装箱。笔者在帮忙过程中与一些顾客进行了短暂交流，一些人告诉我，家里备好了羊肉汤，买几个馕可以配着吃，这样最有味道；一些人觉得经常吃馕想换个口味；还有些人告诉我，因为家里小孩喜欢，可以给他们做点心吃。可见，馕虽然是维吾尔族的特色食品，但是已经被广大汉族群众接受，但是这种喜爱与当地民族的主食文化不同，汉族有的是将其视为调剂品，或自己吃或送内地亲友。

几年来我们连续多次去紫泥泉阿依夏家，印象最深的是与这里的牧工共同度过了一个特殊的古尔邦节。通过亲身体验，深深感受到如今哈汉文化的深度交流与交融，5 天的体验和观察，饮食上值得一提的是每餐中不可或缺的腌咸菜。

这个蔬菜大杂烩和辣子花生都是我 20 号开始腌的，制作起来都非常简单。蔬菜大杂烩中有黄瓜、苦瓜、花菜、包包菜、胡萝卜、韭菜和大蒜，切碎后撒上盐拌一拌，放一周就能吃了。辣子花生稍微复杂些，首先把花生米炒熟，如果没有花生米，用黄豆代替也行，然后把花生皮去掉，把青辣子、红辣子剁成碎末，最后放入白糖、味精、清油、酒拌匀就可以了。这些做法都是 20 年前通过报纸学会的，虽然当时报纸上用的都是红辣子，但我感觉，花生去皮后是白色的，如果加点青辣子，这样红、白、绿都有了，看着都有食欲。

之所以在古尔邦节前腌制咸菜，就是因为节日要招待客人。27日这天，天刚亮，二连连长便来到阿姨家借咸菜，说是要招待来此慰问的领导，而笔者有幸加入其中，厨房中忙碌的赵叔叔停下手里的活（穿羊肉串）尝了口咸菜，然后笑嘻嘻地说："汉族的东西被你学精了，我们可咋活呦！"阿依夏爽朗、舒心地笑起来。毫不夸张地说，我第一次看到阿姨端上来的咸菜时，第一反应就是问咸菜是从哪里买的，阿依夏做咸菜的技术还传授给亲朋好友及周围的邻居。

饮食上，汉族内部、少数民族内部、汉族与少数民族之间都在相互吸收和学习，这些例子数不胜数。

3. 服饰

改革开放前，职工群众的服装颜色基本以黄色、灰色和蓝色为主。后来团场经济得到发展，物质水平提高，人们的思想和观念有了明显改变，服饰颜色不再只局限于较单一颜色，而是更加五颜六色。款式上也开始更加多样，衬衫、T恤、裙子、西装、牛仔裤、高跟鞋、运动鞋等，不再只是以往的军便装或者中山装。兵团，少数民族受汉族着装的影响比较大，平时只有老人着传统服饰，青年人穿的较少，但多在传统节日时会穿上民族服饰。在团场，少数民族的年轻人穿着几乎与汉族无异，这是因为：首先，团场少数民族职工工作时着民族服饰（长袍长裙）会有不便，共同的生产劳动和生活环境使其穿衣习惯发生了变化，更喜欢简易便捷的工装；其次，团场少数民族工作期间经常与汉族接触，受汉族服饰文化的影响，审美标准也随之产生变化。而如今，无论是汉族还是少数民族，穿衣风格基本没有太大差别，大家更多的是追求时尚和潮流。

兵团人在传统穿衣习俗上与众不同外，统一服饰也别具特色，职工、民兵更喜欢穿迷彩服。2014年12月，项目组师生去石河子莫索湾垦区某团调研，赶巧礼堂正在开大会，参会人员全部着统一迷彩服整齐入场。广电站的站长告诉我们,这已成为他们团的惯例,一般正规的场合,无论是民兵还是职工都要着迷彩服参加。团场职工多从事务农生产,平时干活,汉、回、维吾尔等民族都好穿迷彩服,除了结实外,更耐脏,而且干活时方便。①另外,在兵团各师团场,每年农闲或冬天都要进行民兵集训,民兵都会穿迷彩服开展军事演练和比赛。

团场的迷彩服基本是军绿色,形成一道亮丽的风景,其实这正是兵团初期黄军装的延续和改变,它已成为民兵和职工开展训练、参加正式场合的正装,同时也是劳动的工作装,它与礼服一样,被赋予了独特的功能和作用。

4. 居住

改革开放后,以往的公建房可以卖给个体,而且职工也可以自建房屋,住房格局有了改变,庭院式住房便是从这个时期开始兴起的;自建房通常以5间居多,包括客厅、卧室、厨房等几个部分。房屋结构主要有土木式、砖木式和混合式。从1979年开始,石河子总场在3年的时间里总共投资247.17万元,建房面积实现504450平方米,从1983年开始,为职工划分宅基地,并鼓励他们自己建房。1988年,石河子总场实施住房所有权改革,以前的公房通过折价的形式卖给职工,实现了职工住房私有化,结束了职工住公房付费的历史。1990年,总场住房中,绝大多数住房为土木结构,占比高达85.4%,还有13.5%为砖木结构,1.1%为砖混结构,平均每个人住房面积为15.17平方米。②从1980年开始,兵团出现了院落式房屋,每家每户单独居住,而且除了院落外,还有园子,职工们编了一句顺口溜,突出了这种院落结构:"前有院,后有圈,中间住的是宫殿。"

---

① 参见严丽《兵团社区族群关系的历史人类学研究》,重庆:西南大学硕士学位论文,2012年,第25页。

② 《石河子总场志》编纂委员会编《石河子总场志》,乌鲁木齐:新疆人民出版社,1999年,第494页。

在1990年以前，连队住房都是非常整齐的"一"字式军营建筑。首先，连队从整体进行规划，家家户户的宅基地面积都一样，但可以结合自身实际分配住房和院落面积，从整体布局看，基本为棋盘式分布。从样式上看，基本都是一栋多开间，为了方便取暖，内壁专门设置了火墙，客厅空间相对来说比较大，用来摆放茶几、组合柜和电视、沙发等。建造时，屋内装修可以按自身经济条件和个人喜好来安排，在房屋前后都有比较宽敞的院落，通常前院种植一些蔬菜、果树或花草，后院饲养家禽或放置杂物。

　　汉族对团场少数民族在房屋建造和室内装修方面有着影响。有些人直接住在连队军营式住房中，有些人学习汉族建筑风格自己建房。因此，从房屋外观来看，根本无法区分哪些住房是少数民族的，哪些是汉族的，还逐渐弱化了房屋大门朝西的习惯。维吾尔族、哈萨克族在室内设计时，有一间是专门接待客人的，与汉族客厅的作用相似，但又有一些不同。他们的这间屋子不仅可以招待客人，同时还能用于休息，装修时基本按本民族习惯装饰。炕上会铺上毡绣布绣，以前装饰品大多自己绣，如今也有从市场上购买，与门相对的那一面墙上一般挂有壁毯、民族服饰或动物皮毛，用于装饰，衣柜、木箱表面都绘有民族传统图案。其余房间也会挂壁毯、民族特色的窗帘等。除此之外，基本与汉族别无二致。笔者在走访过程中发现，现在很多年轻人家中基本都挂有婚纱照或艺术照。哈萨克族金斯汗家，无论是室内设计还是装修风格都别具一格：刚进大门便可看见院内支起的毡房，主人的侄子亚胡璞告诉我们，毡房除了可以招待客人外，夏天睡在里面远比在房间里面凉快。毡房旁种了很多大葱，可以在平时食用。院子里还设置了两间储物室，专门堆放农具、畜牧用品等。然后就是主房，由6间屋子构成，1间是正厅，还有大小不同的两间卧室，厨房、厕所、电脑房各占1间。在客厅，对着门的那面墙上挂着壁毯，厅内有组合柜、电视、沙发、桌子、冰箱等，沙发上铺的是主人亲手制作的羊毛毯、民间图案的靠垫，桌子上的图案极具本民族特色，墙面上挂着全家福等照片、装饰物。大卧室根据民族传统风格来设计，与客厅一样，与门相对的那面墙上挂着壁毯还有狼皮以及本民族服装装饰；另外一面墙上挂的是鹰的标本，炕上放置了一些自制的花毡、抱枕，被子叠得整整齐齐放置在墙面一侧，有客人来家做客时，都是引入客厅或大卧室招待，并奉上奶茶品尝。门后一摆塑料凳引起了我的注意，阿姨告诉我，这些都是为汉族客人准备的。由于金斯汗工作的关系，家里经常会来一些汉族同事或者朋友，他们不太习惯上炕盘腿就餐，所以才准备了这些凳子。小卧室摆了一张床，床是席梦思的，另外还有一台电视、一部电话、梳妆台和衣柜、一台缝纫机，除窗帘、壁毯、刺绣以及民族服饰以外，其他装饰都与汉族的大同小异。电脑房除了电脑外，还有一个沙发和茶几，墙上依然挂有壁毯，另外还挂着一张海景图、乔丹人物画、家人艺术照等，这是孩子学习和娱乐的地方。厕所和厨房的设置、物件摆放等基本与汉族相同。我们从金斯汗家的装饰能够看出，整体体现出哈汉风格的交融，不仅拥有本民族传统的风格，而且又渗透着汉文化的影响。

（二）人生礼俗

1. 婚礼

传统民俗中婚姻是一种重要展现形式，其主要涵盖了婚姻礼仪和形态的内容。[①]1950年5月1日，我国颁布实施了《中华人民共和国婚姻法》，其规定，我国成年男女婚姻自由，实行一夫一妻制。下面笔者主要从兵团婚礼方面，浅谈婚姻礼仪。

从前述兵团婚礼看，20世纪50—60年代，军垦战士婚姻有组织介

---

① 参见钟敬文主编《民俗学概论》（第二版），北京：高等教育出版社，2010年，第133页。

绍、自由恋爱和回原籍接亲等，领证，多在连队礼堂或操场举行婚礼（也办集体婚礼），由领导讲话，证婚人证婚，新人三拜：拜毛主席像、领导战士们和夫妻对拜，表决心，分发喜糖、瓜子、花生，举行秧歌、拉歌等欢庆，婚礼因地制宜，简约喜庆；自七八十年代尤其是改革开放以来，兵团婚礼逐渐向传统与现代结合发展，其内在形式并不是直接沿袭传统，而是传承中有所创新，添加赋予了时代的内涵。① （见表2-3）

表2-3　20世纪80年代以后传统婚礼 ②

结婚的空间场景	中国传统婚礼程序	当代兵团的婚礼程序
娘　家	1. 装扮轿子 2. 新娘化妆 3. 放鞭炮、拦门 4. 参拜祖宗神位 5. 敬茶辞别父母 6. 吃饺子或其他 7. 盖红绸 8. 背新娘子上轿子 9. 换新鞋	1. 装扮婚车 2. 新娘化妆 3. 接亲放鞭炮、拦门 4. 求婚、互戴胸花 5. 找鞋子 6. 吃饺子、苹果等 7. 敬茶、改口 8. 照全家福 9. 依依不舍目送新娘；抱新娘上车
婆　家	10. 放鞭炮 11. 停轿子、斩煞或驱邪 12. 手捧"宝壶" 13. 撒喜果 14. 铺红毡或麻袋 15. 跨火盆	10. 换新鞋 11. 放鞭炮 12. 喝糖水 13. 挂幔子 14. 敬茶，改口 15. 照全家福

---

① 参见吉国秀《婚姻仪礼变迁与社会网络重建：以辽宁省东部山区清原镇为个案》，北京：中国社会科学出版社，2005年，第207页。
② 资料来源：参见高丙中《中国民俗概论》，北京：北京大学出版社，2009年，第268—274页；2012年9月30日、2014年7月30日、2016年6月30日笔者参与石河子市三场婚礼整理而成。

续表

结婚的空间场景	中国传统婚礼程序	当代兵团的婚礼程序
婆 家	16. 拜天地 17. 入洞房 18. 点花烛 19. 挂幔子 20. 挑盖头 21. 喝交杯酒 22. 撒帐、坐帐 23. 吃生饺 24. 换新鞋 25. 吃喜宴、坐正席 26. 送客人	
饭 店		16. 饭店门口迎宾 17. 司仪宣布婚礼开始 18. 证婚：宣读结婚证书 19. 单位领导讲话 20. 交换戒指 21. 拜高堂、拜亲友、新人对拜 22. 喝交杯酒 23. 主办方男方或女方父母（家人代表）讲话 24. 宣布喜宴开始 25. 在总管带领下，新郎、新娘敬亲友 26. 婚礼毕，送亲友
娘家	27. 回门	27. 回门

从表中可以看出，一些传统婚礼仪式程序，如参拜祖宗神位、斩煞驱邪、手捧"宝壶"、跨火盆等已简略；婚礼保留了传统喜庆的元素，如放鞭炮、吃饺子、抱新娘上车等；增加了更多的是现代气息，另外，在婚礼仪式上还添加了三个环节，具体包括求婚、找鞋子和拍全家合影。为了在婚礼中凸显女性的地位，会有寻找新娘的环节，或者寻找新娘提

前藏起来的红鞋。在现代婚礼中，整个活动都会采用相机、摄像机记录下来，保存这段美好的时光，同时也便于向亲人分享。另外，新郎还会抱着新娘上车或上轿，以烘托新娘是被迎娶进门的。在婚礼中为了让新郎和新娘的主体地位得以加强，还会举行各类活动，比如喝交杯酒、交换婚戒等。[①]在新郎家，还会有各类仪式和活动，现代婚礼中这类活动的场所位置也发生变化，主要是在酒店进行。自十一届三中全会以来，石河子的婚礼程序开始相对模式化，其中有乡土习俗的部分，同时也带有现代文化的气息。

2. 丧葬

改革开放之前，土葬是兵团采用最多的一种方式。改革开放以来，发生了很大的变化。以下通过对八师石河子市兵团殡葬改革的情况分析，进行探讨。

20世纪70年代，八师石河子市正式成立了民政局，并建立了火葬场，其地理位置处于玛纳斯河岸，占地约为2.78万平方米，各种硬件设施齐全。1979年，为了推动火葬礼仪，市民政局发布公告实行业务改革，并正式对外开放。1982年，石河子首次召开殡葬改革大会，会议的主要精神和传达的主题为加大火葬礼仪推广力度，并要求市区内的汉族干部做出榜样，自此大多农牧团场亦实行火化，对少数民族没有做具体要求。1984年6月，第二次殡葬会议召开，此次会议一致通过《石河子殡葬管理条例》，该条例中重要的一点是南山公墓正式关闭土葬的决定。同时，会议决定成立殡葬改革领导小组，大力推行火葬，严厉禁止各类封建迷信活动，一切殡葬活动以厉行节俭为主要基调；会议对殡葬改革表现较为突出的单位进行了表彰。会议结束，市政府出台《石河子殡葬管理条例》，条例规定对于师市党员干部、政府职工及家属死亡，一律实行火

[①] 吉国秀：《婚姻仪礼变迁与社会网络重建：以辽宁省东部山区清原镇为个案》，北京：中国社会科学出版社，2005年，第208—215页。

化，农牧团场除特殊情况外均实行火化。另外，对兵团垦区少数民族实行火葬，鼓励火化。石河子市1979—1985年，火化统计数据见下表2-4所示，可以发现火葬的方式开始被垦区人民接受。

表2-4 1979—1985年火化统计表[①]

年份	死亡数（人）	火化数（人）	火化率 %	备注
1979		2		
1980	1641	350	21.33	
1981	1610	325	20.19	
1982	1678	487	29.02	表中死亡人数以汉族
1983	1765	784	44.42	死亡人数计数
1984	1910	1149	60.16	
1985	1892	1325	70.03	
合计	10496	4422	42.13	

20世纪70年代末至80年代初，传统殡葬习俗开始在兵团形成。很多老人在生前，会着手准备各类身后之物，殡葬礼仪也逐步朝着传统回归，比如燃放鞭炮，以告慰亡灵，在家中摆放各类祭祀用品，不同的地区其丧葬习俗有差异，有些会在家中，有些则会安排在殡仪馆；在家中举办葬礼的，一般都会摆设香案，供祭品。殡仪馆举办葬礼，会将相关信息告之亲朋好友，亲戚朋友得到信息后会来悼念。近年来，为了简化送花圈中间环节，省去运输花圈的过程，亲属都会选择电话预订花圈的方式，通过殡仪馆送上花圈，并留下自己的名字，花圈更多是为了摆设，同时显现出亲朋好友的悼念。在下葬之前，遗体多数都会送至殡仪馆冷冻柜存放，亲属子女前去烧纸、守灵祭拜，一般在第三天到殡仪馆火化。

葬礼上，一般都是逝者生前所在工作单位的领导来主持追悼会，前来吊唁的同事、朋友等都会佩戴白花，或者捧着菊花，而亲人将黑纱佩戴在

---

① 数据参见农八师石河子市地方志编撰委员会编《农八师垦区石河子市志》，乌鲁木齐：新疆人民出版社，1994年，第526页。

手臂上，女性有些则会戴上黑纱帽。追悼会的内容主要包括：奏哀乐，默哀，致悼念词，追述死者生前的各种事迹，宣读唁电和送挽幛、挽幛的单位和个人，逝者亲属代表致答谢词，哀乐再起，来宾一一向遗体三鞠躬告别、与逝者亲属握别、安慰；还有亲朋好友献花告别的。整个流程完成，朋友和同事会陆陆续续离开，亲人会一直等候遗体被火化，并迎取骨灰，最后他们会一同送至殡仪馆骨灰存放处存放或直接到公共墓地下葬。

这些年，八师石河子市遗体火化后，一般都会采取三种方式处理骨灰：1. 通过殡仪馆保存骨灰，或者将骨灰带回家乡安葬。2. 购买公墓，将骨灰直接安葬。3. 八师石河子市绝大部分人都是从内地来的，在此学习、工作生活了大半辈子，因此八师石河子市也可以说是他们的第二故乡，由于中国传统文化中，都有"落叶归根"的思想，很多人认为对于逝者，生时回不去，死了带骨灰回故乡。从中可以发现，对于家乡地域的认知，兵团人会有第一故乡和第二故乡的概念；将骨灰的一半撒向天山（玛纳斯河），一半带回家乡。胡教授夫妇从青年到老年都在兵团，他们毕生精力都倾注在这块土地上，胡教授在石河子去世，葬礼结束后，胡夫人（张老师）将一半骨灰撒在玛纳斯河，一半带回上海老家。上海是胡夫人家乡，将骨灰撒在两地，是亲属根据情感的需要做出的选择。

（三）岁时节庆民俗

1. 春节

有些传统节日突破了地域、文化的界限，具有开放性的特征，能够让各族人民文化交流更加融洽。同时传统节日的各种礼仪和活动又是各族人民文化交流的主要形式，增进了各族人民的文化互动和交流，能够丰富我国的文化，扩充我国传统文化的多样性。笔者将对兵团的春节特点进行介绍。文中所说的兵团的春节，包含了从腊月、大年初一到元宵佳节的这段时间，属于广义上的春节。

20世纪80年代初，恢复兵团体制政策、家庭联产承包责任制的实行，从形式上，兵团的春节民俗活动内容开始变得丰富多彩，从腊月二十三持续到元宵节，兵师各团场职工群众都会为传统大年忙碌，这也说明"文化大革命"结束、实行改革开放以来，春节逐步朝着传统文化习俗回归。为了能够更加清晰地了解兵团春节民俗文化活动，笔者将以八师石河子市石河子乡开展的社火活动为例，从中窥探多元文化的互动与交融。

我国的传统春节中，较为隆重的民俗活动可谓社火，是中国民间庆祝春节的传统庆典狂欢活动，主要表达了古人对土地的敬仰，祭祀祈福，五谷丰登。这种活动在我国的西部地区尤为重视，是城乡人民热衷的节庆民俗。在石河子，有很多的外来人口，由此也会带来原籍家乡的文化，外地文化与本土文化之间交流和互动，逐步融合成为石河子独具特色的多元交融文化。因此，这里的社火活动也极具地方特色。

> ……
> 火火地演绎了
> 红色娘子军式的芭蕾和那
> 裹着春潮的秧歌
> 从五湖四海来
> 唱南北东西中
> ……
> 快板的干脆利落
> 戏剧的洗练悠扬
> 唢呐锣鼓的呐喊还未停稳
> 江南丝竹的步伐款款而至
> 闽南的绣球醒狮子呀

上下翻飞赚来了吆喝

塞北的板凳耍旱龙

左右欢腾赢得了喝彩

……①

    从上面的段落中，能够发现团场社火节目内容丰富多彩，同时活动的参加者也是全国各地的，正是这种多地域的人文和地域文化，给团场社火节增添了多元化的元素。社火表演节目内容较为丰富，有各地区的特色内容，比如戏曲、军旅文化中的进行曲、闽南地区的舞狮等。这些活动内容交叉在一起，实现了文化的交流，最终汇集并形成了兵团独具特色的一种多元交融文化。

    为了能够深入了解石河子市石河子乡的本土文化与外来文化的交融情况，笔者深入现场开展调查，并获得了很多宝贵的资料。正是由于外来人口所带来的各地域文化与本地文化之间的汇合，使得兵团文化更具特色。石河子乡的人口组成中，大部分的人口都是由西北地区迁入，也是这些人将社火文化引入本地区，并在此地生根发芽，同时向周边地区蔓延。20世纪80年代开始，家庭联产承包制在兵团实施等，促使兵团职工能够更加自由地参与到社会活动中。与之同时，也让各类民间仪式活动散发新的活力。②石河子乡四宫村的村长来自甘肃，由于怀念家乡的社火活动，他主动发起并成立了村里的首支社火表演队，成员人数达到了150人。成立的这支表演队，在各种节日时都会开展相关的活动，并获得了村委和村民的一致支持，其规模和影响力逐步提高。受到四宫村的社火影响，相邻周边的7个村长，也开始自发组织社火表演队。

---

① 虹云:《农场社火——一位返乡知青初冬的眷恋》,《兵团工运》2005年第12期。
② 参见高丙中《民间的仪式与国家的在场》,《北京大学学报》(哲学社会科学版)2001年第1期。

自此，石河子的春节、元宵节，社火表演成为必不可少的节目。2003 年石河子市春节期间，各街道、乡镇自发组织了一场规模宏大的社火活动，其活动范围覆盖了整个市区的主要街道和公共场所。

通过对石河子市社会表演节目内容的收集，笔者发现其社火活动的节目丰富多彩，有舞龙舞狮、威风锣鼓、打腰鼓、秧歌、民族舞蹈、抬花轿、扇子舞、划旱船表演等。五花八门的表演，热闹锦簇的节目内容，与节日相得益彰，极大地烘托出了节日的喜庆氛围，人民的精神需求得到了满足。

石河子的人口结构决定了其文化具备了多元化的特征，其汇集了各个省市的文化特征，由此也使得石河子垦区的文化艺术活动独树一帜。社火活动作为石河子文化的一种外在展现部分，不仅是为了给节日带来更多的欢乐，同时也蕴含着丰富的民间文化内涵。另外，石河子乡的社火活动中的一些特殊表演内容，也展现出了外来人口所移植的地域文化，同时也承载了一代代移民家乡的印记。总而言之，石河子的社火活动中，不仅蕴含着本地文化的内容，同时也交织着外来的文化特色，最终形成了独具特色的文化形式。

社火表演让更多的少数民族了解汉族文化，并积极地参与到活动中。通过调查发现，石河子乡在举办社火表演时，少数民族同胞的参与度很高。这也说明在石河子垦区，社火活动不仅仅是汉族人民欢庆节日的一种方式，同时也成为汉族与少数民族共同欢度节日（尤其是元宵节）的垦区民俗文化艺术表演活动。目前在石河子乡主要有汉、回、维吾尔等 8 个民族聚集村。石河子乡民俗展现的形式具有多元性，这也与汉族与少数民族的居住布局有一定的关系。2010 年，努尔巴克村乡政府组织了一支社火表演队，其成员为维吾尔族，取名为麦西热甫，社火表演队这种表演结构和形式让大家眼前一亮。另外，三宫村的表演节目是划旱船，其特点在于对船工的形象进行了创新，将传统的汉族船工改为了少数民族特征的形象，但是又保留了传统船姑娘的形象，且负责本次社火表演的也是一名少数民族。社火民间文化活动是汉族人民创造和传承下来的，从石河子乡社火活动中可以看出，越来越多的少数民族群众都参与到社火活动中，以汉民族为主的社火表演有了多民族群众参与、民族舞蹈嵌入。这说明其活动成为各族人民共同庆祝节日的民俗文化形式，也是各民族文化相互交流和交融的缩影，能够促进民族文化的繁荣发展。

从石河子乡的大型社火表演中可以发现，其属于多民族、多文化的交汇和交融，同时，仪式活动的内容和形式也展现出国家的在场。石河子社火表演归功于政府对优秀传统民俗文化的重视与支持。

首先，石河子市规模如此之大的社火环城表演组织者是市政府，同时，政府在资金方面给予了大力的支持。政府出面直接投入资金与民间自筹资金结合起来。笔者通过实地调查发现，石河子乡各村的社火表演最初都是在所属乡镇民间自发表演。后来，市政府将这些民间表演队组织起来，举行规模较大的环城演出，这也是各社火队能够汇集到一起，形成如此规模的主要条件。政府对各乡镇自发组织的社火进行了征用，通过环城表演的形式，对外展现出垦区的民俗文化风貌，同时也使节日气氛更加浓郁。

其次，石河子市通过社火表演的方式，政府满足了民众的精神需求。在社火表演中，各支表演队都会打出拜年的旗语，表达了政府向民众拜年的蕴意。各社火队都会将拜年的祝福语贴在彩车上或拉起醒目的横幅——向石河子垦区人民拜年！政府对社火的征用，政府的参与和引导作用显现出来。

再次，社火表演的主题和内容更多体现的是国家立场。石河子社火表演中宣传的内容体现在民族团结、百姓安居乐业。2013年到2019年，每年石河子乡的社火表演是规模最大也最有特色的一支强有力队伍参加春节、元宵节庆祝活动。政府组织了石河子乡9个村的社火表演队，共有千人表演参与到石河子市元宵佳节的社火环城表演活动中。这些社火表演队中不乏有少数民族表演队，如维吾尔族麦西热甫队已经多年参加本市元宵节社火活动。通过调查发现，在社火环城表演活动中，这支由维吾尔族民众组织的表演队积极参与进来，是离不开政府的鼎力支持的。此外，少数民族也非常希望能够融入垦区、本地文化活动中，通过参加这种集体表演活动，不仅展示了少数民族的优秀文化，同时也获得了政府、社会的认可和赞誉，提高少数民族在垦区的社会地位。通过民间社火环城表演活动，政府能够将国家的意志加以宣传，同时增强民族团结，促进汉族与少数民族之间的文化交流，起到促进文化共同繁荣发展的作用，还可以进一步提高政府的影响力、号召力，为构建和谐社会打下坚实的群众基础。

最后，民间活动受邀参加国家、政府活动，实现文化的广泛传播。在国家节日、庆典等各类大型活动中，有的社火表演列入节目清单中；石河子乡的社火队就经常会出现在政府举办的各类活动中，如各类节日庆典、文艺会演、表彰会、宣传动员活动等等。通过举办这些活动，社火表演为越来越多的人所知晓，社火表演走出了乡村和团场，成为国家节日庆典活动中常见的一项文化艺术。

国家庆典活动，是民众代表人民在场、人民参与其中，实现国家政府与民间群众的互动。近年来，石河子乡的社火表演规模逐步扩大，影响力也越来越大，成为石河子对外宣传的主要文化载体。为了弘扬民族文化，石河子乡申报"中国民间艺术之乡"，宣传的主要文化活动就是社火。从石河子社火活动发展的历程来看，社火展演能够成为一个垦区最具代表性的文化活动，政府的支持和帮助是至关重要的。

2016年元宵节，本项目负责人应邀作为石河子市元宵节社火展演赛评委，荣幸亲临现场，第一次坐在主席台显赫位置上面对面观看、审评，切身感受石城社火，激动、兴奋之余，赋诗一首：

正月十五凝飞雪,
军垦石城赛社火。
五湖四海汇多元,
锣鼓声中迎春色。

旱船秧歌赛乃姆,
龙狮猴跃麦西热。
彩旗花衣舞翩翩,
威风八面歌欢乐。

队阵阵,旗猎猎,
七彩民俗呈战果。
恰似将士巡疆界,
屯垦戍边履职责。

各族儿女共团结,
迎新纳福祈收获。
军垦文化军垦城,
兴边强国颂祥和。

  社火历史悠久,遍及全国各地,因风俗不同其表演形式而有所不同,军垦人来自全国各地,因此军垦社火集各地社火表演之大成。近20年来,七师天北新区管委会年年举办元宵节民间花车和社火表演活动。社火表演通常有50多个来自七师团场和周边地方的表演队伍,展演河南、甘肃、四川、山东等地的不同风格、不同形式的社火、花车节目,观众数万人。每次活动都要沿奎屯市主要街道巡游一周，兼有武术、舞蹈、舞龙、锣鼓等现场表演，成为展示和欣赏各地不同民族、不同风俗的社火表演博览会，也是兵地民族民俗文化交融的盛会。

2. 古尔邦节

"古尔邦节"是阿拉伯语音译与汉语"节日"的合成词。

古尔邦节前两天，会有热闹的"赶巴扎"；传统的古尔邦节，为了招待节日的客人，家中的妇女会提前制作各种民族特色的馓子、烤馕等；现代西式糕点也成为古尔邦节招待客人的食品。在"巴扎"上，可以买到各式各样、各种口味和风味的民族食品，节日期间男人则会去市场挑选上好的羯羊，并提前做好宰杀准备，以迎接节日的到来。

古尔邦节是信仰伊斯兰教民族的一个重要的传统节日。新疆维吾尔自治区 2012 年决定：肉孜节、古尔邦节，汉族与少数民族享受同样的节假日放假时间。这项政策不仅仅是针对少数民族，新疆汉族同样享受该节日假期，这也是新疆首次不以民族划分节日假期。这一政策实施增进了汉族与少数民族之间的文化交流和互动，同时也让汉族人民能够在少数民族节日期间，有时间参与到庆祝活动中，从而使得民族之间的文化交流更加密切，促进民族文化的发展和创新，为民族的发展创新提供了良好的机会。

兵团的节假日都是按照新疆维吾尔自治区制定的办法实施的。古尔邦节当天，垦区的干部、职工放假三天，通过调休的方式，假期共计五天。这种共享民族假期的方式，让汉族和少数民族的人民能够更加亲切，同时也便于相互之间的文化交流，增加彼此之间的友谊，构建一个和谐的社会氛围。笔者此次走访、体验古尔邦节，并深入少数民族家中（阿依夏家），共同欢度古尔邦节，深刻体会这个节日所带来的深层次文化意义。

10 月 26 日 9:00，阿依夏的弟弟吾马尔汗结束早餐的祷告仪式，回到家中着手准备节日用到的羯羊。11:00 左右，阿依夏喊来了面包车师傅、汉族燕永翔师傅前往阿依夏父亲的坟前诵经。此行并不是所有人都去参加，只有阿依夏和几个阿姨、姑姑前往。

节日中午，哈萨克族节日美食手抓饭，午饭结束后互相串门，走亲访友，恭祝节日，家里的电话铃声也接连不断，各种问候的电话络绎不绝，多数都是身在外地的亲人给阿依夏的八旬妈妈打来祝福的电话。哈萨克族的老人或在一起观看具有民族特色的文艺会演，或者聚在一起聊天；年轻人的活动相对更加丰富多彩，有些年轻人会一起唱歌、跳舞，有些则会结伴去拜访老师、同学、亲朋好友。节日的第一天，阿依夏的幺妹一家来家中拜年，到了晚上，阿依夏妈妈想吃面条，其儿媳马上制作面条，整个过程非常熟练，除了汤面条以外，阿依夏还准备了各种馓子、菜肴，晚饭时间我们边看电视，边吃面和各种美食，这个节日过得非常地充实。从节日的第一天活动看来，传统节日中的很多元素都保留下来了，当然也有一些汉族文化元素交融在其中。

节日的第二天，八师政协副主席前来拜年，并对垦区的部分困难户走访慰问，送上米面和生活用品。当天上午，阿依夏就开始组织接待工作，笔者也跟着去厨房一起帮忙，此次招待工作共有7名负责人员，具体信息见表2-5，在这个准备过程中，汉族和哈萨克族文化交流有了更加深刻的互动。

表2-5　紫泥泉马场接待人员一览表[①]

姓名	民族	工作单位
张富强	汉族	二连连长
赵富	汉族	水管所
刘师傅	汉族	厨师（现奎屯）
赵叔叔	汉族	组织科
阿依夏	哈萨克族	紫泥泉社区
努尔汗的弟弟	哈萨克族	二连指导员
努尔汗的妹妹	哈萨克族	家庭主妇（二连）

① 资料来源：2012年10月27日笔者参与紫泥泉种羊场接待事宜搜集整理。

每年的古尔邦节，兵团领导干部走访慰问，成为活动的重要环节之一，并且这种活动已经形成了固定的模式，既体现出政府对少数民族群众生活的关心，也反映了各民族的和谐交往。

小结：党和国家决定恢复兵团，按中央部署全面改革，大力发展经济建设。推行家庭承包联产制后，兵团各项工作推进加快，进入了一个快速发展期。而兵团体制的变化，又推动了民俗生活的变化；兵团职工朝着国家引领的方向发展，同时传统的民俗文化在回归，主体直接决定了民族风俗，呈现传统民俗变化的生命力，因此，民族特色亦愈加浓厚。

近年来，由于深化体制改革，社会环境发生了很大的变化，兵团所处的社会环境、结构也在发生变化。传统社会的结构与国家在场相互交融。民间活动仪式的开展，能够提高各民族的凝聚力，同时也可以增进民族之间的文化交流。国家政府通过一系列措施，组织各类大型的民族文化活动，提高了政府的影响力和号召力。

兵团民俗观念的变迁可以概括为三个方面：民俗主体由"部队官兵"军垦战士转变为"亦兵亦民"的兵团职工；民俗事象由"整体单一"转变为"复杂多样"，兵团体制的变革和人口主体构成的变化以及民俗文化的交流交融使得同一民俗的表现形式日趋丰富；民俗情境由"军营模式"转变为"城镇模式"。兵团早期实行的经济体制、政治环境、军队建制决定了第一代军垦人的军人角色、部队生活方式和历史使命，各种活动主要是上级的安排和军垦战士间的互动；经济体制改革和社会环境的变化激活了兵团的城镇文化，兵团的民俗情境也开始向城镇模式转变；民俗生活呈现多元文化交融一体的新态势，兵团的人口组成主要包括转业官兵、内地支边青年、来疆亲属以及少数民族职工，各地域、各民族文化齐聚一堂，相互交流，互相融合，使得兵团的民俗生活有着多元的民俗主体和民俗文化，丰富着兵团职工群众的日常民俗生活。

第二节 兵团垦区民间文学及其代表性作品

兵团民间文学是一代又一代军垦儿女共同创作,并传承下来的一种文学作品,也是兵团在屯垦戍边生活的感悟和体会,是兵团的精神食粮。这些文学作品的特点在于易于理解,易于流传,主要记录了各类故事,以军垦故事、歌谣、谚语等作为载体,反映了兵团在屯垦戍边的生活,也是见证兵团历史,记录兵团民俗变迁。

民间文学的研究领域主要涵盖了时间、空间、人物、社会结构、表演情境、文化等综合形成的生活世界。简而言之,民俗世界和生活世界是等同的。民间文学来源于生活,反映的是一种文化现象。虽然民间文学的文本非常关键,可是语境也同样重要,一旦语境缺失,就会导致民间文学的灵魂不在。所以,对于民间文学而言,文本和语境都是相当主要的,直接决定了民间文学的社会功能和文化功能。民间文学的创作需要注入源源不断的活力,而这个过程就是从现实社会中不断吸收外部文化。民间文学创作过程中,应该要重视生活世界,生活世界是民间文学创作的蓝本,只有贴切生活世界的民间文学,才会得以传播和发展。

一、屯垦戍边生活与兵团垦区民间文学

高尔基提出:"民间文学是劳动人民从其劳动和社会经验中抽取出来

的知识总汇。"[1] 民间文学作品离不开劳动人民的生产和生活实践，民间文学作品反映出特定背景下的社会生活。同时民间文学又可以对社会生活起到指导作用，民间文学不是一成不变，会随着社会的发展而不断变化。民间文学是一种意识形态，各种外在的因素都会影响和制约其发生与发展。兵团军垦民间文学来源于兵团军垦战士的屯戍生活，正是这种生活培育了这种特殊的民间文学。反过来，兵团民间文学又反哺生活，为屯垦戍边起到丰富生活、鼓舞精神的作用。

（一）屯垦戍边生活是兵团民间文学的土壤和源泉

乌丙安所著的《民间文学概论》，提出了民间文学是自古以来就存在的一种文学作品，它是广大劳动人民创作、传播的一种文学载体，其中蕴含了劳动人民的经验，并从中进行总结、提炼而来，在广大群众中根深蒂固，并且随着时代的变化不断发展。由于民间文学的主要内容体现了广大人民群众的生活智慧、情感、审美、艺术等各个方面，加之生动的文本、语境等，传播的功能较为突出，能够起到较强的教育作用，因此也为广大人民群众喜闻乐见。民间文学作品具有口头性、集体性、传承性、广泛性等特点。

我国历代王朝主要采取屯垦戍边作为治疆方略。纵观我国屯垦历史，在边疆驻军屯田已有两千多年。新疆生产建设兵团的建立，标志着新中国新疆屯垦戍边在部队保卫边疆、建设边疆的基础上可持续发展。

新中国成立时，中国人民解放军进入新疆，并在此扎根。为了能够让解放军得到妥善安排，时任新疆军区代司令员的王震，开始动员官兵不仅要克服财政困难，以减轻国家财政压力，而且要提高部队的生活水平。因此，在部队实行守边和生产同步进行的工作任务。随后，超过十

---

[1] 转引自钟敬文主编《民间文学概论》（第二版），北京：高等教育出版社，2010年，第35页。

多万名指战员在此地驻扎，并按照之前部署的方案开垦荒地，种粮植棉，建立军垦农场，由此引发了一场规模宏大的大生产运动。解放军深入戈壁荒漠，开荒造田，挖渠引水，无论是将军还是战士，全部投入生产建设中，经过千辛万苦，驻疆人民解放军的军粮实现自给，接着又投入现代农业、工业生产建设中。

1954年10月7日，新疆军区生产建设兵团正式成立，党中央、地方政府给予了大力支持和帮扶，并在全国各地号召支边青年到新疆兵团屯垦戍边，由此，增强了兵团这支屯戍大军的综合实力。他们将自己的热情和青春全部投入新疆广阔天地，为新疆的开发和建设、为新疆的物质文明和精神文明建设团结奋斗，做出了伟大的贡献。

1962年，兵团执行中央的指示选派共产党员、共青团员奔赴边境，帮助地方代耕、代牧、代管之后，又先后建立了58个边境团场。边境团场的建立，为守护我国领土完整发挥了重要作用。同时，这些边境团场一方面边生产实现自给自足，另一方面维护边疆稳定，在屯戍生活中，朗朗流传着"面对蜿蜒的界河，背靠伟大的祖国。我们种地就是站岗，我们放牧就是巡逻""我家住在路尽头，国门就在房后头。国境线上种庄稼，界河边上牧羊牛"等一首首脍炙人口的军垦歌谣，并在兵团广泛传播。

纵观历史，新疆生产建设兵团的成长史也是新中国的屯垦戍边史。兵团因新中国屯垦戍边事业而生，屯垦戍边生活孕育了兵团儿女，兵团儿女创造了兵团民间文学，铸就了兵团精神。

兵团民间文学就是军垦人这个特定群体在沸腾的屯垦戍边生活土壤中集体创作、传承的，用以表现军垦战士且守边关且屯田的生活和精神面貌的文化表达方式。它在反映兵团人亦军亦农、劳武结合屯垦戍边生活的同时，又为屯垦戍边起到了鼓舞士气，宣传教育，增进兵地关系和谐构建的作用。

（二）兵团民间文学是反映屯垦戍边生活的集体智慧

物质生产实践活动是劳动人民的首要生活方式。物质成果的输出是劳动人民最原始和最初的追求，而口头文学的传播也是为了实现这一目的而增强劳动人民动力的精神食粮，同时也是实现超越物质追求的主要措施。对于广大劳动人民而言，民间文学作品是从精神层面上充分肯定劳动人民的力量，立体展现社会生活的丰富多彩，饱含了劳动者集体创作的情感和精神。民间文学作品中，有各种生活的元素，包含了劳动和生活的方方面面，受众群体广，有老人、妇女、男人、小孩，口耳流传着各类传说、故事、歌谣等。这些民间文学作品是劳动人民的智慧、情感的结晶，是劳动人民有感而发的内心感悟，与历史人民的生活息息相关，承载着情感表达、宣泄的作用。

新中国成立之初，我国的新疆到处荒凉，人烟稀少、经济落后、边防空虚，真可谓百业待创、百废待兴。正是哪里需要哪里去的人民子弟兵、全国各地的热血青年听从党的召唤，远离家乡和亲友，投身到新疆兵团屯垦戍边事业中，以他们的青春来浇灌这片土地，孕育一代又一代的兵团人。兵团广泛传述的作品大多是展现广大军垦战士戍边卫国的情景，展现兵团人与恶劣环境抗争的叙述；记录知识青年、复转军人等，投身新疆兵团，为国家边防、新疆建设涌现的英雄事迹；有对近13万京津沪城市支边青年的赞颂，是他们在戈壁上播撒下了时代文明的种子；还有些作品记录一些特殊历史时间发生的重大事件，且反映出特定历史背景下，兵团人屯戍生活面貌……

兵团的文学作品内容与兵团人的生产劳动紧密相关，创作题材都离不开兵团人坚守边境，亦军亦农亦工亦牧，创作者在屯戍劳动生活实践中，创作出兵团独特的宝贵精神食粮，在一代一代兵团人中流传和传承。

(三)屯垦戍边生活与兵团民间文学的密切关系

钟敬文先生在论述民间文学和社会生活关系时认为:"民间文学作为文学艺术的重要组成部分,其和作家文学有着共同的规律,即都是一定社会生活在人类头脑中形象化反映的产物;同时又能反作用于生活,发挥社会作用。"[①] 民间文学通过口头语言的方式创作和传播。由于它展现出的主题是人们最为了解和关注的,它的内容与人民在日常劳动和生活中所获得的各种经验、思想、情感等密切相关,进而构成了人民精神生活的主要部分。民间文学从人民劳动生活中产生,并直接或间接发挥作用,是人民生活的真实写照。

兵团各师农牧团场职工群众中的口头文学,集中突出的有军垦歌谣、军垦故事等。这些歌谣和故事都是从生活实践中总结和提炼出来的,主要反映屯垦戍边的兵团人在边疆的生活、生产,很多是真实生活的写照,有些也带有一定的英雄主义,带有一定的传奇色彩。这些作品多是以屯垦戍边的兵团人劳动生产生活为基础。如《将军送鞋》《王司令员挨训》《将军柳》《郭政委的故事》《陈实照相》《血染沙漠》《虎口脱险》《将计就计》《黄草湖剿匪》《孙龙珍的故事》等,这些军垦故事的思想和灵感都源自军垦战士的屯垦戍边生活。

兵团民间文学直接服务于屯垦戍边生活,或协调动作、减轻疲劳、提高劳动效率;或再现兵团历史劳动场面,鼓舞劳动热情,宣传国家政策。这些作品潜移默化地影响兵团人的社会生活,在兵团屯垦戍边生活中发挥着不可替代的作用。

屯垦戍边生活和兵团民间文学之间相互渗入,相互关联。在屯垦戍边生活的兵团人日常劳动和生产中,创作出了兵团民间文学作品,其蕴含的精神又通过一代又一代的兵团人传承下来。离开了屯垦戍边这个平

---

① 钟敬文主编:《民间文学概论》(第二版),北京:高等教育出版社,2010年,第35页。

台,兵团民间文学是无法生存和发展的;兵团民间文学作品不仅反映出了兵团屯垦戍边生活,同时也为兵团建设提供了宝贵的精神食粮,为兵团人屯垦戍边注入了源源的精神动力。

二、兵团垦区民间文学的主要类型

1984年5月,《关于编辑出版〈中国民间故事集成〉〈中国歌谣集成〉〈中国谚语集成〉的通知》由我国的文化部、中国民间文艺研究会、民委共同发出。这些民间故事集、歌谣集、谚语集的汇总工作被称为我国的文化长城建设,标志着新中国成立以来,党和国家为发掘我国优秀传统文化,整理并将其保存下来的一项宏伟工程的启动,为我国的社会主义文化建设起到了积极的推动作用,也为我国民间文化遗产的保护传承奠定了基础。

这个时期,新疆生产建设兵团民间文学普查、收集整理工作也全面展开。1989年,兵团党委办公厅下达通知,要求各师局农牧团场成立民间文学集成普查领导小组、办公室和编委会,将民间文学作品进行收集和分类整理,主要有民间故事卷、歌谣卷、谚语卷。当时兵团有近7000名采录人,深入各垦区团场连队,在基层一线向老红军、战士及职工群众走访调查,据统计采访的人次超过了50万次。通过调查发现,这些民间文学作品都是创造者在工作、休息娱乐过程中讲述、流传的。经多年的收集和整理,兵团共出版、内刊民间故事卷11本,歌谣卷8本,谚语卷8本,故事、歌谣和谚语合卷10本,其中记录的民间故事超过了1.9万篇,歌谣超过了1.1万首,谚语达到了6万条以上[1],歌谣、谚语合卷1本(此数据为项目组收集、整理到的)。这些故事、歌谣和谚语都来源

---

[1] 参见新疆生产建设兵团史志编纂委员会、《新疆生产建设兵团文化志》编纂委员会编《新疆生产建设兵团文化志》,五家渠:新疆生产建设兵团出版社,2009年,第240页。

于兵团垦区人们的工作和生活，也有五湖四海兵团人带来的原籍传说、历史故事等，从各个侧面反映人民解放军屯垦戍边和各垦区开发建设的感人事迹与精神风貌，既有兵团军垦特色、地域特色和行业特色，还有新疆民族特色，是弘扬民族优良文化传统、发展社会主义先进文化、促进兵团文艺繁荣的宝贵财富。①

由于所反映的客观主体不一，加之作品内容的不同，民间文学作品的表现形式也具有多样化的特点。学者利用各种形态和性质的民间文学作品对民间文学进行分类，但分类的标准不同、掌握材料的信息不一、时代背景不同、认知力区别等等。基于本研究的初衷，在此采用学界最普遍的体裁分类法，依照这种方法将兵团军垦民间文学作品分为军垦传说与故事、军垦歌谣和军垦谚语三大类。

（一）军垦传说与故事

对于民间故事的定义，学术界主要有两种看法：一种是广义上的，指一切散文体形式的叙事作品、口头创作的民众作品，包含神话、传说、生活故事、寓言笑话等等；另一种是狭义上的，即排除神话和传说的口头叙事的散文体。本文所讨论的民间故事是基于广义上理解的。传说或者故事，从其产生之日始，伴随着社会的发展历程而不断发展；不同的历史时期，传承、变异或汲取、孕育出更多的民间传说和故事，构成了民间文学的重要部分。新中国成立以来，兵团军垦战士口头传叙的军垦传说与故事，内容丰富多彩，形式多样，形成了兵团民间文学最富特色的主体之一。所以说，在兵团民间文学这棵独特的大树上，军垦传说与故事可谓枝繁叶茂的主干。

军垦传说与故事是在兵团范围内广为流传，与屯垦戍边生活密切相

---

① 参见新疆生产建设兵团史志编纂委员会、《新疆生产建设兵团文化志》编纂委员会编《新疆生产建设兵团文化志》，五家渠：新疆生产建设兵团出版社，2009年，第8页。

关的历史人物、历史事件或地方古迹、社会习俗、自然风物有关的故事。从来源上看，70 年屯垦戍边生活的故事与本地历史人物、事件的传说是兵团各垦区民间故事的主要来源。本地历史人物与事件传说之类的，如《奎屯的传说》①《绿色明珠石河子的传说》②《活海子的由来》③，这类作品乡俗土语色调浓重、根深叶茂，反映了当地先民们戍守边关、艰苦创业与统治者抗争的历史，说明早在兵团之前就有流传；传述新中国进疆部队、兵团 70 年屯垦戍边峥嵘岁月的动人故事，再现某一重大历史事件发生、发展的过程片段，如《程悦长将军的故事》④《老班长的瞌睡》⑤《第一座礼堂诞生记》⑥ 等，"十万雄师进天山，且守边关且屯田"的战士们的集体主义、英雄主义气概，保卫边防、鏖战荒原、艰苦卓绝的生活，都在大批军垦故事中生动而又浪漫地反映出来。既有许多反映老红军、老八路、老军垦身先士卒、英勇杀敌和屯戍创业、以苦为乐的感人事迹，也有将领与战士同甘共苦、平易近人、严于律己的风范故事；还有不少具有民族风情、赞美民族团结的故事。新中国成立 70 年屯垦戍边生活的方方面面都在人们的耳闻口授中形成故事流传开来。正是这部分作品构成了兵团军垦民间文学最具特色、最感人、最具生命力的部分。

军垦故事与歌谣中，还有很大一部分是由数以万计参加边疆建设的中华儿女从内地省市带来的。这些来自甘肃、陕西、河南、四川、安徽、江苏、山东、上海等各地一批批青壮年连同他们的民间故事在兵团落地生根。除却日月、治水、射日类的神话，这些传说与故事从题材内容上看，有各地的山川、人物、地名和动植物传说，也有大量异彩纷呈的幻

---

① 薛洁主编《中国民间故事集成·新疆兵团卷》，五家渠：新疆生产建设兵团出版社，2014 年，第 203 页。
② 同上，第 147 页。
③ 同上，第 149 页。
④ 同上，第 679 页。
⑤ 同上，第 676 页。
⑥ 同上，第 684 页。

想、生活、历史故事。有全国广为流传的孟姜女寻夫、大禹治水的传说，也有如江苏的刘邦、安徽的朱元璋、山西的武则天等历代名人故事和反映各地地方风情的典故、机智人物与笑话……五湖四海的人聚合到兵团，山南海北的故事汇集到兵团，最终形成了各地方文化之间与本地文化的交流、交融。这些从山南海北移植过来的民间故事在兵团这块绿洲上相映争辉，构成了兵团民间故事的又一特色。

（二）军垦歌谣

民间歌谣是一种融合多种艺术形式的综合艺术体，主要综合了文学（词句）、音乐（曲调）和表演（表情动作）三种形态的整体艺术。民间歌谣的创作主体是劳动人民，是劳动人民集体智慧的结晶；主题内容与劳动人民的劳作、生活密切相关，不仅反映各个时代的社会风貌，还表达了劳动人民的思想、感情、愿望和审美情趣。其形体较短小，字句较整齐、精练，朗朗上口，易于口传。

军垦歌谣，顾名思义指的是具有鲜明的兵团军垦特色，反映兵团军垦战士在战斗、劳动、生产、生活等方面的思想感情、生活情趣和观念态度的一类歌谣。军垦歌谣通过讴歌兵团人火热的屯垦戍边生活，生动地记录了兵团人在当时恶劣的自然条件下，守卫边疆、建设边疆、开荒造田、兴修水利、建设现代化国营农场和工矿企业的屯垦创业历程，表现了兵团人建设边疆的豪情、改天换地的壮志以及对未来美好生活前景的向往，表现了一代又一代兵团人对边疆、对祖国的热爱，反映了乐观主义、积极进取、勇于拼搏的精神。

军垦歌谣根据来源形成，大致分为战斗歌谣、军垦新歌（劳动歌）和生活歌。

第一类战斗歌谣：主要产生于战争年代，它继承了部队军旅文化传统，在部队战士中广为传唱。流传在一师的三五九旅歌谣以及六师的枪杆诗就是这类歌谣的代表。一师的前身在解放战争时期是第一野战军一兵团二军步兵第五师，抗日战争时期是举世闻名的三五九旅；六师的前身则追溯到1927年的黄麻起义时期。在中国革命史上他们都是屡建战功的英雄部队。随着1949年部队进军新疆，至1954年奉命集体就地转业，履行屯垦戍边光荣使命，歌谣《钢铁的三五九旅》《炸药包》《手榴弹》《挺进歌》《我们背着两支枪》等军歌、枪杆诗、快板带进了荒漠戈壁并流传开来。

第二类军垦新歌，亦归为劳动歌，在内容上大体分为两个方面：

一是反映兵团组创初期，军垦战士们顶风冒雪、战天斗地，开荒造田、艰苦创业的保卫边疆、建设边疆的屯戍歌谣，如《垦荒歌》《垦荒者》《开荒歌》《打荒谣》《五家渠盐碱滩》《创业谣》《地窝子》《地窝子新疆的宝》《我在边疆造良田》等等；二是歌颂兵团将戈壁沙漠变绿洲的翻天覆地变化。塔里木，自三五九旅的老战士和全国各地支边青年来到这里，便有了军垦文化的产生与发展，所以军垦新歌最初是战士们在开发塔里木的艰苦劳动和生活中即兴哼唱出来的。如，"狂风当电扇，暴雨洗衣衫，塔里木上挺腰杆，垦出绿洲一片片"[①]。反映兵团儿女新生活的《边疆处处赛江南》《天山儿女》；反映民族团结的《各族人民团结紧》《民族团结歌》《各民族团结一家人》等。歌谣运用比喻手法、素朴的语言，谱写了拓荒者不畏艰难，艰苦创业，团结就是力量的凯歌。

根据不同的题材内容，主要将民间歌谣分为六大类：劳动歌、生活歌、时政歌、仪式歌、情歌和儿歌。兵团民间歌谣集成也是按照这种方式编辑的，涵盖了兵团五湖四海人的歌谣。如：儿歌、历史传说歌、时政歌、仪式歌等，这些歌谣来源于民间，题材也大都是生活方面的，主要表达了民众的情感，内容丰富，表现形式多样。

---

① 新疆农一师民间文学集成编委会：《中国歌谣集成新疆卷·新疆生产建设兵团农一师分卷》，乌鲁木齐：新疆青少年出版社，1993年，第52页。

军垦歌谣是军垦战士在征服自然和改造自然的过程中，经过精神思维产生出来的艺术品。它不仅继承了人民军队延安时期的军旅歌谣传统，又结合了垦区地域特色，融合了新疆兵团的社会生产、生活内容，大多短小精悍，艺术上质朴且富有激情，反映了军垦人如火如荼开展屯垦戍边事业的精神风貌；军垦歌谣也广泛吸收了全国各地的民歌艺术传统。与其他歌谣相比，军垦歌谣最主要的是书写了军垦战士坚守戍边、保家卫国的诗篇，同时也是军垦战士在新疆生产、生活实践中总结和创造出的精神食粮。如"一把坎土曼，治理戈壁滩。披星去上班，顶星才回连"（《开荒谣》）[①]，反映早期开发建设中，军垦战士开荒造田劳动的艰辛。同时，由于初创时期所处自然环境的制约，很多军垦歌谣既有反映军垦战士面对各种艰苦生活场景的大无畏精神和乐观主义态度，也有描述戈壁、风沙、苇湖、盐碱等自然风貌，这些元素亦体现出军垦歌谣带有兵团某些师团连驻地的地域性特征。

屯垦戍边生活是军垦歌谣创作的源泉和土壤，又在屯戍生活中不断地丰富和发展。这些在兵团职工群众中不断演唱和流传的韵文作品，有的讴歌了军垦部队火热的战斗生活，有的记录了军垦战士亦军亦农、兴修水利、种粮植棉、造林防沙的创业历程，有的表现了兵团人对美好生活的向往。这些歌谣既是第一代军垦战士当年战斗生活的写照和记忆，也是后来者及军垦后代屯垦戍边的赓续和记载；既有兵团垦区的地域特色，又融进了大江南北的民歌风格；既有边疆少数民族的风土人情，又有少数民族和汉文化的相互影响。像一眼甘泉，清心润肺，消除疲劳，鼓舞信心，发人奋进，伴随着军垦人的激情岁月，丰富着兵团人的精神生活，滋养着兵团人的精神世界，发挥了独特的寓教于乐功能和宣传鼓舞作用。

[①] 农五师民间文学集成编辑委员会编：《中国歌谣集成新疆卷·新疆生产建设兵团农五师分卷》，内部发行，1992年，第5页。

（三）军垦谚语

我国的文化博大精深，谚语宝藏犹如大海，滔滔不绝。对于谚语的定义，学者也开展了深入的研究，但是都没有形成统一的认识。笔者认为，谚语是我国广大劳动人民在日常劳动生活中，总结并提炼出的一些语句；谚语一般结构较为简单，简明扼要，同时也利于传播；谚语是一种经验总结，具有一定规律性的固定艺术语言。

与传统的故事与歌谣相比，兵团民间谚语也有很多相似的特点，其来源非常广，交流交融，地域性较强。兵团谚语的主要构成部分源于各地移民的民间谚语等；在屯垦初期，解放军战士们、各地支边青年等带来了自己家乡的谚语，这些谚语内容丰富，涵盖了自然、生产、历史、政治、生活等等，其中生产类的谚语占比最多，再结合新疆的物候、气候实际，对于指导兵团生产生活实践活动起到了积极的作用。随着时间的推移，各地谚语在兵团屯戍新疆大地上生根发芽、开花结果，得到了进一步发展，最终形成了独具新疆军垦特色的兵团谚语。

兵团长期生产实践，总结体验出新谚语，成为兵团民间谚语的新生代力量，虽占比例不很大，但代表着兵团谚语随着时代的发展也在不断发展，标志着兵团民间文学富有的文化传承创新发展的创造力和生命力。

兵团民间谚语，是人们在长期实践中积累的经验和智慧的结晶。它以精练隽永的语言，生动形象的比喻，道出了某些事物的本质和规律，带有一定的科学性和哲理性。经过长期锤炼的谚语，是兵团职工群众口头传播课本；针砭时弊，总结出生产劳动和生活实践的经验教训，为构建和谐社会、引导人们健康生活提供了范本。

兵团民间文学内容的来源广泛与丰富，是与兵团每一时期的历史生活和事件关联着的，无论是部队带来的战争年代的传说故事歌谣在兵团的延续,还是20世纪五六十年代"八人拉犁气死牛,岌岌搓绳不用愁"垦荒创业、以苦为乐的豪情壮志,抑或是时至今日新生代对今日美好生活的歌颂,兵团民间文学都真实反映、见证了新中国屯垦70年的发展历程。

三、兵团垦区民间文学代表性作品

屯垦戍边是我国从治疆方略中得出的千古之策。兵团的军垦儿女在屯垦戍边生产劳动和生活实践过程中,创造了很多传说、歌谣及谚语。从一个侧面彰显了中华民族的精神风貌,充实了中华民族的文学宝库。

以"热爱祖国、无私奉献、艰苦创业、开拓进取"为核心理念的兵团民间文学传承了古代屯垦英烈传说、革命斗争故事,在屯戍实践中又集体创造了兵团军垦故事和歌谣,彰显了屯垦戍边生活中的戍边、生产、生活、爱情和民族团结等内容,记载了各民族屯垦儿女为保卫祖国,一同抵御外侮及侵略,一同保卫边疆、建设边疆、开荒造田以及兴修水利的屯垦创业过程,不但有历史厚重感,还有时代现实感。

为了进一步认知兵团民间文学,加强了解兵团民间文学内涵及特征,作者选用了最能凸显屯垦戍边、保卫祖国和边疆主题的两部作品:屯垦英烈传说《火凤凰之歌》及枪杆诗,通过这两部作品,使读者对兵团民间文学的精神面貌及风格有进一步的了解。

(一)屯垦英烈传说故事

1. 屯垦英烈传说《火凤凰之歌》

屯垦英烈传说也被称作《屯垦英烈谱·火凤凰之歌》,是兵团第一批非遗代表作。该项目的保护传承人杜元铎先生根据郭沫若长诗《凤凰涅槃》中集香木而自焚的凤凰来比喻历代守卫在阿山的屯垦军民,他们高举着理想主义旗帜,以自己的血肉之躯焚毁了亘古荒原上的枯枝枯叶,将寸草不生的沙漠,改变成勃勃生机的一片绿洲。①2007年9月,民间文学类《屯垦英烈谱·火凤凰之歌》被命名为《屯垦英烈传说》,列为兵团首批非遗名录。

《屯垦英烈传说》是一部歌颂从汉代张骞开始,为保卫祖国的戍边将士、屯垦军卒抗击外敌侵害、维护祖国统一的民间口头文学。全书集谚语、传说、顺口溜、故事、诗歌等形式为一体,在新疆阿勒泰、塔城、驻防官兵和屯民比较聚集的北疆边境广为流传。"古老的屯垦英烈故事,根据在西域屯垦的各代官吏、军卒、屯民以及行商坐贾为主,以评书和闲话等雏形,在我国宋元时期基本形成,其演绎的方式比较接近于现在的侃大山和摆龙门阵,历史比较久远。"②

由西汉神爵二年(前60)匈奴日逐王先贤掸率部归于汉朝,汉朝设立西域都护府,其中包含阿勒泰等地的广大西域正式纳入中国版图,到西辽屯垦以为粮秣基地,一直到南宋建炎四年(1130)乌伦古河地带组建军屯,1218年成吉思汗带领蒙古铁骑西征,并且将阿尔泰山南北分给了三子窝阔台,开创了中央政府将经营西域的重心放在北路的先河,阿勒泰一直被当作塞外的重镇由中央政府直接管辖。③

杜元铎先生的相关文本资料分成上、下两卷。

---

① 参见杜元铎《国家级非物质文化遗产代表作申报书——屯垦英烈谱〈火凤凰之歌〉》,2007年3月31日,第24页。

② 杜元铎:《国家级非物质文化遗产代表作申报书——屯垦英烈谱〈火凤凰之歌〉》,2007年3月31日。

③ 杜元铎:《弘扬军垦文化 挖掘农十师非物质文化遗产纪略》,乌鲁木齐:《兵团日报》,2007年5月15日。

(1) 上卷：《误失的国土》《杀尽黄毛贼》《巴奇赤匪帮的末日》

上卷作品叙述背景是在清朝末年，沙俄侵略我国西北地区所发生的相关事件，讲述了驻扎守护在阿勒泰区域的所有官兵们以及屯民因屡遭沙俄霸权欺凌、觊觎国土、无理挑衅，终于联合阿山地区人民一起发动了起义反抗战争，抵抗白俄官兵的侵略，收复阿山地区的英雄故事。当时阿勒泰区域劳作生活的民族主要是蒙古族以及哈萨克族，以上发生的英雄故事在民众中通过民歌以及民间叙事长诗的方式保留下来，同时在该区域内的屯民以及驻守官兵中流传。

A.《误失的国土》

《误失的国土》故事的发生主要是源于中国和俄国在边界河——阿拉克别克河流中游下面55.5平方千米区域面积的归属问题，主要叙述的是在清朝末年，我国边防站长马镰刀带领一队边防官兵沿着边境线进行巡逻，在接近中午的时候，他们在一棵大杨树下休息解暑，刚好对面沙俄的边防站巡逻官兵也正好到达此地，看到中国巡逻人员在树荫下一边休息一边喝马奶，他们都十分羡慕。我国边防站长出于人道主义，邀请其来树荫下乘凉喝马奶。然而这棵树刚好处于中国领土内，沙俄巡逻人员并不敢越境。而马镰刀为人直爽，更不了解为官之道，于是随手撕下一张卷莫合烟的纸，借条上清楚地表述了由于天气太过于炎热，于是我国愿意暂时借沙俄边防站长伯雷尼亚等巡逻人员一块牛皮大的地方，让他们暂时休息一下。万万没料到，正由于这张小小的借条让沙俄有了侵略我国的一个完美"借口"。这件事情发生不久，沙俄就重新对自己国家地图进行修整，而修整之后的新版图却平白多出了面积为55.5平方千米的土地。随后，沙俄国家就向清政府申请借用这部分领土，同时将马镰刀所写的借条当作索要的证据。原来这张借条写下之后就被居心叵测的官兵比拉罗夫私自偷偷拿走，其将借条交给自己的上司，而本就有侵略意图的沙俄国家就开始想要占有这片地区。当然我国清政府也进行了有力的反驳，说：就算借条内容真实有效，所提出的借出面积也不过是牛皮大小。而沙俄政府外交人员则胡搅蛮缠回答：他们国家做过实验，将一张完整的牛皮分割成很小的细条，这些细条所圈起来的面积刚好为55.5平方千米。同时进行威胁，认为借条上只提到了借出土地，并未明确土地归还时间。因此，沙皇陛下认为该领土面积是永久借用，不需要归还。

因写这张借条获罪的边防站长马镰刀设法逃离囚禁的牢笼，回到边防站之后，集合部下人员趁着天黑偷偷越过界河，将沙俄边防站人员砍杀。遗憾的是，偷拿借条升官的比拉罗夫已经提升调走了，致使该事件的罪魁祸首成为漏网之鱼。尽管屠杀了沙俄的边防站人员，然而这55.5平方千米的土地依旧变成两国争议的焦点，马镰刀觉得自己对不起祖宗和朝廷，和部下士兵面向东方集体自杀。自杀前，以屠杀沙俄19个官兵，我方19个人愿意抵命为由，放走了站内一名年纪最小的江苏籍士兵……[①]

B.《杀尽黄毛贼》

黄毛贼指阿山各族人民对那些身上长着黄汗毛俄国官兵的蔑称。《杀尽黄毛贼》[②]事件发生于清代末年，这时候沙俄的侵略者不断向我国领土逼近，企图强行侵入中国境内，和该地区屯民进行土地资源的争抢，生活在该地区的布伦托海屯民奋起抗战，拿起武器抵挡侵略、打死多名沙俄官兵，偷袭沙俄哨所，缴获大量杀伤武器并将强行入境的沙俄人员赶走，收回的土地资源全部分给各族民众。

事件发生在1867年5月，布伦托海屯民与蒙古族、哈萨克等民族

[①] 参见薛洁主编《中国民间故事集成·新疆兵团卷》，五家渠：新疆生产建设兵团出版社，2014年，第224—225页；新疆生产建设兵团党委宣传部、文广局、文物局编《新疆生产建设兵团非物质文化遗产项目图册》，第20页；根据2011年9月29日、2016年5月2日访谈王春燕、陈秀英资料整理。

[②] 参见薛洁主编《中国民间故事集成·新疆兵团卷》，五家渠：新疆生产建设兵团出版社，2014年，第225页。

一起，聚集了3000多人，在李俊守备的带领指挥下，愤然扛起义旗抵抗军阀官僚的压榨剥削。虽然起义人员自身武器都是棍棒、大刀以及长矛等原始性武器，但由于民众自身怒火满怀，面对匪军勇猛，个个以一当十。第一仗就将敌军各个击溃，就连当时办事大臣的衙门府邸也全部被起义队伍一一攻陷。

当时在布伦托海担任办事大臣的李云麟竟然为了抵抗义军认贼作父，急速向设立在中国边境外侧的沙俄哨所求助。该国本来就对中国边境地区土地资源心存贪婪，经常派兵遣将企图蚕食占领中国大量土地。而沙俄此时奉命驻守在巴尔喀什湖的哈巴罗夫将军更是一心想要占领我国边境领土，时时刻刻都在寻求合适时机入侵。因此，当李云麟向其寻求救援时，哈巴罗大立刻调遣驻守斋桑湖哨所的两个连队前往布伦托海，帮助李云麟镇压起义军，随后带领大量主力军支援。

起义军又听到沙俄兵即将入侵我国边境抢占领土，人人义愤填膺，不但憎恨李云麟的卖国求荣、引狼入室的可耻行径，更加痛恨沙俄军队趁火打劫的卑劣行为。为了避免我国边境土地资源的丢失，屯民起义军将领张兴（祖籍陕西米脂，从小就十分喜欢舞刀弄棒，喜欢结交江湖侠士，并乐善好施，扶危救急，在当地人民中具有很高的威名）亲自带领一支作战能力较强的义勇军抵抗沙俄侵略军。

沙俄侵略者自认为兵强马壮，武器精良，并未将起义军当回事，耀武扬威、浩浩荡荡地直驱布伦托海中心一带。而张兴率领的义勇军故意将村落清空，隐藏分布在村子四周的丛林内，以麻痹敌军注意力。等到天黑，沙俄军队刚准备休息的时候，张兴这一队人马突然猛攻，从村落的四周发起突击，炮火连天，沙俄军队听到四周都有炮火声、喊杀声，一个个吓得抱头乱窜。

这些沙俄兵还未拿起武器进行反击，就已经死伤无数，还有一部分人趁乱逃回边境哨所，向哈巴罗夫将军汇报义勇军的神出鬼没以及骁勇善战。这次战役狠狠地打击了沙俄边境驻扎军队的嚣张气焰，同时哈巴罗夫将军所带领的驻军再也不敢私自踏入中国边境，侵略我国领土。而当沙俄侵略军被我青河义勇军打败之后，大臣李云麟为了个人性命，趁乱率领一部分亲信逃到了青河。

起义军获胜之后，在将领李俊及张兴的精心部署下，青壮年开始习武练兵，老弱种田放牧，人心安定，回归有秩序生活，布伦托海地区逐渐成为生活安然的一个桃花源。

也有人说，红墩周围有一个湖泊，民众为了怀念自己的至亲与英雄，便将其称作张兴湖，一直沿用到今日。

C.《巴奇赤匪帮的末日》

1917 年，俄国爆发十月革命后，白俄军队大量资本家开始窜入中国境内，边境局势一下子变得十分严峻。1921 年 6 月 14 日，沙皇白俄军队被苏联红军击溃，白俄军官巴奇赤带领 9000 多名残军从塔城逃窜到中国境内，开始进攻侵略阿山地区的承化（今阿勒泰市），并顺利挖出入境时埋藏的武器，企图屠杀我国该地区的驻军部队，以此占据塔城，朝着乌苏及绥来（玛纳斯）昌吉一直攻占到迪化（今乌鲁木齐），将我国新疆变为沙俄的领地。此时，阿山道驻扎在每个卡伦（边境哨所）的所有士兵人数只有几千人，而阿山城内驻守的士兵仅有几百名，面对 9000 多名敌军的进攻，大部分人主张向后撤，而此时担任我国陆军少将副都统的阿山道尹周务学，一边指挥老弱妇孺撤离，一边指挥将士守护国土，一切安排妥当，周务学在自家书房墙壁上题词"勿毁我室，勿伤我民，尽责守土，杀身成仁"，随后毅然开枪以身殉职。

道尹周务学殉国两个月后，阿山各族民众帮助中国军队和苏联红军一起击杀围剿巴奇赤白匪，俘虏敌兵 2000 多人，杀敌 400 多人。1921年 9 月下旬，巴奇赤带领残部经青河逃窜到外蒙，自此，沙俄白匪窜乱才得到平息。

《巴奇赤匪帮的末日》[①]主要讲述的正是沙俄侵略军入侵阿山,各族民众为以身殉国保阿山的周务学道尹报仇,团结合作击溃入侵敌人,最终成功收复阿山的英勇事迹。

在奋起抵抗和反对沙俄侵略期间,《误失的国土》《巴奇赤匪帮的末日》《杀尽黄毛贼》等体现各民族人民争取民族独立和维护祖国尊严的英勇故事,已经在阿勒泰区域的哈萨克族、蒙古族中流传。20世纪80年代后,我国著名作家高建群把在北湾边防站当过五年边防兵的生活,写入小说《边防线上》《遥远的白房子》发表后,一直流传在阿勒泰等边境地区的英勇故事传说,才逐渐进入我们的视线,也逐渐引发大众的关注。伴随杜元铎先生等学者对十师非遗的挖掘,更多的屯垦英烈传说逐渐被保存和传播开来。

(2)下卷:《界河边上夫妻哨》《眼睛山下升国旗》

1951年,驻扎在阿山地区的部队开始在巴里巴盖挖掘水渠,引入水源,开拓荒地,耕田屯牧。1953年3月,将驻扎在新疆的军队整编成生产、国防两大编制。1962年8月,中央在青河县中蒙边境一线组建了青河农场(现青河边防营),哈巴河、吉木乃两县与苏联接壤的边境一线(现哈萨克斯坦)建起哈巴河边境农场,吉木乃边境农场。

从此,在东起阿尔泰山主干分水岭的青河,西至吉木乃县别尔克乌、乌拉昆乌拉斯图河河源地区、哈巴河县阿拉克别克河,南抵塔城地区和布克赛尔河冲击平原的和丰县夏孜盖,北与蒙古国、哈萨克斯坦、俄罗斯草场相连,南北长330千米,东西宽430千米的边境线上,有了一支特别能吃苦、特别能战斗、特别能奉献的屯垦大军……创建了一个个种地站岗、放牧巡逻、英勇顽强、勇于奉献的兵团边境团场。

《火凤凰之歌》下卷篇章主要讲述新中国成立后,还未脱掉战衣的

[①] 参见薛洁主编《中国民间故事集成·新疆兵团卷》,五家渠:新疆生产建设兵团出版社,2014年,第227—228页。

解放军部队一边拿着武器平叛残匪,一边拿着开荒工具进行农业生产,组建边境农场,守卫我国领土的故事。同时,军垦战士与霸权主义进行了长达几十年的抗争与奋斗,最终将我国和哈萨克斯坦以及苏联两国存在 206 平方千米土地争议的土地资源争夺回 203 平方千米,并把人迹罕至的荒凉边境建设成物阜人丰、固如金汤的戍边长城和生活乐园。

A.《界河边上夫妻哨》

这是桑德克哨所马军武、张正美的故事。①《界河边上夫妻哨》有这么一句话:"面对蜿蜒的界河,背靠亲爱的祖国,我们种地就是站岗,放牧就是巡逻。"这是长期在我国西北边境前沿卫边守土的十师某团守边员马军武的实际生活写照。

在人烟稀少的中哈边境线附近,在植被、山脉、沙漠相连的空地上,有两座高 20 米左右的瞭望塔,瞭望塔周围设立了一个专门的民兵哨所,门前的中哈界河——阿拉克别克河蜿蜒向西南方向流去。人们将此处称之为"桑德克龙口",很多人也将其叫作"桑德克民兵夫妻哨"。此处就是该团水利站工作人员马军武夫妻两人生活和工作的地方。

由于行车路途较远,初到此地夜幕将至,院落四周的蜂鸟围绕花草植被欢快地飞舞着,院落正中间的五星红旗迎着风,在粉蓝色的天空下飘扬。而令我印象深刻的则是马军武妻子张正美爽朗的笑声。

1988 年,该团胜利完成阿拉克别克界河抗洪守土保卫战后,为了保卫祖国国土安全,此时正在边防水利站上班的马军武被任命为边防巡逻守水员。尽管马军武接受了任务,做好了思想准备,然而当他来到距团部 20 千米的守水站的时候,现实的场景让他内心十分震撼。四周只有沙漠、山脉以及植被;此处也是全球四大蚊虫聚集场所之一,一旦夏天来

---

① 根据 2012 年 10 月 1 日在一八五团桑德克民兵哨所访谈马军武夫妇记录整理;参见《马军武:永恒的守护》北屯在线:http://www.btzx.cn/Article/zjss/lszg/201205/36032.html,2012 年 5 月 14 日;参见薛洁主编《中国民间故事集成·新疆兵团卷》,五家渠:新疆生产建设兵团出版社,2014 年,第 893 页。

临,蚊虫十分众多,而马军武自己带来的两条黄狗不到半月就因为蚊虫叮咬而死。为了杜绝蚊虫叮咬的伤害,在边防巡逻的时候,他将纱布放在柴油中浸泡,之后将纱布顶在头上,在太阳炙热的暴晒下,整个皮肤都被烧得十分疼痛,脸上也是经常红肿。1992年国庆期间,刚刚成亲的妻子张正美来到丈夫工作的地方,一同守边。桑德克哨所到2006年才正常通电,为了消遣晚上没电的日子,马军武两人就点着蜡烛聊天或者下棋,伴随边界潺潺河水,夫妻俩一起度过了长达14年的无电生活。

在哨所生活的每天都是一样的,但不需要督促以及命令,马军武每一天的生活都十分充实而忙碌。夫妻俩起床后必须要做的首件事情就是升起五星红旗,之后妻子就回哨所工作、做饭,马军武则一个人顺着边界河巡逻,查看河堤附近的水情,观察周围植被生长状况,将动物破坏的铁丝边界网进行修缮加固,每次巡逻都会消耗3小时左右。之后回去吃饭,妻子则去附近牧羊,马军武继续进行边界河巡逻守护工作。

到了春天,温度回升比较快速,山顶上的积雪也快速融化,同时由于雨水比较多,之前气候比较温顺的边界河也开始变得十分的狂躁,河水肆意冲刷河堤,感觉似乎马上就要摧毁河堤,给人民生命财产以及祖国领土带来威胁。所以,只要到春天,马军武就担心得整天睡不着觉,每天晚上都会手持探照灯巡逻查堤。此地到冬季温度经常会降低到零下30摄氏度左右,往往一晚上大雪就覆盖了半米深,但是巡查边界河的工作依旧不能停,就算随身携带的口粮已经完全冻僵,吃到嘴里的都是冰碴子。边界河巡逻的路途十分漫长,通常一次就需要3—4小时,整个人身体十分累,马军武的头发、眉毛以及胡子都被冻成冰渣儿,同时,马军武每天都必须去高30米的瞭望塔上查看附近的具体情况,查看次数不能少于三次。有一次,正在瞭望塔上查看情况的马军武发现边界河对岸的哈萨克斯坦有浓烟飘来,他快速到十连向团武装部报告;晚上9:00左右,大火已经濒临我方边界河,此刻我方召集的300多名应急民兵火速赶来，在马军武的指挥安排下，队伍人员排列成"一"字状，设立火灾隔离带，一起扑救，历经一个多小时的努力奋战，终于将火灾有效控制并扑灭，我方领土内任何植被都没有遭受火灾的侵蚀。

在哨所内马军武日常工作的办公桌上，他有一个记录边防巡逻情况的值班登记本，本子上清楚细致地记述每一次巡逻情况，如在2007年5月25日下午4：21，马军武在巡逻时正好碰到哈方巡逻人员正在巡逻，巡逻人数为8名，由一名巡逻长官带队，带着一条巡逻警犬，巡逻查看其32号界碑，之后在桑德克区域顺着边界河流不断向北侧巡逻。同年5月28日6：48桑德克骤然降下暴风雨，10分钟后又转为冰雹，冰雹颗粒和鹌鹑蛋一样大，下了十几分钟；边界河水流整体上涨了大概7厘米。马军武夫妇分别沿着边界河进行巡逻，时时向边防防汛指挥部进行边界河河水汛情的报告。像这样记述巡逻情况的笔记本整整有30本。

25年马军武也从朝气勃勃的小马变成了年富力强的老马。曾经有人对马军武25年的巡逻生涯进行了简单的计算，边防线整体里程大约为20千米，若他每天来回巡逻两次，一天巡逻里数就长达46千米，一年的跋涉里程就是16790千米，23年则是386170千米，这里程大约是地球周长的八圈；张正美曾经关注过丈夫的鞋子破损状况，这20多年马军武穿破的胶鞋数量就达400多双，穿破刮坏的衣服也有40多套。

每当说起这些经历，天性直爽乐观的张正美就总是自我调侃，她曾提道：丈夫之所以能够获得"全国敬业奉献模范"以及"全国劳动模范"的荣誉称号，是因为有很多人都在为他使劲儿。丈夫能够被大家肯定，她内心也十分开心。曾经有人调侃张正美，说："马军武拿了全国劳动模范，小心他回来不要你了。"而张正美则回应道，丈夫又没有权力又没有金钱，当年交完养老保险以后，每个月的工资仅有800块，只有自己傻傻地愿意跟着他在边防驻守20多年。又提到，希望通过这个窗口，兵团能够更好发展。

正是因为有马军武为楷模的该团的抗洪、守护边界河的真实事迹，2002年该团被评为爱国主义教育示范基地，在桑德克建立了抗洪守土纪念碑，马军武被任命为解说员。此时，寂寥的桑德克变得热闹起来，参观团队一批接一批来到此地。马军武在解说守边故事的同时，也将边防政策法规进行很好的宣传。一位老领导参观完感慨道：大众可以通过这个窗口清楚了解到，兵团成为奇迹，不单单是一个人的力量，更是因为拥有很多无私奉献、平凡、朴实的兵团儿女，这些赤子是我们祖国的骄傲。

2015年国庆期间，我们又去了该团马军武哨所。几年过去了，马军武依然巡逻守水护边。这天夫妇二人照常出去巡逻，哨所陈列室开放。一进入展室映入眼帘的是一面墙上挂着习近平总书记与马军武亲切握手的巨幅照片，再现了2014年4月29日总书记接见马军武的幸福场景；火墙上映着一排遒劲大字"一生只做一件事，我为祖国当卫士"。伫立面前，敬佩之情，油然而生。

B.《眼睛山下升国旗》[1]

若将我国的土地版图比喻成一只昂首挺胸的雄鸡，十师某团就是位于其尾翼最尖的地方。从新疆生产建设兵团最北侧的基地北屯开始，向北前进230千米就能到达，该团也被叫作西北边境第一团，从此地再向北行进30千米，就来到了西北边境第一连。

眼睛山，就位于西北边境第一连的东边，是处于广阔的沙漠中的一座山。奇妙的是，这座山的半山腰生长着两丛颜色碧绿的爬地松，爬地松之间间距大约5米，其整体形状为一个圆形，在远处看过去就好像是这座山的眼睛一样，十分耀眼有神，所以称这座山为"眼睛山"。因为眼

---

[1] 参见杜元铎《眼睛山下升国旗》，北屯在线（http://www.btzx.cn/Article/zjss/lszg/201106/28843.html），2012年5月14日；参见薛洁主编《中国民间故事集成·新疆兵团卷》，五家渠：新疆生产建设兵团出版社，2014年，第929页。

睛山和哈萨克斯坦遥遥相望，因此前来采访的很多媒体单位都把这座山叫作"祖国的眼睛"。据老军垦讲述，在20世纪六七十年代，我国和苏联的关系紧张，眼睛山上的爬地松长势比较茂盛，就像正在瞪着的眼睛，这好像此时正在边防驻守的战士一样，时时刻刻警惕边界河周围的动向，不放过一丝一毫的举动。随着苏联的解体，我国和哈萨克斯坦的关系逐渐迈入缓和阶段，爬地松的长势变得两只眼睛一只依旧是睁着，另一只则慢慢闭上，栩栩如生。

沈桂寿是1959年来到兵团进行边疆建设的江苏支边青年，他的爱人邵顺是一名来自上海的支边青年，两人都是高举"好儿女志在四方"旗帜来到边疆建设的有志青年。

20世纪90年代初期，沈桂寿夫妻两人承包了边界河附近的一块土地，为了将这块田地耕种好，特别是为了阻止晚上附近山林里野猪跑出来糟蹋农作物，沈桂寿夫妇就在田地前面搭建了一个临时窝棚，这也是之后在我国新闻报道里知名的"西北第一家"。搭建了临时窝棚，沈桂寿夫妇每天吃住都在田地，晚上当野猪出来毁坏农作物的时候就通过敲盆子或者放鞭炮的方式吓走它们。一天，沈桂寿看到边界河对面哨所在升起自己国家的国旗，并注意到每天如此；而中国哨卡离此地还有一段距离，这种现实让他内心很不舒服。他想："对面哨所代表你的国家，而我在离边界河最近的地方，我也该代表我的祖国；既然你们升国旗，我也要每天升起祖国的国旗。"于是，老沈急忙乘坐连队拖拉机赶到团部想要购买国旗，但没买到，于是就买了一些黄色和红色的布料，和妻子按照孩子课本上国旗的样子，亲手制作了一面五星红旗。

升旗还需要旗杆。沈桂寿就精挑细选了一棵笔直的白杨树当旗杆，同时也搭建了一个比较简易的国旗底座。

第二天一大早，天微微亮起的时候，沈桂寿就起床了，他们夫妇二人默契地去外面看了下旗杆与底座，当一切准备就绪之后，两人带领孩子们整齐地站在旗杆下，高唱中国国歌，缓缓升起了中国国旗。

看着国旗飘扬在自家窝棚顶上，沈桂寿感觉自己的腰杆顿时硬朗了很多。从此，早上升国旗便成了他每天必须要做的首要事情。清晨，他迎着朝阳在五星红旗下除草、耕种。傍晚，背对着夕阳的余晖他为田地施肥、喷药。等到太阳即将落山的时候，夫妇两人再小心地将五星红旗慢慢降落并折好，平整地放置在自己枕头下面。第二天清晨迎着耀眼的阳光再将国旗缓缓升起……不久，对面哨所的士兵发现了沈桂寿夫妇两人的行为，每当中国国旗缓缓升起的时候，他们都会对着国旗行注目礼。同时可以隐隐约约地看到士兵们朝着夫妇两人竖起大拇指并大声喊道："哈拉少！"每天清晨升国旗，沈桂寿坚持了15年。当其退休回老家养病，出发前夕，嘱托接任他工作的青年，一定要记得每天升起中国的国旗。

现在，在该团一连周围，你可以很清楚地看到几乎所有职工住房门前都悬挂着鲜艳的五星红旗，所有墙面都粉刷成迷彩色，所有居民都会唱一连连歌《军垦战士铁筑的兵》，而职工的迷彩装上，也全都印刷了"西北边境第一连"醒目大字。

五星红旗迎风飘扬，军垦战士歌声嘹亮。歌词中写着"边境线上国旗红，祖国母亲在心中，任你东南西北风，屯垦戍边铸忠诚"，将军垦战士对祖国的热爱忠诚表达得充分鲜明，深切地将西北边境第一连对我国边境屯垦戍边事业的真挚热爱融入连歌，这是中国儿女对祖国的忠诚，也正是一代代军垦战士用赤胆和忠诚在祖国西北边境线上树立了一座坚固的生命界碑。

《火凤凰之歌》讲的是屯垦英烈传说故事，以汉代张骞出使西域、班超勇踏边境的艰辛历程，决不能被他国肆意侵略作为故事开幕，在冷战时期、霸权主义者武装抗衡的艰苦岁月中，以"摧不垮的军垦魂，割不断的国土情，攻不破的边防城，难不倒的兵团人"为故事主体；伴随着国家的发展与强盛,我国逐渐迈入发展新时期,此时"我家住在路尽头,国门就在房后头,国境线上种庄稼,界河边上牧羊牛"等歌谣和故事成为口口相传的体现边境兵团人的家园情怀以及实际生活的一种表现,不但表现守卫边疆战士视死如归、令行禁止、舍生取义的英勇气概,同时也表达大西北地区坦荡无畏、朴实粗犷的豪情壮志。这些传播爱国主义精神为主题的民间文学作品,将 100 多年内阿勒泰地区各民族民众维护边境稳定、抵御外来入侵、促进边境发展以及维护祖国统一的重大历史事件通过一个个鲜活的人物和故事描绘出来,在该地区和兵团都产生了很大的影响。

(二)《枪杆诗》产生的背景及其历史渊源

1. 产生背景、由来

枪杆诗,是在革命战争时期战士们所创作的顺口溜、歌谣、诗歌以及快板等,这也是在部队流行较广的一类常见文学体裁。

那为何要将这种体裁称之为枪杆诗呢?新四旅就是一支红军部队,他们在延安保卫战中,战必胜,立下了很多功劳。该部队文化生活非常活跃。当部队获得几个战役的胜利之后,战士们围在一起,突然有个战士提议:之前很多文人创造诗歌,流传至今。红军部队肩负着解放全国人民的雄伟使命,冲锋陷阵、南征北战、保卫祖国,应该创造一些诗歌。这个提议获得了所有战士的赞同,然而将这种诗歌叫作什么呢?战士们一起讨论,各抒己见。有一战士说:我们打仗靠的就是枪杆,不如叫作"枪杆诗"。这个命名获得战士们一致认可,从此,"枪杆诗"这种体裁就出现了。

提出枪杆诗的这支英雄部队高举革命红旗一路向北进发,曾两次翻过雪山,三次穿越草地,于 1936 年 10 月胜利会师于甘肃会宁,又一起面对抗日战争。为我国抗日战争的胜利做出了重要贡献。

解放战争时期，新四旅在陕北地区作战，跟随西北野战军队屡建战绩，击溃了胡宗南匪军，保卫了革命圣地——延安，保护了党中央的安全。1949年元月，新四旅再次整编入第一野战军第六军，之后听从我军命令向西进发，挺进渭北、西安与兰州，一路乘胜追击，直至穿越苍茫戈壁把五星红旗飘扬到乌鲁木齐的城墙上！

也正是这支英雄队伍，在战争硝烟还没有完全消散的时候，就一手拿武器，一手拿工具投入边疆生产建设中，扛起了惠及各族人民的屯垦戍边事业。20世纪50年代初，这支队伍来到了人烟稀少、只有五户人家的五家渠。

六军继承了前身部队，一直以来都重视部队文化建设的传统，在日常行军打仗时没有桌椅供战士写作，他们克服一切困难，利用行军、作战空隙创作顺口溜、写文章、作诗等。枪杆诗伴随着部队的发展而成长，一起经历了土地革命战争、抗日战争、解放战争、剿匪平叛以及屯垦戍边等峥嵘岁月。所以，在我国革命的各个阶段都保留下了很多体现部队生活的诗句。

2. 枪杆诗的主要内容

1927年在中国共产党的领导下，湖北黄安（现红安）及麻城等区域发起了一场农民暴动，由此燃起了黄麻区域的革命烈火。之后这支队伍被整编到中国工农红军第三十一军第九十一师。新中国成立后，该部队就是兵团六师的前身。

> 小小黄安，人人好汉，
> 铜锣一响，四十八万，
> 男将打仗，女将送饭。①

---

① 农六师民间文学三套集成编委会《中国歌谣集成新疆卷·新疆生产建设兵团农六师分卷》，内部发行，1993年，第4页。

《黄麻起义》歌谣源于黄麻起义，第二次国内革命战争时期，我党我军广泛发动群众，投入黄麻起义中，也将革命烈火逐渐点燃到各个地方，这是我国革命战争史上十分辉煌的一段里程。

《红军谣》："白匪来了，鸡鸭猪狗光，红军来了，把水担满缸；白匪来了，粮食柴草都抢光，红军来了，帮我收割送进仓。"[1] 这首通俗易懂、口口相传的歌谣，将白匪和红军进行了鲜明的对比，揭示了百姓爱戴、拥护红军的根本原因。

新四旅（后编为六军十七师）在抗日战争、解放战争中，将枪杆诗自身具有的杀敌作用发挥到了极致，战争推动了枪杆诗的创作，同时枪杆诗创作内容进一步激发了战士杀敌的英勇，使得战士在战争中不断获得胜利与战功，两者互相影响互相作用。譬如作品《八路军》《八路军真正好》[2]。这一时期，枪杆诗的创作及发展更加充满生机和活力，不但快速有效地反映战役情况、战士的生活和思想，并且进一步鼓舞了战士的斗志，教育了战士，联系了人民，击败了敌军，将部队官兵屡战屡胜、克服一切艰难险阻的大无畏精神体现出来。

《八路军真厉害》作品中有这么一句话："八路军，真厉害。黑红点，分好坏。"[3] 这首歌谣叙述背景为抗日战争时期，八路军主要在华北冀南地区进行游击作战，创建了白区敌伪人员的相关档案，对这些人员在抗日中的表现进行了记录，即做了好事标记为红色点，做了坏事标记为黑色点，以此为依据，打击做了较多坏事的人。有效地瓦解了伪军内部力量，为争取更多抗日力量起到了积极作用。

一场场战役下来，战士们都会创作出大量的枪杆诗。通过枪杆诗总

---

[1] 薛洁主编：《中国歌谣集成·新疆兵团卷》，五家渠：新疆生产建设兵团出版社，2015年，第182页。

[2] 同上，第199页。

[3] 同上。

结战斗经验，宣传鼓舞战士斗志。一部分枪杆诗还被有关人员改编成话剧以及歌剧的形式来进行表演，获得战士们的一致好评。

赞英雄

黄文才，龚进文，
华阴桥上逞英雄，
团长命令"抓舌头"，
二人受命喜盈盈。
一个化装敌军官，
一人扮作勤务兵。
将军大队刚刚过，
零零星星又来三个兵，
一个挂皮包，一个扛机枪，
还有一个通信兵。
黄文才大声喝道：
"打起精神跟我快赶路，
磨磨蹭蹭怎么行？"
走到前边往右拐，
离开大道进山沟。
敌人觉得不对劲，
怎么钻进深山中？
龚答："这里要近十里路，
只管紧跟莫打听。"
就这样：三个兵糊里糊涂跟着走，
一个一个当了俘虏兵。
敌人兵力部署全弄清，

攻克蟋龙十拿又九稳。
团长政委连声赞，
你们立了第一功。①

  龚进文、黄文才是新四旅十六团侦察员，其枪法准、勇敢聪明，经常在敌方战区神出鬼没，他们两人比较擅长探查情报、抓舌头（了解敌方情况，捕捉敌方俘虏）、侦察地形以及摸岗哨等活动。《赞英雄》一诗讲述的就是他们在延安东北区域的华阴桥"抓舌头"的英勇故事。这些人员的实际事迹还被新四旅文工团改编创造成舞蹈剧在部队慰问演出，获得了良好的反响。

  枪杆诗不仅记述战场情况，赞叹战斗英雄的勇敢无畏，同时也包含了一些战士自我教育的内容：譬如在发起战役之前，我军第四十九团警卫连担任文书的潘纪文就因为掉队在总结会上受了批评。他自我思考之后，觉得自己年轻，背的东西还少，不该掉队，自我反思之后决心改正，遂写了一首《反省诗》，张贴在墙报上面。

我的名字潘纪文，上次掉队真丢人；
人家大会受表扬，我在会上受批评。
这次坚决不掉队，还要积极帮别人；
文化娱乐我当先，为了大家振精神。
不幸左脚烂一块，抱定决心不灰心。
上次行军人帮我，大家感动我的心；
支书帮我背面袋，文干帮我背公文；
自己检讨又检讨，背的总比别人轻。

---

① 新疆生产建设兵团委员会党史研究室编《新疆生产建设兵团史料选辑》（第11辑），乌鲁木齐：新疆人民出版社，2001年，第205页。

这次我把决心下，河西战役立功勋。①

《反省诗》一诗在部队战士中获得了很大的反响，潘纪文战士也将其当作约束自己的规范，在之后追歼逃敌过程中也有了十分突出的表现。

3. 枪杆诗的价值影响

枪杆诗这种特殊的题材是在特殊年代、特殊环境所创作的一种特殊文化。其也是当时战争年代部队战斗历程的一个缩影，不但记录了激烈的战争、硝烟的战场，记载了广大战士英勇杀敌、不怕牺牲、勇于担险、保家卫国的感人事迹，同时也表现了部队丰富多彩、健康积极、形式多样的军旅文化生活。这些诗句内容言简意赅，通过灵活多变的表现手法将战士饱满、激昂的情绪进行了生动的表达。

在新中国成立之初，中国人民解放军总政副主任在第一次国文学艺术工作者代表大会上提道：《枪杆诗》这种表现方式是解放军战士进行作品创作的基本方式，这种体裁简练易写，就算战士个人识字少也可以进行作品创作，而且作品内容都具有实际政治意义。枪杆诗是研究战争年代的战略思想的重要材料，同时对于做好战士思想政治工作、鼓舞士气、打击敌人都起到了重要作用。

这支部队从最初的黄麻起义到屯垦戍边创作了众多的枪杆诗作品，进一步对士兵们士气进行了有效的鼓舞与激励，最终取得了革命的胜利。全国解放后，这支具有优秀传统的部队又挺进新疆，在剿匪、平叛、屯垦戍边中，继续将枪杆诗进行了很好的传承与发展，创作了大量剿匪平叛、屯垦守边的爱国红色歌谣，这部分红色歌谣充满激情，情绪饱满，进一步描写与激励了军垦战士建设祖国边疆、保卫祖国领土的革命激情。

2009年9月中下旬，"枪杆诗"通过了专家评审，被列入第二批兵

---

① 新疆生产建设兵团委员会党史研究室编《新疆生产建设兵团史料选辑》（第11辑），乌鲁木齐：新疆人民出版社，2001年，第208页。

团级非物质文化遗产项目名录。

兵团民间文学群星闪烁，流传散落在新疆天山南北。笔者选取被誉为兵团级民间文学类非遗代表作，屯垦英雄传说《火凤凰之歌》《枪杆诗》为主要代表阐述。这些作品都已被列入兵团非遗名录，在思想内容、体裁内涵等方面都能体现兵团民间文学和其他地方民间文学的区别，即兵团民间文学主要是将古代将士守卫边疆、开垦荒地的优良传统进一步继承，同时新中国成立前后军旅文化以及兵团文化主要赞扬与歌颂的军垦精神，体现了战士保家卫国、屯垦守边的时代主题。

第三节　兵团垦区民间艺术及其代表性作品

一、兵团垦区民间艺术及其代表作

兵团文化最初起源于军旅文化，集中了我国不同地域的文化，将新疆本土民族文化融入其中，并不只是简单的叠加传承，而是在优秀传统的继承上不断发展，在文化汇集中得到提升，在文化融合中获得升华。兵团人在传承优秀军旅文化的过程中，也将各民族优秀文化传承与发展，同时在屯垦守边的具体实践中交融创新，形成的艺术形式多样化。兵团垦区民艺优秀代表作基本包含了曲艺——屯垦曲子戏和眉户（迷糊戏）、新疆豫剧、民间舞蹈军垦鼓艺、民间音乐布拉丁家族民族民间歌舞和托库孜萨拉依木卡姆、民俗哈萨克阿肯弹唱、民间美术现代套彩烙画、兵团剪纸、党氏家族蛋壳画以及传统手工技艺哈萨克族毡绣和布绣等。

（一）国家级非遗项目——屯垦曲子戏、眉户（迷糊戏）

2008年年初，兵团向文化部申报了第二批国家非遗项目；2008年6月7日，国务院下发《关于公布第二批国家级非遗名录和第一批国家级非遗扩展项目名录的通知》（国发〔2008〕19号），兵团屯垦曲子戏、眉户名列其中。

1. 屯垦曲子戏

（1）屯垦曲子戏的渊源

屯垦曲子戏也叫小曲子戏，兵团屯垦曲子戏主要流传在六师红旗农场、奇台、新湖以及芳草湖这些垦区。

清光绪二年（1876），很多宁夏、陕西、甘肃以及青海地区的官兵进入新疆，同时大量的民间手工艺人和商贩也一起来到了新疆。清政府派兵驻守边关，新疆社会较安定后，中原区域内很多灾民以及移民逐渐来到新疆，这些人一起组成了规模数量庞大的屯垦队伍，屯戍在我国的西北边界。而随着人员迁移带到新疆的就有陕西"曲子"（越调）、眉户（迷糊）兰州"鼓子"（鼓子调），以及青海"平弦"（平调）等不同种类的小调以及民歌。

小曲子戏主要是在眉户、秦腔、甘肃大鼓以及陕甘宁山歌等基础上不断发展变化所形成的一个剧种，其在唱腔以及表达韵味上和以上曲艺十分相似。这些来自各地的民众，100多年来共同创业、生活，一起抵御外来入侵，反对民族分裂，文化生活互相交融，逐渐形成了求同存异的民俗文化。小曲子戏受西北方言的影响，并且在和哈萨克族、回族、维吾尔族以及锡伯族等不同民族的实际生活交流过程中，吸收了这些民族的音乐精华，具有独特的表达风格，并不断进行丰富发展和完善，逐渐成为新疆的地方剧种——小曲子戏。

据说兵团最早传唱小曲子戏的艺人是在六师红旗农场垦区四厂湖东渠生活的刘清山，其祖籍是甘肃秦州，弟子毛发奎，主要传唱的小曲子作品有《采花》《兰桥担水》等。之后经刘福川、徐银民、刘振邦等四代传人的不断传唱，剧目逐渐有所增加，包含了《钉缸》《小放牛》《下四川》等作品。[①] 在当年古城子（现新疆奇台县）戏班艺人侯玉明等影响

[①] 参见农六师红旗农场史志编纂委员会编《红旗农场志》，乌鲁木齐：新疆电子出版社，2004年，第352页。

下、四厂湖、西上湖、丰盛堡以及五厂湖等村落所演唱的曲子戏在乐器的演奏、歌曲的演唱方面都有了很大程度的提升。当时唱曲子戏和看曲子戏成为民间娱乐的基本方式。节庆和丰收光景，村落里面的乡绅都会牵头举办庙会，请戏班子演戏，不同地区的商贾也都会聚到此地，整条街都变得十分热闹。而一些地区爱好戏曲的人们组成唱戏小班子，在农忙时间种地，农闲的时候就去各个地方表演，每次演出并不收取相关费用，只要东家负责戏班子的食宿就好。因此，受到该地人民的喜爱。在新疆地区，冬季十分寒冷，戏班子通常只能在宽敞的室内演出，听众都聚集在炕上，戏班子在地面演出，因此，人员数量并不多的小戏班，一般控制在 10 人以内。

小曲了戏存在独特的演唱技巧以及表演风格，在戏曲的唱词以及唱腔上存在显著的乡音韵味，受到了新疆地方语言、音色以及韵脚等方面的影响，可以一边舞蹈一边歌唱，也可以不同形态转换；有小戏摆杂，也有传统大剧架势；存在方言土语，也有文言格律，因此，该戏曲剧种多样，变化莫测，传授各异，令人百看不厌。

（2）屯垦曲子戏的发展

小曲子戏是新疆汉民族日常生活语言的再次加工以及艺术化创作，基本演出方式具有短小精悍、生动活泼等特点，擅长并突出表现群众生活，存在十分深厚的群众基础。20 世纪 60 年代中期，"地方国营红旗农场"归属于自治区农垦厅，更名为"新疆维吾尔自治区农垦厅吉木萨尔县红旗农场"，1970 年，这个农场归昌吉回族自治州管辖，1975 年 10 月归属于昌吉州农垦局，1982 年正式归属于兵团农六师。因为受到兵团生活的实际影响，小曲子戏基于原有发展基础，添加了军垦元素，由此创作了反映屯垦戍边生活的作品，譬如《红旗农场好地方》《一支特殊的队伍》等。因而，冠名屯垦曲子戏。

改革开放以来，六师很多喜欢传统戏曲的中坚力量，继续在不同的地区发光发热，主要代表人物有老年自乐班杨氏兄弟、杨培才、辛克文、张明德、朱福红等组合20多个民间传统戏曲的演艺人物，参加农场庆典、社火演出、家庭清唱等活动。小曲子戏剧种也从最初的"九腔十八调"延续发展到现在的36大调、72小调。杨培才在1995年退休后，花费了好几年时间对红旗农场流传的民间小调和小曲子进行搜集和记录，一共整合了平调27折、越调32出，另外新增了新编部分13个，曲谱111个调子。

2008年6月，六师流传的"屯垦曲子戏"被列入第一批国家级非遗扩展项目名录。此时该剧种在六师有了更为广阔的传播空间。每年，红旗农场的小曲子戏演出达40多场次，观看人数达8000多人次。

(3) 屯垦曲子戏个案

被访人员：杨培才

采访时间：2012年12月4日

采访地点：六师红旗农场四厂湖

  杨培才：我们家是老四厂湖人，爷爷民国八年（1919）来疆，我的父辈及我就在这里出生。曲子戏的第一代正式传唱人是清朝末年的刘清山，他是土匪马中云的兵，逃脱后被大户人家刘家保护起来，因为刘家有钱，抓兵的也不敢乱抓。他夏天放羊，冬天就和人一起三三五五地唱、玩，曲子戏从此慢慢传承开了，那时没唱几个戏，只要人嘴唱的东西，就集中到一起唱。

  真正要说玩①得好的，解放初期是高潮，那时欢迎工作队到来、土地改革、互助合作，主要是公家②重视，集中的人也

---

① 玩：指表演。
② 公家：此指国家。

多。20世纪60年代"文化大革命",唱不成了。要说搞得好的就是现在,互相传的多了,大家一起交流。

我是1995年退休的,以前工作忙,只能学着拉胡琴、吹笛子什么的。以前师父都是口传心记,有些唱得不一致,有些颠三倒四,有些低级、庸俗的东西也在传唱。退休之后,我就萌发想法,把东西整理下,弄得正规些,把好的集中在一起。用两三年时间收集了有四本书,文字有十几万,加曲谱过20万字。

我没上过学,家里也穷,从小开始放牛。新中国成立初,我在互助合作社当过生产组长、生产队长,后来当队长,人民公社时提到大队长、大队书记、公社党委委员。当队里干部后,当时印刷技术落后,开会前会提前通知大家自己做好记录,我没有文化,当时好多人就依赖说自己也没有文化,回去能传达个啥样子就啥样子。而我从小就是,大事干不了,小事干得比较认真,我记不下来就画弯弯曲曲①,比如说毛泽东思想,我就写个"毛"后面就画(符号),那句话我就记住了,我传达时就说是毛泽东思想,如果是马列主义毛泽东思想,我就写"马……毛",就记住了。

回来后,自己先复习下,再传达,文化就是这么学的,边学边写书。曲子弄出来后,别人说没有曲谱曲调,就是废纸,谁都能做出来,必须要有曲谱。那时候学曲谱很困难,学校没有教音乐的老师,都是老师到吉木萨尔县学校现学歌,再回来教给学生。1965年,工人下乡锻炼,有个四川来的姓王的秘书,他会拉二胡,给我讲简谱、拍子、高音、低音,"12345"是怎么回事情。那时还有小本子歌曲,全是毛主席语录之类的,

---

① 弯弯曲曲:指曲线。

有句话是"顺藤摸瓜",我就是"顺瓜摸藤",《东方红》中"东方红""5562"就这么一遍一遍,十遍八遍地唱。瓜在我手里,《东方红》我会唱,就是藤不清楚,我就慢慢唱,后来就行了。

现在四个歌本子包括曲谱有20多万字,完整的新疆曲子戏32个折子戏,还有平调。按老艺人话就是说:"评越傅鼓",鼓是大鼓,我们对傅和鼓没有接触和研究,新疆真正传唱的是平调和越调,越调类的有32出戏,平调类的有38个段子,111个调子。2008年,我们红旗农场的曲子戏成为国家级非遗代表作,受到农场党委和师里的重视。

我们这些人都是三十多岁唱到五十多岁,都挺不错的,哪个场合都能上,舞台也能上,尽管舞台艺术差一点,但胆子大,也不乱套。我们算是比上不足比下有余吧,比不上昌吉剧团的,但下面①的说我们唱得好,常让我们唱一唱。我们年年都出去,吉木萨尔县的乡镇基本都去过了,还去奇台、木垒、阜康,跟(技艺)高的师傅一起比赛演出。

2012年曲子节上我们是第二名,昌吉剧团是第一名,也没有评委,大家就是这么认为的。给我们的评价是,演员年轻,唱得气足,生词大,唱得一流。服装是第一流的,乐器是第一流的。服装是国家买的,专门请师傅做。但舞台艺术差,唱戏的动作、走的动作和秧歌舞跳舞不是一回事情。我们老了,一年不如一年,现在拿出来听乐队七八年以前的录音,不如以前,心里都发慌。所以大家现在的意愿就是,从三十多岁到了五十多岁,就想着刻个碟子②,市场上流行的像昌吉剧团的那种像样的,有些是大杂烩,我们也看不上。也有不像样的师

---

① 下面:指观众。
② 碟子:指光盘。

傅不要钱来导演的，但我们看不上。请个好的师傅，钱少了人家不干。以前也找过摄像的，但不懂戏剧的人摄像不行。真正要请好的师傅，导演得是全面的人才，生旦净丑都要熟悉，乐队不对的地方也可以指出来。这里面也很复杂，不是说说就可以的。我们属于原生态，有乡音土语，口传心记，想要提高到舞台艺术的高度。现在我们最年轻的是四十几岁，也就个别几个，大多数是六七十岁，大家心有余而力不足。年轻的也知道严峻性，但干着急，没有合适的地方排练，没有条件，这是我们当下犯愁的地方。

一支特殊的队伍（节选）

词曲：杨培才

单位：农六师红旗农场新疆曲子业余剧团

第一乐章　屯垦戍边（朗诵略）

合唱：(越头)
　　　　建设大军，铜墙铁壁，中流砥柱，
　　　　屯垦戍边，跨越式的发展，长治久安。

领唱：(海调)
　　　　我的家乡、咿呀哎……嗨。

合唱：哎呀哎……哎呀哎……
　　　　哎嗨、哎嗨、哎嗨、哎嗨哎，
　　　　有一支特殊的队伍呀，啊啊啊，
　　　　这一支特殊的队伍，不分男女，不分官兵，
　　　　日夜坚守在边防线上呀啊，

哎嗨哎嗨哎嗨哎嗨哎哎……

女声：不穿军装不拿枪，男声：不拿军饷不要粮。

一岗站了六十年，不换岗来不换防。

和平时期是老百姓，一有军情是军人。

日夜守候在边防上，寸步不离我边疆。

……

女领：一岗站了六十年，男声：祖祖辈辈不离岗，

他们的鲜血和生命，换来了祖国的安宁，

一面劳动搞生产，一面保卫边疆，

哪里没有人烟，哪里就是坚守的地方。

领唱：（海调）

这一支队伍咿呀哎……嗨，

合唱：真特殊，……哎呀哎……

哎嗨，哎嗨，哎嗨，哎嗨哎……

奉献精神呀啊啊啊……

合唱：（紧诉）

这一支队伍非常特别，特别有一个奉献精神。

献了青春献终身，献了终身献子孙。

特别能吃苦特别能战斗，特别能忍耐特别能奉献。

转唱：（紧诉尾）

这种精神难能可贵，起到了无可替代的作用。

领唱：（海调）

英雄的队伍咿呀哎……嗨。

合唱：哎呀哎……哎呀哎……

哎嗨，哎嗨，哎嗨，哎嗨。

哎威武逞英豪啊！

合唱：（大桃红调）

　　1. 这一支队伍真威风，他们有一个显著的特征。

　　　军官从不戴军衔，士兵全是老百姓。

　　2. 一旦发生军情大事，命令如山倒，兵贵神速。

　　　招之能来，来之能战，战之能胜指挥灵。

　　3. 新疆的建设大军，保卫边疆的英雄。

　　　稳定新疆的是核心，民族团结的是模范。

领唱：（海调）

　　这一支特殊的队伍唉……嗨。

合唱：哎呀哎……哎呀哎……

　　哎嗨，哎嗨，哎嗨，哎嗨。

　　英雄无比呀啊啊啊……

屯垦曲子戏在漫长的历史长河中得到丰富与发展，加入了浓重的北疆兵团的区域特色，衍生了属于曲子戏的独特风格。作品《一支特殊的队伍》就是一首新编曲子组合，填词作曲都是老艺人杨培才老师。他采用了小曲子戏的经典唱腔（主要包含了大桃红调、越头以及海调等），主要内容都是根植当代兵团文化土壤，以兵团历史为主要发展脉络，整体涵盖了战士屯垦戍边、艰苦创业、镇守边防、再造辉煌四个乐章，表演方式包含了朗诵、演唱、表演等形式。该剧讲述了兵团这支"特殊"的队伍，他们来自祖国各地，说着不同的方言，不分官兵和男女，正是为了保卫建设边疆的一致目标，一起走到新疆这片土地。军垦战士枪镐齐举，战时卫边，平时耕田，在荒凉的戈壁上创建了一座座现代化农场、城市。兵团战士艰苦创业，在苦中作乐，每天白天努力工作，晚上通过各种工具敲击，欢聚一堂，载歌载舞，热情四射的文艺表演为他们带来了精神动力，进一步推进兵团战士、职工在边疆屯垦的道路上奋勇向前。

兵团人将他们的青春和热血抛洒在这片土地上，几代人在这片热土上接力，在边疆筑起了一道道稳固的边防线，在保卫祖国安全、维护民族团结方面具有十分重要的作用。作品《一支特殊的队伍》较全面地再现了兵团创业发展的历史。

我们在红旗农场对老艺人杨培才先生采访时，他已年逾76岁，但思路清晰，语言表达流畅。其擅长吹拉弹唱各种技巧，不但带头组织民间演出，还搜集、发掘、归纳、整理了100多个曲调，并记谱在册。杨老先生为小曲子戏的传承与发展付出了很大的心血。尽管他本人还不是国家级非遗传承人，然而对于小曲子戏是十分热爱并关注的。杨老的个人学习历程给予我很大的启迪，他文化水平并不高，但是他愿意一点一点自学，从目不识丁到将流传在民间的小曲子戏简谱、词曲进行整理归纳，现在还可以熟练地运用电脑，"活到老，学到老"这句话杨老用一生实践将其完全表达了出来。杨老的发展也离不开家人的支持，因为家人十分喜爱曲子戏。戏班成员或忠实观众逐渐参与到曲子戏中，促使这种戏曲在红旗农场充分传播。曲子戏的发展必须拥有新一代的人员，为了促使这种戏曲传承下去，杨老先生和我国非遗代表性传承人辛克文老师一起在团场教导曲艺爱好人员，将曲子戏所有的表演方式以及表演技巧都传授给学员。现在，曲子戏演唱的队伍正在不断地发展壮大，听戏的观众也越发增多。在农作空闲的时候，只要农场有喜事，辛老与杨老都会组织戏班队伍，带着演奏乐器，穿着服装，在农场或职工家中表演，深受观众的好评。这也激励了戏班人员的表演动力，促使小曲子戏在农场得到了良性发展。

屯垦曲子戏是新疆兵团垦区生活不可缺少的珍宝，也是兵团文艺花园中的一朵奇葩，更是广大劳动者智慧的凝聚，是兵团必须要保护的珍贵财富。在兵团屯垦戍边的艰苦岁月、文化生活极度匮乏的年代，为了鼓舞生产热情，安心扎根边疆，丰富人民生活，曲子戏表演是一种喜闻乐见、寓教于乐的大众民间艺术。目前，屯垦曲子戏依旧发挥着宣传国家方针、维护团场稳定和谐的重要作用。

2. 眉户（迷糊戏）

(1) 眉户（迷糊戏）的渊源

眉户（迷糊戏）是从内地的眉户戏发展演变所形成的，该戏曲最初是在甘肃武威流传。清朝末期甘肃移民大规模进入新疆后，这种戏曲方式也随之带到了新疆，经历了漫长的发展与变化，逐渐成为现在的眉户（也称为迷糊戏），一直流传至今，已有100多年。目前在六师五家渠、奇台、红旗农场、芳草湖以及新湖等垦区流传，具有十分独特的演唱风格以及弹唱手法，充满了浓厚的方言和乡音韵味。

眉户（迷糊戏）自身形式十分灵活多变，可以清唱，也可以边弹乐器边演唱，也能够在伴奏中演唱，具有良好的群众基础，易流传。眉户（迷糊戏）基本伴奏乐器有飞子、三弦、碰铃、二胡、竹板、梆子以及笛子等。清朝末年，新疆本地群众就将眉户（迷糊戏）当作日常生活娱乐方式，口口相传不间断，因"文化大革命"被迫中断。改革开放后，为了进一步丰富群众的文化生活，一些老艺人又自发演唱眉户（迷糊戏），受到了民间百姓的热烈欢迎。

眉户（迷糊戏）在唱腔上和陕西的秦腔十分相似，演唱的内容不但包含了传统经典剧目折子戏，也有描述赞扬军垦新生活的新剧目。眉户（迷糊戏）虽是从内地传入，具有明显的原籍文化色彩，但经新疆兵团的传承、发展以及创新，添加了很多不同流派以及新疆地区特色，逐渐自成一体，具有独特表演特色。2018年6月，兵团六师眉户（迷糊戏）被列入第2批国家级非遗名录。

(2) 访谈眉户（迷糊戏）代表性传承人

被访人员：狄光照

采访时间：2012年12月5日

采访地点：六师芳草湖农场采访

狄光照：我们老祖先是狄发富。按辈分"发，由，生，春，光、辉、照"①，到我，已经有五代人在这里生活。眉户戏的内容几乎相似，但调子因方言会有不同。眉户戏到这来时人很少，土方言说："男人急了唱，女人急了哭。"解放前都是在自家哼哼曲子，解放后，人有安全感了，吃大锅饭心情好，人多在一起就唱了，慢慢唱出了影响。五几年我们先人就是剧团的团长，班子到处唱，谁家办事情②，地方大就去。1958年大炼钢铁，人都要上山烧石头，人越来越多，风格就出来了。人说"一百个人干啥的都有"，吹拉弹唱的都有，喜欢的人在一起，就玩起来了。

我喜欢三弦，干活累得很，自己干累了，一弹兴趣来了，就高兴了。乐器能给人带来健康和欢乐，给人在劳动上以推动力。以前我说感情是推动力，现在说乐器是推动力。干活累了，我弹弹三弦就解乏了。家里面③就说了，让你干活累得很，坐下就弹拉起来了。

五几年我爹是剧团副团长，六几年我爹成团长了，到处唱，但乐器少得很。他不让我们动，因为弦断了没地方弄。口弦是轧花的弦，搓紧紧的，两股合上，用蒜一捋，听声音，要脆，或把马尾巴剪下来，用刷子刷得光光的，现在大多用尼龙的。有的用梧桐木，音质比较好，我们刚开始用吊葫芦头。上次我儿子、孙子来，给我踩碎了，我很心疼，想着还不如让文物收集工作人员拿走。乐器都自己做，像羊皮鼓、手鼓。二胡

---

① 指家族谱系中辈分排名。
② 办事情：多指红白喜事等大型宴请活动。
③ 家里面：指妻子。

就用葫芦头当壳壳，沙枣木当杆杆，红柳棒当柱柱，马尾巴当弓，弦用口弦，慢慢变成丝线，现在用铁线，音就好了。

1966年"文化大革命"，有点乱，除了在自家唱，就不出去了。七几年我就演唱去了，场里也支持我，表演迷糊戏、快板书、舞蹈之类的。我在宣传队待了好几年，有娃娃后，就不出去了，宣传队也不干了。七几年到八几年，我老爹走、唱，我们就跟着，在旁边敲"飞子"①，先人传下来的"飞子"都几百年了，排戏时可以用，不能丢掉了。

迷糊戏在我家就是：七几年是我在宣传队唱、八几年是先人唱，现在是我们在正式弄。我是什么都想弄，吹拉弹唱，吉他都能弄得来，但是"半瓶醋"。2000年，我老爹说："儿子，我老了动不了了，三弦子你拿去弹。"我爹让我把东西都保管好。2006年，有人说让我爹唱唱，别失传了，别人排得不正宗，你们要正式排。之前都在家里面，2006年上面来人说，别人排得不正宗，你们要正式排。2006年、2007年都是自唱。现在的戏班子，男人都好说话，当了领导后，女人非常不好伺候，买了东西口红等，回家后丢了，或是娃娃弄坏了。没有那么多钱总买，家里慢慢也有意见。但因为我喜欢啊，资金是自己出，你能把戏唱起来，车费、吃都是自己承担。现在条件好了，大家争着唱，争当领导的，也很头疼。（我就）让每个人自己表现，依本事来选拔。（现在）戏班有五六个领导，专门管大家集资的钱，乐器有人管，团长、副团长、保管、秘书，分工合作。

（表演唱）

---

① 飞子：乐器，又称碰铃。

20世纪80年代,政策开放后,我和挑担①两人合伙买石河子的车,俗称"蹦蹦车",他有执照,我没有,跑呼图壁、玛纳斯、芳草湖。他跑白天,我跑晚上。警察问我要执照,我没有。交警说:"你三照都没有还开车?你叫什么名字?"我说:"我叫狄光照。"他说:"你三照都没有,你叫狄光照。"给场里打电话后,果然不假,就让我走了,再过来就不拦我。当时拉煤,手脸都黑,于是就有"看狄光照眼睛转呢,看蹦蹦车轱辘转呢""我叫狄光照,三照无一照"的段子。

在狄光照家中,家居的陈设十分简单,映入我们眼眸的就是一把二胡与吉他,由此看得出狄老师对于这些乐器的重视和钟爱。狄老师十分健谈,与我们说话幽默风趣,比较喜欢通过谚语或者歇后语表达,他把这个特点放入眉户(迷糊戏)的演奏和创作中去,受到当地群众的喜爱。狄老师组建的戏班,戏班运营经费几乎都是他们自己筹集的,戏班人员有狄氏兄弟和团场退休人员。大家之所以能够长期坚持都是出于对眉户(迷糊戏)的喜爱。在观看眉户(迷糊戏)表演时,观看人员都被栩栩如生的演奏场景与感人的情节和演员投入的表演深深感动。我们观看时注意到,狄光照在戏班是一名导演、指挥者、演奏者,掌控全场。所有人员都会按照他的指挥表演,因此整个表演过程充满了和谐默契。狄家祖传的三弦有300年历史,用木箱珍藏,每次表演时才会取出,演奏人员使用百年乐器不仅弹奏出古老的乐曲,还唱出了新时代的声音。

眉户(迷糊戏),由于唱腔比较通俗易懂,拥有坚实的群众基础,所以,长期流传下来。狄光照是眉户(迷糊戏)狄氏家族第五代传人,和所有喜爱眉户(迷糊戏)的艺人观众一起,在继承老一辈流传下的乐器和曲调的同时,也在兵团屯垦生活中,对古曲进行创新改编,把个人

---

① 挑担:方言,指姐妹的丈夫,即连襟关系。

看到的、听到的、感受到的东西，通过眉户（迷糊戏）这一载体进行表演。从内地引进来的眉户戏逐渐融入了更多兵团屯垦史和垦区团场社会发展面貌的作品与观众见面，演艺人员通过眉户戏的演奏和唱腔将职工群众生产生活展现出来，描绘了团场职工的新生活，成为独具兵团特征的眉户戏，受到垦区人民的赞扬和喜爱。

（二）兵团级非遗项目——军垦鼓艺

军垦鼓艺主要以八师一四三团为特色主体单位，于2007年9月成功申报列入第一批兵团级非遗名录。

1949年秋冬，甘肃、陕北、山西等籍军人一路西进，凯歌进疆时就携带着家乡的鼓乐。1950年始建二十三团，战士们铸剑为犁，亦军亦农，拓战荒野，劳武之余，就打起腰鼓，鼓声在寂寥的旷野内声声回荡，那就是故乡的声音，吸引了许多官兵、群众前来观看鼓掌，阵阵鼓声一点点打破了荒漠的寂静，为大地添加了欢乐喜悦祥和，使辛苦劳作了一天的战士精神愉悦。

军垦鼓艺因由军垦战士传承、创新、发展而来，音乐、鼓点、队形多反映部队出操、训练或枪镐并举的屯戍生活，体现军垦人威武气势而得名。

军垦鼓艺团队人员年龄不等，有中青少年及老年。基于屯垦腰鼓之后又创建了军垦威风锣鼓队，只要有重大的节庆活动，锣鼓队都会前来助兴表演，锣鼓表演成为团场职工文化生活中必不可少的一项活动。

由于军垦鼓艺在垦区的影响越来越大，军垦二代、三代也开始向军垦长辈锣鼓队的人员学习鼓艺，鼓艺团队也开始有了更加年轻的锣鼓队，就这样一代一代传承发展起来。伴随团场社会的不断发展，职工群众将民兵训练中的动作融到鼓艺表演中，同时快速地扩大鼓艺表演队伍，所有年龄段的人群都积极地参与其中，发展最好的时候表演人数达到300

人,将腰鼓演变为带有浓郁兵团特色的军垦腰鼓艺术。在进行鼓艺表演时,队列整齐,气势宏伟,将战士步调一致、屯垦戍边、开拓进取的人文精神充分展示。

一代代喜爱腰鼓技艺的人们,不断地进行腰鼓习练,在练习中传承创新,使腰鼓艺术成为军垦战士日常生活的组成部分,也成为军垦人在精神层面的依托。当其劳作辛苦疲惫了,只要进行一场腰鼓表演就会驱赶疲劳;农作物丰收,用腰鼓表演抒发耕耘收获的喜悦;当战士抗灾取胜,垦荒有了新进展,连队有了喜事都通过腰鼓技艺助兴。欢快的鼓点和鼓点相对应的舞蹈尽情展示,喜悦气氛得以烘托、渲染,也进一步将群众斗志激发。腰鼓表演将军垦战士无私奉献、战天斗地、奋勇拼搏、乐观精神集中表现出来。

兵团垦区人民把安塞腰鼓不断发展变化成具有军垦特色的腰鼓艺术,在基本的腰鼓表演中融入了热爱祖国、无私奉献、艰苦创业、开拓进取的兵团精神。目前军垦鼓艺团队成员规模达到300人,鼓艺表演时,龙腾虎跃,气势恢宏,展示了兵团战士的形象。一四三团工会组织了340人的少年腰鼓队和160人威风锣鼓队。军垦鼓艺表演有其特有的神韵,鼓声震撼人心,令人精神焕发,每当团场有重大活动的时候,就会邀请这些演出队伍表演助兴。军垦威风锣鼓队演出时,队员在"大帅"的指挥下,时而奔腾,时而跳跃,鼓声震天,催人奋进,敲出了军垦人的威风,兵团战士保边卫国、勇于创新的豪迈气概体现得淋漓尽致。

军垦鼓艺团队经常受到石河子、乌苏、沙湾、昌吉、玛纳斯、克拉玛依、乌鲁木齐以及奎屯等地的邀请,又经常到部队慰问演出,获得了广泛的社会效益,受到了社会各界的一致赞赏。

(三)兵团级非遗项目——现代套彩烙画

烙画艺术有着悠久的历史,是我国民间艺术的瑰宝,它是将烙铁当作基本作画工具，通过"高温代墨"的方式进行艺术创作，这种艺术被称作"中国艺术一绝"，创作手法别具一格，作品种类丰富多元，具有良好的艺术魅力。烙画艺术主要类别包含了长卷、梅兰竹菊、壁画、山水花鸟、国画、书法、人物动物等，题材众多，具有观赏及收藏价值。

当代套彩烙画作品的创作技法，是以传统单线烙法为基础，逐渐演变为以烘烤为主，颜色为辅，通过烘烤方式进行作品内容确定的当代套彩烙画艺术，作品创作过程中所用到的工具基本都是30—100瓦特的一般烙铁，当开启电源开关后，就能够进行绘画制作。绘画笔则是平常绘画所使用的排笔、油画笔、毛笔以及水粉笔等，板材一般是静面三合板，当作品制作完成之后，就进行装裱，将其悬挂于墙面或放置在相对干燥的地方晾晒，之后就可以长期保存了。

兵团级非遗项目，代表性传承人杨新平的现代套彩烙画《军垦情》组画于2009年获得第九届中国民间文艺山花奖·民间工艺美术奖。我们师生分别在2012年6月、2014年11月和2016年5月慕名三访，奔赴塔城，拜访兵团民间文艺家协会副主席、九师民协主席、当代套彩烙画的传承者杨新平老师。

被访人员：杨新平
采访地点：九师一六四团文化站杨新平工作室

杨新平：我以前叫杨小平，1968年生，正儿八经接触烙画有17年了。我从小爱好绘画，无奈家庭条件差，当时考上了美术学校，但家里没钱，所以油画、烙画我都是自学的。团里支持我，提供了工作室，我什么费用都不用出，一般领导来检查工作，还会把我的画拿去当作特色礼品赠送，采用记账模式，年底时统一结算。

我现在熬出来了,前几年太难了,家里两个孩子,大的该上大四了,小的在塔城上高中,我绘画从纸到木板都需要钱,而创作需要大量的时间,家里的大小事都落在爱人身上,几乎都是依靠她的工资。以前长辈和团里领导都说我不务正业,都批评过我,但我不在乎别人的眼光。我打小就喜爱绘画,家里父母虽没有绘画基础,但兄弟姐妹们一旦拿起画笔还挺有样子的,还是有一定的遗传因素的。女儿在学室内设计,儿子也学过画画,以后也可以从事这方面的工作,但这条路很难走,需要很大的耐心。家里多亏了爱人的支持,要是别的女人,早和我闹离婚了,但她一直支持我。

我曾经在北京待过三年,拜师学艺,有自己的画室。曾经为了交房租,到琉璃厂卖画,五十块一张。但到后面创作思路枯竭,有一个人点醒了我,说"你还是回到兵团去吧,那是你创作的源泉"。我立马变卖所有东西,回来了。

我的《军垦情》里面很多物件现在都看不到了,比如画里的母鸡,是很多年前的土鸡,是我以前到小家户照下来的,现才在作品中展现出来。房子的建筑风格,都反映了兵团的历史与发展。

以前我都是自费参加各种比赛,为的是要打出名声。烙画几千年历史了,只要会画画的人都能烙,但我的套彩烙画不同于一般的烙画,创新在"套彩"上,这也是兵团给我的机会。兵团的自然风光色调是黄土色,和烙画很吻合,我再用水彩烙上。水彩别人模仿不来,我经过多次试验,才研制成功,材料是从日本带来的。每次有团里在北京上学的孩子放假回来,就托他一次带几十瓶,够用好几年。

2008年,北京奥运会期间,我被邀请去参加民间艺术家的展览，带着我的老婆孩子待了一个月，外国人买得很多，我这门手艺也算传播了出去。

2009年，《军垦情》系列作品荣获第九届中国民间文艺山花奖·民间工艺美术作品奖（国家级民间文艺最高奖项）。

今年（2016年），我拟创作《兵团军垦史卷·九师分卷》，师里非常支持，给了一笔经费。现已着手进行，画出草图。

杨新平老师的工作室就设立在一六四团文化活动中心，宽敞明亮，铺设有红地毯，满屋浓郁的屯垦题材烙画艺术作品吸引了我们。每次提到工作室，杨老师都十分开心和感恩团里为他提供的舒适的工作环境，他知道这是师团干群对他烙画艺术价值给予的肯定。回想起自己年轻时北漂生活，内心十分感慨，他开过画室、做过保安，甚至在天桥摆过地摊……北漂生活一点点磨掉了他的烙画创作激情，他觉得个人的才能可能到达了尽头，十分失落难过。然而当他回到兵团团场家乡，兵团的生产和生活赐予其充足的创作灵感，杨老师个人烙画事业不但获得重生，并且发展得越来越好。他一直认为：兵团九师是生我、养我的家乡，只有回到这里，我才有生存发展的根基。和杨老师的交谈中能够明显感到，在外地漂泊的生涯也不是一无所获，外面的世界打开了他个人视野与思路的广度和深度，他通过单反相机拍摄优秀作品，经过互联网和外面的顾客进行交流，促使套彩烙画作品的交易市场不断得到发展。杨老师还为自己工作室专门制作了特殊的宣传手册以及外包装，进一步提高烙画作品的档次，杨老师的烙画作品被当作特色文化产品，一直在不断地宣传及推广。杨老师个人越发出名，前来学习烙画艺术的人员也越来越多。最近几年，杨老师除创作作品之外，还办了烙画辅导班，教学生学习套彩烙画。然而由于烙画创作必须具备良好的绘画功底，杨老师都是从基础绘画开始教学，虽然目前还没有学生娴熟掌握这门艺术，但是在杨老师看来，烙画创作本身就需要"厚积薄发"，所以对于未来兵团套彩烙画事业的发展他充满了信心。

兵团现代套彩烙画艺术，是以传统烙画手法为基础，不断传承发展创新而形成的一种民间工艺美术，杨老师烙画作品多是以兵团团场生活内容为主要创作素材，如《军垦情》作品系列：《凯歌进疆》《守望》《军垦第一犁》《创业》等作品，都是体现兵团屯垦历程的优秀作品。现在，这种创作手法依旧是中国独有的，是新生代绘画的典型画法，存在极高的军垦特色、艺术价值以及民间风俗，获得了老一辈艺术家的一致认可与赞赏。杨老师还在不断改良优化套彩烙画创作手法，同时在实践活动中努力摸索烙画作品的实际需求，经过不断努力创新，最终促使艺术创作和市场良好接轨，文化产业实现双赢。

功夫不负有心人，2019年12月，杨新平申报兵团文艺精品工程扶持项目《军垦红色历程长卷·第九师卷》获得立项。

（四）兵团剪纸艺术

剪纸艺术起源要比文字早，最初用于祭祀、祈愿等活动，从古至今拥有2000多年的传承历史，将中华传统文化的理念精髓浓缩进剪纸。在历史的发展进程中，剪纸与彩陶、岩画等艺术方式互相交织，传递并延续着中华民族的优秀思想、人文情怀，是人类人伦道德以及精神信仰的一个缩影，更是了解民俗文化传承的一个窗口。①

延安时期，作家艾青就曾在《窗花剪纸》中讲道："（剪纸）纯朴可爱，就像是一曲曲的民谣，很生动地写出了人民的感情、趣味和希望。"如今亟须把这些优秀的传统文化传授给青少年，让他们能够了解、感知我国传统文化的博大，那就必须传承、创新和发展，通过剪纸的语言、民艺形式表述现代思想和民俗生活。

---

① 转引自王光敏编著《剪纸文化》，呼和浩特：内蒙古人民出版社，2006年，第4页。

在我国剪纸艺术起源地之一河北蔚县，近年来，连续办了几届中国剪纸文化节，由中国文联、文化部文化产业司、中国民协、河北省委宣传部和河北省文联联合举办。2011年7月6日，第二届"中国剪纸艺术节暨首届国际剪纸艺术节"，参加人员达到了1600多人，有来自16个不同国家的剪纸专家、学者，国内25个省市的剪纸学者。兵团剪纸学会李永梅的剪纸作品《传承》获银奖，夏雄飞剪纸作品《光辉的历程》、权艳花剪纸作品《军垦魂》、卢志芳剪纸作品《麦西来甫》获铜奖，穆荣剪纸作品《吐鲁番的葡萄熟了》、鲁有国剪纸作品《天山丰碑》获优秀奖，兵团民间文艺家协会获优秀组织奖。

为了更好地促进兵团剪纸艺术的发展，兵团民间文艺家协会成立了剪纸学会，委托石河子大学文联管理。与内地剪纸相比较来讲，兵团剪纸开始比较晚，然而发展快速，目前兵团14个师以及高校中小学都有剪纸。其中，石河子大学特别关注在高等院校校园进行民间艺术的发展，如创建了"国家大学生素质教育基地"，将剪纸设为一门独立的课程。大学生在校不仅学得了专业，还习得了一门民间艺术。学生的作品除学校办展、获奖外，还获了很多国家级奖杯。学生毕业之后把自己掌握的剪纸工艺传播出去，譬如获得第一届剪纸艺术节铜奖的学生，毕业后当了一名优秀的美术老师，剪纸课上，传授学生学习剪纸艺术。星星之火，以点带面，薪火相传。

项目组师生将不同时间访谈兵团剪纸学会会员李永梅的访谈资料整理如下：

被访人员：李永梅

采访时间：2012年8月2日、2016年5月29日

采访地点：石河子市25小区、石河子大学图书馆

李永梅：我母亲是支边青年，我们是兵团第二代。我的姥姥是山东人，她会剪纸。兵团当时口号是，先生产后生活。小时条件很艰苦，家里也没有玩具，兄姐都出去玩，我在家里待着，姥姥就用麻布剪两个小人，缝起来，里面塞点棉花，做成布娃娃抱着。据考证，剪纸发明在文字以前，最早用于祈愿祭祀，在黄河、山东一带有剪小人的习俗。我自小跟着姥姥学剪纸，上学后就剪小红花，这样一剪就剪了五十年。

在很长一段时间内，剪纸都被大家认为只是窗花而已，不值一提。2007年2月，国家领导人在甘肃定西过年慰问农民，看其家中有剪纸，他肯定了剪纸这一传统艺术，这也让中国的剪纸复活起来了。春节过后，中国许多地方的舞台装饰都用剪纸体现，剪纸扬眉吐气了。文化部从2010年为剪纸举办艺术节，2012年我作为专家参加了这次展览，大家了解到兵团剪纸后，在我们展厅前合影。在比赛中，我们的作品《欢聚一堂》获得金奖，让全世界看到我们兵团的剪纸。兵团副司令员很高兴，在兵团机关大楼大厅里展览，让更多的人知道兵团有这样的传统文化。

兵团剪纸学会成立比较晚，兵团剪纸发展和内地还是有差距的。我去过很多地方，参加多次展览，了解广泛，慢慢形成了自己独特的风格。我想以我的风格和作品展现我们兵团的风貌，让兵团剪纸能走向全国，走向世界。我现在还要继续我的剪纸事业，继续教学生们剪纸，通过作品让全国甚至全世界的人都了解咱们兵团，了解在中国西北地区有这样一支伟大的队伍。

文化本身就是良好的搭载载体，其自身具有的传播影响力是任何东西都不能达到的，兵团大型剪纸作品《欢聚一堂》在我国举办的第二届蔚县全球剪纸艺术节上一举夺得了金奖，时任水利部司长一职的高而坤同志在剪纸展览上看到这幅作品之后，开心地题字："祝兵团剪纸兴旺"。兵团李永梅在兵团民间艺术会展上展出了一组以"伟大的母亲"为主题的剪纸作品，以女军垦战士为主人公，表现了"凯歌一路进新疆，爬冰卧雪守边防，戈壁地窝安下家，荒原播撒幸福种，瓜蒂绵绵结硕果，拉沙改土建农场，战士归来鱼满仓，卫国戍边无怨悔，献了终生献子孙"的屯垦戍边生活。

兵团的剪纸工艺是军垦父辈从内地传来的，在兵团垦区生根、开花、结果，获得了长足发展。剪纸也从最初较单调的喜字、窗花逐渐发展到现在通过剪纸艺术来表现兵团屯戍生活的一种写实艺术，体现兵团人屯垦守边的爱国情怀。兵团剪纸艺人通过纸张、刻刀、剪刀等工具，将兵团的发展和变化细心地雕琢，体现兵团文化精神，促使兵团剪纸艺术不但融合了南北剪纸特征，同时也衍生了独特的艺术内涵以及文化魅力。李永梅老师说：她希望通过自己的行为，让周围更多的人理解剪纸艺术，喜爱剪纸艺术，很好地将中华民族独特的剪纸艺术传承发展。为此，剪纸也从最初的个人爱好逐渐变成了一种责任和担当。

二、兵团垦区民间艺术的主要特点

（一）来源的多区域性

兵团军垦战士兵与职工大多都是全国各地的人，他们有的是从儒家文化发源地齐鲁大地来的，有的是从衍生出华夏文化的黄河流域来的，有的是从人杰地灵的荆楚之地来的。兵团人都具有自身祖籍文化特色所给予的信息与相关符号,都是一个文化载体。兵团民间艺人把祖籍的民间艺术带到兵团创作中,逐渐和垦区的文化与日常生活交融,把内地优秀的民艺播撒到新疆这片土壤上,让它生根发芽,最终开出灿烂的花朵,结出丰硕的果实。

兵团引进的剧种十几个,有几十个业余、专业剧团,包含了中国所有代表性剧种,从东北地区的秧歌到胶东大地的剪纸工艺,从陕北的腰鼓到江南地区的旱船艺术,所有民艺都具有十分浓厚的地域文化色彩。

(二)形成的多民族性

新疆自古以来就是不同民族汇聚生活的一个区域,这里涵盖了汉族、维吾尔族、哈萨克族、回族、蒙古族、塔吉克族、柯尔克孜族、俄罗斯族等多个民族。当代兵团的创建,内地也有大量少数民族来到新疆,如土家族、壮族、苗族等。我国内地文化也伴随人员的迁移逐渐在兵团中渗透,不同民族的艺术风格、生活方式以及文化习俗在漫长的时间内交流交融,逐渐衍生了汉族文化与少数民族文化、移民文化与本土文化互相交融的文化体系。[①] 如中国河南区域产生了豫剧,其带有十分显著的汉文化特点,然而随着战士、支边群众带入兵团后,豫剧受到了维吾尔族以及哈萨克族等民族语言、文化习俗的影响,其内容以及唱腔上糅进各民族民歌相关元素,由此产生了十分独特的新疆豫剧,观众不仅有汉族,还有广大的少数民族群众。

(三)发展的多样性

兵团民间艺术汇聚了职工群众的智慧和力量,又在职工群众生产生活中得到普遍应用与创新。有本地少数民族代代相传的传统手工技艺,

---

① 参见赵子芳《新疆兵团屯垦戍边文化及其对民族关系的影响》,《学理论》2011年第14期。

如国家级非遗代表作哈萨克族毡绣布绣、维吾尔族古法土陶烧制技艺；也有军垦战士从祖国各地引进到兵团，在兵团与本土文化元素互相交融之后所产生的新的曲艺类项目，如国家级非遗名录屯垦曲子戏、眉户（也称为迷糊戏）等；源于新疆少数民族，历史悠久的民间音乐类，如兵团级非遗名录托库孜萨拉依木卡姆、布拉丁家族民间歌手传唱；还有以我国屯垦史、兵团军垦文化为主要内容进行实际创作的传统美术类项目，如兵团级非遗代表作现代套彩烙画、党氏家族蛋壳画、军垦剪纸等。

我国兵团民间艺术的实际发展就是基于一个多区域、多民族、多文化的背景下形成发展起来，集传统文化、移民文化、绿色军营文化、农耕文化、游牧文化、都市文化等不同元素于一体的一个多元化发展艺术。而不同文化格局在价值取向、道德观念、审美以及宗教信仰等层面存在的差异性衍生了不同文化圈层的互相融合[1]，使兵团战士对于文化具有良好的适应性得到了体现，也正是在垦区文化认同构建中，形成了具有多元交融性的民间艺术。

---

[1] 参见李荀华《兵团文化结构特征论》，《丝路学刊》1995年第4期。

第三章

兵团垦区民俗文化的内涵、特征及其价值影响

新中国成立70余年来，新疆兵团人对国家的杰出贡献，不仅在于坚守边疆上，也在于通过自身艰苦奋斗开垦出了一片片绿洲，建起了一座座军垦新城。更为关键的是兵团人在奋斗历程中，集各地之长、众人之智慧创造出了独特的文化，在人类文明史上添上了重要一笔。

垦区民俗文化作为军垦几代人屯垦戍边生活的智慧结晶，不但继承了两千多年古屯垦文化及军旅文化，同时与各具特色的地域文化相交融，彰显了具有爱国情怀的兵团精神。充满革命精神的军垦儿女，汇集各地区的文化，反映亦军亦农亦工亦牧、保边建疆的劳动，或是集中体现军垦人不畏艰苦、无私奉献的精神，或倾诉思乡之情，或展望未来……这种生活环境孕育的兵团民俗文化，成为兵团文化的基本力量与重要组成部分，具有丰厚的文化内涵、显著特征和价值影响。

第一节　兵团垦区民俗文化内涵

兵团精神民俗文化的题材内容有着深厚的文化底蕴。不但反映出了军垦战士及其子孙的后代坚守屯垦戍边的爱国主义精神，赞美他们艰苦创业、无私奉献的精神，同时还反映出了兵团人对家乡的思念之情，以及多样文化的美美与共，和谐共享。

一、兵团垦区民俗文化反映兵团人履行屯垦戍边使命的爱国主义精神

屯垦戍边对于新疆生产建设兵团来说有着重要的意义，是国家所赋予的重要使命，同时还是创作各类兵团民间文学的基础及源泉。

1949年年末，中央军委为全面解决部队战士的温饱问题，颁发了《关于1950年军队参加生产建设工作的指示》，并下定决心即刻在全军范围内进行大生产运动；1950年年初，新疆军区下达相关指示，明确要求在全疆范围内除了祖国边防警卫与城市卫戍勤务人员外，所有军人要以劳动生产为中心，全军指战员都要投入开荒生产中。于是，部队在边疆掀起了屯垦戍边大生产热潮。1954年10月7日，中央军委批准，新疆军区生产部队集体转业，新疆军区生产兵团正式成立。之后，广大军垦战士一手拿枪，一手拿镐，继续投身到屯垦戍边生产中。

垦荒时期，军垦战士多利用劳动间隙，在食堂、工地及田间地头开

展形式多样的活动,如唱山歌、枪杆诗、顺口溜、快板书,以抒发保边生产的豪情壮志,表扬学习身边的好人好事,因而,内容反映的多是守防和生产并行的屯垦戍边生活。如《大漠深处建农场》:"打老蒋,人民得解放;进新疆,开垦万顷荒,赶走野猪与黄羊,大漠深处建农场。"[1]《战斗生产学习歌》:"春季里来暖洋洋,人民战士出营房。三大武器不离身,枪镢钢笔都带上。刀枪我擦得亮,威武又雄壮……戈壁我当战场,镢头我抡得忙,今年多种万顷田,秋后多打万石粮。"[2]讲述的是垦荒初期,部队肩负着保卫边疆、开展大生产运动以及学习文化的三大任务,因此人人都随身带着枪、坎土曼和钢笔三件宝。

战士们风餐露宿,开渠引水,垦荒造田,在我国沿边境线的荒漠戈壁一带牢记使命,边守边站岗,边放牧生产,书写了一曲曲爱国主义的壮丽诗篇。其中,孙龙珍烈士堪称英模。

孙龙珍,生于1940年,于1969年殉职,1962年年仅22岁的她和丈夫跟随"三代"工作队到塔城裕民县的巴尔鲁克山西部地区承担代牧工作。1969年6月10日,九师某团牧工张成山赶着羊群正往家方向走着,突然出现18名非法入侵我国国土的苏联骑兵,将其掳走。当时孙龙珍已怀有身孕,听到这个消息后抄起一把铁锹与40名战士火速赶往事发现场。苏联骑兵看见我方有人过来支援,便肆意开枪扫射,进行挑衅。孙龙珍与其他多名边防战士进行自卫反击,一颗子弹无情地射入了她的左腹。29岁的孙龙珍,为抢救战友、守卫祖国领土,献出了年轻的生命。孙龙珍牺牲后,组织上答应其家人的要求,将她安葬在塔斯提河岸边。

在孙龙珍牺牲的地方,苏方拉起铁丝网,并强行将此处作为国界线。苏方拉上铁丝网不久,就有我边防战士将其拆除;之后苏方再拉,

---

[1] 农八师·石河子市编委会编:《中国歌谣集成新疆卷·新疆生产建设兵团农八师·石河子市分卷》,乌鲁木齐:新疆人民出版社,1993年,第5页,第98页。
[2] 农八师·石河子市编委会编:《中国歌谣集成新疆卷·新疆生产建设兵团农八师·石河子市分卷》,乌鲁木齐:新疆人民出版社,1993年,第7页。

我方再拆。就这样足足对峙了8年之久，屯戍在边境线上的九师军垦战士们劳武结合不放松，誓死守卫国家领土。直到2003年7月29日，在这片孙龙珍献出生命、军垦战士流血汗守护的44万亩的争议区，经过中哈两国的勘界确权，确定为中国所有。

孙龙珍的故事流传广，影响深远。100多名女战士先后在这里戍边守防。一批批女民兵任劳任怨，不畏艰难险阻、不怕牺牲，坚决听从党的召唤，尽最大努力完成使命，结成了一个甘于奉献、充满信念及理想的英雄群体，《孙龙珍赞歌》被一代又一代女民兵传唱下来。"我爱祖国，我爱边疆，富饶的巴尔鲁克山下是我放牧的地方，辽阔的塔斯提岸边是我战斗的地方……我要为革命放好羊，我要为祖国站好岗，双眼蔑视侵略者，时刻准备打豺狼……"① 在巴尔鲁克山中站岗、巡逻、生产，在一望无际的荒地上建起大片绿洲，创造出了很多奇迹。

该团军垦战士、职工群众都能讲述孙龙珍的故事及全国唯一带编制的孙龙珍女民兵故事。在兵团边境线上还有许多具有爱国主义精神的民间文学作品，如《小白杨哨所的故事》《军垦战士的心愿》及《桑德克夫妻哨所的故事》等。兵团人一边战斗、一边生产、一边学习，用自己的生命谱写出了一首首脍炙人口的保卫边疆的赞歌。

这些故事和歌曲所反映的大都是在屯垦戍边艰苦创业岁月中，垦荒部队牢记使命、开荒种田、修渠造林的亦军亦农、积极向上的战斗精神，是兵团民间文学中最具军垦文化特征的作品。

先进文化是民族文化的精华，同样还是民族发展的动力。以爱国主义为核心理念，中华文化根植于我国各族人民的血脉深处，加强各民族团结是中华文化的精神主线。兵团人以热爱祖国为魂魄，以保卫建设边疆为追求，以守卫国土为己任和使命，屯垦戍边。在自生环境差、偏静

---

① 新疆生产建设兵团史志编纂委员会、兵团党委党史研究室编：《新疆生产建设兵团史料选辑》（第15辑），乌鲁木齐：新疆人民出版社，2005年，第429页。

的边境，种地则为站岗、放牧即为巡逻，屯垦驻地"兵"永远守卫界碑及国门。这其实就是兵团人的使命所在，已经深深嵌入兵团人血骨的家国情怀洋溢在感人的军垦故事歌谣中。口耳相传、字里行间都闪烁着爱国主义精神光芒。

二、兵团垦区民俗文化反映兵团人艰苦创业、乐观向上的无私奉献精神

中国人民解放军不仅是一支国防军，还是一支生产军。在新中国成立初期，王震司令员命令这支曾经获得南泥湾垦荒模范称号的部队，一面清剿匪徒、保护边疆，一面参加生产建设。以"不与民争利、不与民争地、不与民争水"为原则垦荒。战士们在水到头、路到头的风头水尾，顶着风雪进行地形勘察，寻找宜开垦土地。军垦战士在沙漠边缘、阿尔泰山麓以及帕米尔高原将冰雪挖开，从中刨出黄土，支起锅炉，搭帐篷，从而开拓一片新天地——他们在冰天开荒，雪地造屋；为土地规划，瞄枪画线，以脚步为尺……战士们的手脚被冻坏，甚至起了很多水泡，依然坚持劳动。通过战士们的艰苦创业，大漠荒原变成了军垦城镇，大片冰野雪地也随着战士们的艰苦耐劳变成了条条阡陌。"塔河岸边有高楼，今日登临一揽收，面目全非今几日，无边漠野尽田畴。"[1]歌颂了军垦战士艰苦创业、从无到有、耕耘收获的天翻地覆的变化。

《拉木料》："拉木料，拉木料，上山下山来回跑。来回行程百十里，哪管脚上打水泡……"[2]主要讲述的是20世纪50年代初，军垦战士在百里之外的南山伐木，拉到石河子建设楼房，他们在零下40摄氏度的冰天

---

[1] 新疆生产建设兵团农一师民间文学集成编委会编：《中国歌谣集成新疆卷·新疆生产建设兵团农一师分卷》，乌鲁木齐：新疆青少年出版社，1993年，第2页。
[2] 新疆生产建设兵团农一师民间文学集成编委会编：《中国歌谣集成新疆卷·新疆生产建设兵团农一师分卷》，乌鲁木齐：新疆青少年出版社，1993年，第21页。

雪地里喊着号子、唱着歌儿坚持劳动。歌谣鼓舞着战士们砥砺前行，最终战士们用一根一根木料建起了军垦第一楼，第一学校，一座又一座厂房、学校、医院……

1950年，为了帮助新疆建立现代工业，战士们厉行节约，由每一年供给两套军装改为一套，两件衬衣改为一件，一年一套棉衣改为两年，鞋子、袜子等都需要自己解决，将帽子的帽檐去掉，衬衣领翻省掉，军装口袋由四个变成两个。并且还从粮食、办公费用、菜金、杂支扣出一部分来修建道路、购买机器、修建厂房等。只用了三年的时间，就建设成了八一钢铁厂、十月拖拉机厂、苇湖梁发电厂、六道湾煤矿、七一棉纺厂等第一批当代化工矿企业，开创了新疆工业的先河，为新疆经济发展打下了良好的基础。正是亲历创业的事实，才有了口耳相传的"全军官兵省一口，建起工厂盖高楼""全军战士省一件，修起工厂一大片"的歌谣。后来，这批工矿企业无偿移交给新疆地方政府。

20世纪50年代，我国逐步从河南、江苏、湖北等地招收数万名青壮年劳力以及20多万志愿加入支边人员进疆加入兵团建设。1961年至1966年，陆续在北京、上海、天津以及武汉、浙江等省（市）招收支边青年共12.7万人。"到农村去，到边疆去，到祖国最需要的地方去"，这些口号鼓励着年青一代积极加入兵团屯垦戍边的伟大队伍中去。进疆的近10万上海支边青年一般都被分到了各师团农业生产第一线进行锻炼。之后，有很多被分到科教文卫岗位为兵团、为新疆发挥聪明才智，播撒先进文明的种子。据相关统计，20世纪七八十年代至90年代，兵团大部分团场子校的老师多是上海支边青年。在兵团第二、三代人的记忆里，他们的中小学知识多是上海老师教的。上海支边知青为兵团的文化建设，特别是教育事业做出了重要的贡献。

"文化大革命"结束后，上山下乡的知青逐渐返城，不过很多支边青年仍留在兵团，屯垦戍边，保家卫国，不忘初心使命，直至退休。他们与当年的屯戍战士都是一样的,在艰苦的时代喝碱水、住地窝子、吃苞谷馍,为了兵团的屯垦戍边事业奉献了青春,一直到退休,双鬓发白告老还乡。这就是所谓的"去时风华正当年,归来两鬓已染霜"①。

自力更生、艰苦奋斗是抗战时期三五九旅南泥湾精神的写照。这支部队挺进新疆后,发扬南泥湾精神,在新中国的新疆屯垦创造出一个个奇迹。如《打荒谣》:"刮风当广播,下雨当水喝,土坷垃当枕头,芦苇当被窝。"②《运肥歌》:"小小爬犁不可少,百斤肥料往上装。拉回万斤肥,换来千斤粮,累我一身汗,换来粮满仓。问:值得不值得?答:值得!"③《春播歌》所描述的"千军万马奔战场,太阳下山有月亮。机声震破荒原梦,抢时抢墒种棉粮"④场景是战天斗地、如火如荼、夜以继日、屯垦戍边沸腾生活的缩影。一首首军垦歌谣所描述的便为第一代军垦战士将一望无际的荒原作为战场,在艰苦的环境下不怕困难,克敌制胜,一代又一代军垦战士、知识青年及支边青年肩负着国家重任,他们乐观豁达,甘于奉献,创造出了内容丰富的军垦文化生活。

三、兵团垦区民俗文化反映兵团人思乡情愫、热爱美好生活的人文主义情怀

兵团民间歌谣是兵团军垦战士的职工群众抒发情感的一种文艺形式,在很多军垦新歌以及时政歌当中贯穿了很多军垦战士、支边青年等思念亲人和家乡的情怀,以很多新时期时政歌谣描述垦区团场生活面貌

---

① 原载杜元铎《生活在大上海的兵团人》,http://www.btzx.cn/Article/jjfz/jjxx/200602/8038.html,2012 年 12 月 11 日。
② 农八师·石河子市编委会编:《中国谚语集成新疆卷·新疆生产建设兵团农八师·石河子市分卷》,乌鲁木齐:新疆人民出版社,1993 年,第 4 页。
③ 薛洁主编:《中国歌谣集成·新疆兵团卷》,五家渠:新疆生产建设兵团出版社,2015 年,第 15 页。
④ 薛洁主编:《中国歌谣集成·新疆兵团卷》,五家渠:新疆生产建设兵团出版社,2015 年,第 17 页。

的改变，表达了兵团人热爱美好生活的人文主义情怀。

很多抒情诗的劳动歌、情歌，比如《写封信儿寄给妈》：

军垦农场安下家，劳动一年戴红花，
提起笔来写封信，心里话儿告诉妈：
在家有人告诉我，塞外万里刮风沙，
进疆途中仔细看，妈耶，一片片绿洲美如画。
天山雪水灌条田，林带如屏挡风沙，
成群牛羊草原上铺，瀚海油田响马达；
维吾尔大爷摘葡萄，哈萨克阿妈端奶茶，
农场首长问寒暖，十三个民族亲如一家。
我们农场顶呱呱，从种到收机械化，
风吹稻麦滚金浪，哈密瓜长得像胖娃娃。
祖国边疆天地广，人人爱她人人夸，
脱下红装换军装，女儿我，立志建设保卫她。
妈问女儿想不想家，啥时回家看看妈，
我是妈妈的亲生女，女儿怎能不想妈！
建设边疆离不了咱，保卫边疆责任大，
要是大家都回家，妈妈耶，边疆怎能开红花！
要是妈妈想女儿，请到边疆看看吧，
军垦农场实在好，妈妈也会爱上她。
要是妈妈来不了，妈就在家等我吧，
建设边疆多立功，女儿我上北京，顺便去看妈妈。[①]

[①] 农六师民间文学三套集成编委会编：《中国歌谣集成新疆卷·新疆生产建设兵团农六师·石河子市分卷》，乌鲁木齐：新疆人民出版社，1993年，第88页。

这是20世纪60年代一首赞扬劳动的歌谣,主要流传在六师五家渠猛进农场。它是支边青年的由衷表达。对新时期农场条田、绿洲、林带以及机械化耕作等成就加以展示,将平凡而又普通的生活和建设祖国美好未来相关联,生趣盎然!

《五家渠小唱》[①]以"生产建设热情冲破天,要将五家渠变成乐园"体现了兵团战士对边疆开发事业的抱负。"大家一起艰苦劳动,社会主义幸福生活需要我们去建设",以兵团建设的新面貌,歌颂了对未来美好生活的向往及热爱。

以军垦特色为主的兵团民俗文化中的兵团民间文学,将广大军垦战士可贵的集体主义精神、实干精神和共产主义理想紧密联系,表现了劳动创造美,憧憬美好生活的人文情怀,具有一定影响和顽强的生命力,目前仍有积极的教育意义和价值影响。

四、兵团垦区民俗文化反映兵团人美美与共的审美追求精神

1990年,费孝通先生在东亚社会研究国际研讨会上,各民族群体之间该怎样共处,归纳了"各美其美、美人之美,美美与共,天下大同"的十六字箴言。费老认为:"在世界上生活的各个群体,在认为自己的传统价值标准是'美'的之外,各群体之间还应当求同存异,相互理解,承认别人的传统价值标准也是'美'的,做到'美人之美'。在这个基础上,全人类建立起一套大家愿意共同实行的价值标准,达到全人类和平共处、'美美与共'的境界,实现'天下大同'。"[②]

兵团民俗文化在形成和发展过程中承继并且吸取了古屯垦文化、军

---

① 农六师民间文学三套集成编委会编:《中国歌谣集成新疆卷·新疆生产建设兵团·农六师分卷》,内部发行,第79页。
② 费孝通:《百年北大与文化自觉》,《社会学研究》2006年第2期。

旅文化、各种地域文化、新疆汉族以及少数民族文化，最后培育出兵团民俗文化自身的魄力。

鉴于兵团特殊的历史和人员组成，每个主要垦区基本是以汉族军垦官兵占多数、各民族共同开发建设的。自兵团组建一直到现在，伴随着经济和文化的不断进步，自然而然地在汉族和少数民族之间产生文化交流。表现在精神民俗文化上，少数民族的民间故事、歌谣谚语在汉族群众中流传，而汉族的神话和传说也为少数民族所熟知。例如，汉族群众对维吾尔族阿凡提系列故事非常熟悉。同样地，汉族诸如很多神话故事、解放军在吉木萨尔剿匪的故事、塔里木之歌等在少数民族中流传。

精神民俗文化中的民间文学尤为突出。"对兵团民间文学文化内涵的挖掘和阐释，是为了透过兵团民间文学的这一窗口，历史地、客观地认识兵团屯垦戍边生活文化，让我们了解先辈们给我们留下的精神文化财富，从中汲取养分，滋润卫国戍边心灵世界，引领当今以爱国主义为核心的民族精神和以奉献创新为核心的时代精神的教育实践，希冀作为兵团非遗重要部分的兵团民间故事更好地得以活态传承，为兵团屯垦戍边教育、军垦精神弘扬提供鲜活范本。"[1]

五、兵团垦区军垦传说故事、歌谣和谚语的民俗文化阐释

"广大军垦战士既是物质文明创造者，又是精神文明创造者。文化源于生活，军垦特色的生活必然产生军垦特色的文化，沸腾的屯垦戍边生活是垦区民间文学产生的不竭源泉和肥沃土壤；垦区民间文学适应保边、生产的需要而产生，并直接为屯垦戍边服务。"[2] 以下从军垦传说故事、歌谣和谚语角度来阐释兵团精神民俗文化的深层底蕴。

---

[1] 尚青云、薛洁：《兵团民间故事文化内涵阐释》，《民间文化论坛》2015 年第 2 期。
[2] 薛洁：《军垦民间文学的民俗文化阐释——以石河子垦区民间文学例》，《民俗研究》2001 年第 4 期。

（一）军垦题材的民间传说故事

军垦题材的民间传说故事，有国家和兵团领导人关心和视察垦区的感人故事；有指战员克服困难、以苦为乐的生活趣闻；还有军垦官兵互相帮助、亲亲一家的浓浓之情。这主要彰显了集爱国主义、英雄主义和集体主义于一体的军垦生活。

《"野人"见首长》[①]主要在石河子下野地垦区流传。20世纪50年代初，王震将军视察下野地，忽然间从一大片苞谷地里出来一群"野人"，高喊"欢迎首长！"王震将军与这些"野人"一一握手。看见战士们将裸露部位都涂满了泥巴，首长问道："同志们，这是做什么？"有位战士回道："报告首长，这是为了防止蚊虫叮咬。"将军上下打量战士们，激动地说道："人民永远都会记住你们的！"这个故事告诉我们：王震将军和军垦战士的亲情所系，主要反映了战士们守卫边疆、鏖战荒原、艰苦奋战的生活。

《要老婆》[②]是指某单位开大会，王震将军讲完话后，问大家还有没有意见，众人说："没有。"有一个战士突然说道；"报告首长，我有一个意见。战士们没有老婆，您是不是可以给我们解决老婆问题。"大家都笑了，将军却没笑。《要老婆》及《"所长"找老婆》[③]主要讲述的就是兵团垦区初期男多女少情况很明显，因此受到了党中央、兵团的高度重视。为了屯垦戍边的千秋大业，党和国家很快就从湖南、山东征集来了一批批女兵，战士们可以回原籍接亲，战士们的"成家立业"问题逐步得到了有效解决。

[①] 农八师·石河子市编委会编：《中国民间故事集成新疆卷·新疆生产建设兵团农八师·石河子市分卷》，乌鲁木齐：新疆人民出版社，1993年，第9页。
[②] 同上，第8页。
[③] 同上，第47页。

《伙食比赛会》[1]是指某团党委为了推动每个连队搞好生活,决定举办一次伙食大赛。炮连连长为此很为难,想要放弃。政委知道后,将其带进通讯连,给了他很大的启发;炮连连长借鉴其做法,在玉米地边挖了几个一米多宽、两米深的深沟,上面放上干草,等到野猪进来的时候,大家一同喊叫,将野猪赶到有沟的地方,使其掉入沟里之后再捕捉。这个办法真的有效。这主要讲述的就是炮连连长因为通讯连智抓野猪的启发,参加了伙食大赛的故事,赞赏了官为兵想、知难而上的部队优良传统。其中"各连连长、指导员亲自下厨,大家主要以班为单位,围坐在一圈吃饭"的描写,真实反映出军垦战士具有部队色彩的集体生活片段。《把这盆水端回去》[2]《师政委吃瓜》[3]《公共洞房》[4]等故事的流传,赞扬官兵一致、互敬互爱的融融之情;表现了首长不搞特殊、廉洁自律的榜样力量;反映了军垦战士、支边青年新婚夫妇为他人着想、互敬互爱,自觉轮番居住"公共洞房"[5](地窝子)艰苦而愉快的生活。

(二)军垦歌谣

劳动歌主要以"军垦新歌"为主,反映垦荒部队开荒造田、修渠盖房、种地结粮、造林防沙等征服自然的劳动情景,并且彰显了虽苦犹荣、积极向上、乐观的军垦民俗文化生活。比如《打荒谣》:"刮风当广播,

---

[1] 农八师·石河子市编委会编:《中国民间故事集成新疆卷·新疆生产建设兵团农八师·石河子市分卷》,乌鲁木齐:新疆人民出版社,1993年,第36页。
[2] 农八场一二三团场志编纂委员会编:《新疆生产建设兵团农八师122团场志》,乌鲁木齐:新疆人民出版社,1998年,第303页。
[3] 同上,第303页。
[4] 同上,第304页。
[5] "公共洞房"指的是大家共同当作洞房的地窝子。垦荒初期,居住条件有限,兵团战士分别住在男女集体宿舍,结婚时新人住在"公共洞房",日后又分别住到集体宿舍,把公共洞房让给下一对结婚的新人。

下雨当水喝，土坷垃当枕头，芦苇当被窝。"① 它是垦荒时期战士们并肩作战、艰苦奋战的真实写照，抒发了战士们艰苦恪守、奋战一心的壮志豪情。《垦荒歌》②所表现的就是开荒种地搞生产、万古荒原组建家园的壮志雄心，以"杀敌不怕流血，生产不怕流汗"结尾，彰显了战士们将荒原当作战场、克敌制胜、亦军亦农的生活。《春播歌》："千军万马奔战场，太阳下山有月亮。机声震破荒原梦，抢时抢墒种棉粮。"③ 这是战天斗地、如火如荼、夜以继日、屯戍生活的缩影。《战斗生产学习歌》"春季里来暖洋洋，人民战士出营房。三大武器不离身，枪、镢、钢笔都带上……"④ 部队三个主要任务是保卫边疆、开发大生产运动以及学文化。每个人随身携带这三件宝，已经是战士们的生活习性，这是浓厚的亦军亦农学文化的屯垦戍边职责的展现。《生产四季歌》⑤ 整合了由春种到秋收以及冬储的基本劳动生活内容，最后以"自种自食自己用，军队百姓喜洋洋"结尾，不但讲述了军垦战士对劳动生活的感知及积累，也赞扬了兵地团结及丰衣足食的喜悦之情。

时政歌《新疆好》："犁地不用牛，点灯不用油，你在路上走，苹果碰你头……"⑥ 这首歌主要讲述了国有农场大农业机械化生产带来的无法掩饰的喜悦。机械化耕作在兵团的逐步实现，为地方作出了示范，兵团帮助地方，兵地民族团结成为美谈。所以，还有创作《各民族团结一家人》："青莹莹的瓦房红红的砖，钢门配下的是钢窗。各民族团结（者）

---

① 农八师·石河子市编委会编：《中国民间故事集成新疆卷·新疆生产建设兵团农八师·石河子市分卷》，乌鲁木齐：新疆人民出版社，1993年，第4页。

② 同上，第5页。

③ 同上，第20页。

④ 同上，第6页。

⑤ 农八师石河子市地方志编纂委员会编：《农八师垦区石河子市志》，乌鲁木齐：新疆人民出版社，1994年，第730页。

⑥ 同上，第99页。

像一家人，笑脸里迎来了尕春风。"①一首《兵团几大怪》概括兵团创业的生活面貌："兵团流行几大怪，黄军装穿在外，苞谷糊糊加咸菜，大姑娘嫁人不对外，左邻右舍不分开，河南口音人人带。"②使大家真正了解此歌谣的民俗内涵，就必须了解当时的历史文化背景。20世纪五六十年代，军垦战士全部身穿黄军装、军便装；粗粮不足瓜菜代，从而确保细粮交国家；男多女少的情况比较明显，大姑娘谈婚论嫁，组织则为"红娘"，主要给军垦官兵介绍；住房又如同一个个营房，进门是小家，出门是大家，互相帮助；其语言方面达成一致，所指的就是推广普通话，市区军垦后代不管籍贯属于哪里，都能说一口流利的普通话；还因为团场支边者中河南人口较多并且其性格爽朗、直言善讲，方言极易学会，因此，团场的军垦后代的普通话中都带有河南口音。几句话，就概括了当年的饮食、居住、婚姻、衣着等军垦民俗生活，并且包含着军垦人为人民着想、军民一家亲的传统意蕴。

石河子的人来自全国各地，石河子的城建在戈壁滩上。在这里诞生了生活歌。首先，垦荒初期在"天上无飞鸟，地上不长草，风吹石头跑，六月穿皮袄"③的恶劣条件下，军垦战士具有极强的生存意识及开拓精神，靠自己的双手创造，所有东西就地取材，从最开始的一无所有到现在的丰衣足食。穴居式的地窝子就是这样创造出来，地窝子歌谣随之诞生并广为流传："地窝子，真奇妙，冬天暖来夏天凉，见了老婆喊大娘。"④其生动形象地对地窝子的优缺点进行了描述。《黄棉袄》这首歌谣反映出了在恶劣的环境下，战士着装、一袄多穿的特别功能。"黄棉袄，

---

① 农八师·石河子市编委会编：《中国民间故事集成新疆卷·新疆生产建设兵团农八师·石河子市分卷》，乌鲁木齐：新疆人民出版社，1993年，第103页。
② 同上，第105页。
③ 同上，第373页。
④ 同上，第374页。最后一句所指光照不足，刚进去时看不清。

我的宝，五冬六夏离不了，双手一揽挡风寒，就地一铺隔湿潮……"[1] 另外，长期以来，各地人相互接触、来往，民间广为流传着诸多具有原籍与本地特色的生活歌谣。《不怕辣》："江西人不怕辣，四川人辣不怕，湖南人怕不辣"[2]；《上海鸭子到新疆》："上海鸭子[3]呱呱叫，乘坐火车不要票，硬说麦苗是韭菜，苞谷面馍当蛋糕"；《"大葱"到新疆》："一棵'大葱'[4]，来自山东，发了一双大毡筒，穿着走不动，扔了也不中。""六根棍，小土房，坎土曼，马牛羊；莫合烟，茶布糖，烤包子，甜瓜馕"[5] 这首歌谣，使我们对当年农牧团场的发展历程与生活方面的衣食住行浮想联翩，从中能够领略到各民族间相互交融的情景。这些歌谣在一定程度上反映出了各地人对于垦区生活的印象，尽管不够全面，可具有代表性。从接人待物、饮食习惯到初进新疆闹出的笑话等诸多方面，在歌谣中把各地人的性格特征与生活方式体现出来。只有长时间生活在移民群体中，才可以创造出如此形象的歌谣。

以上从劳动歌、时政歌、生活歌中撷取军垦特色的兵团歌谣，阐释民俗文化内涵，讴歌军垦战士可歌可泣的创业岁月、亦军亦农的生活情景以及乐观豁达的军人品格。

（三）军垦谚语

屯戍生活是创造新谚语的土壤与基石，使军垦谚语带有一定的时代色彩。

军垦谚语展现出了保边卫国为战士的重要使命，同时体现出了劳武

---

[1] 农八师·石河子市编委会编：《中国民间故事集成新疆卷·新疆生产建设兵团农八师·石河子市分卷》，乌鲁木齐：新疆人民出版社，1993年，第115页。
[2] 同上，第380页。
[3] 上海"鸭子"：指上海人讲话快，方言不易懂，戏称。
[4] "大葱"：因山东人爱吃饼卷葱而代称。
[5] 农八师石河子市地方志编纂委员会编：《农八师垦区石河子市志》，乌鲁木齐：新疆人民出版社，1944年，第847页。六根棍：因用六根木棍制作的马车而得名。

结合的战斗队、生产队及工作队的特殊兵种风范,还在民族团结谚语中领悟到兵地与民族团结的重要作用,传承军垦精神。

"兴国之本,强兵足食。""人凭志气虎凭威,军垦凭的是枪和镐。""宁愿流尽浑身血,不让祖国寸土丢。""枪不离身,马不离鞍。"①以上这些谚语展现出了屯垦戍边的关键作用,其与国家安危、民族兴衰有着十分密切的关系。军垦战士坚守岗位,肩负着重要的使命,并为履行这个使命而坚定不移地戍守边疆。

"劳武结合,屯垦戍边。""军垦战士不畏艰,一天开荒两亩三。""不穿军装不拿饷,劳武结合保边疆。""手持羊鞭身背枪,牧羊战士走四方。""困难九十九,难不住战士一双手。""军垦战士一双手,戈壁变绿洲"②……以上这些谚语表达出了战士的理想与责任感,鼓舞了劳动热情,再现了劳动生活,讴歌了战士忘我劳动和奉献精神。

石河子属于一个多民族区域,其中汉族人口占绝大多数,各民族交往,出现诸多反映民族团结的谚语,从中领略了军垦人的精神风范。例如"天山青松根连根,各族兄弟心连心。""十三个民族十三朵花,各族人民是一家。""安定团结要搞好,兵地团结最重要。""汉族离不开少数民族,少数民族离不开汉族。""宁旱农场千亩地,不旱社员一分田。"③以上谚语对民族团结的重要作用进行了概况总结,从字里行间能够体会到军垦人的奉献精神及榜样力量。

长时间生活在垦区的各族人民创造出了诸多谚语,且带有一定的石河子民俗文化特征。比如"是军队,工农兵学商;是工人,农林牧副渔。""兵团的天大,连队容纳五湖四海;团场的地广,条田里有黄河长

---

① 农八师·石河子市编委会编:《中国谚语集成新疆卷·新疆生产建设兵团农八师·石河子市分卷》,乌鲁木齐:新疆人民出版社,1993年,第3—7页。
② 同上。
③ 农八师·石河子市编委会编:《中国谚语集成新疆卷·新疆生产建设兵团农八师·石河子市分卷》,乌鲁木齐:新疆人民出版社,1993年,第6—10页。十三个民族:指新疆的世居民族,现有55个民族(2010年);兵地:指兵团和地方。

江。"①"我为边疆献青春,献了青春献终身,献了终身献子孙"②这首诗句有着史诗般意义,是老军垦对自己与后代从事这项事业的高度总结,体现出了军垦人为家国无私奉献的精神境界。

以上仅是通过部分具有军垦文化特色的代表性作品进行民俗文化阐释,实际上垦区民间文学有着十分宽广的社会生活面。其内容是与兵团垦区人息息相关的事物,和军垦人的生活、思想及道德等诸多方面都有着密切的联系;其形式是军垦人喜闻乐见的,同部队生活相关,带有多民族、多地域乡土气息的多元一体化格局,语言既朴实又形象生动。因而,兵团垦区民间文学从内容到形式构成了军垦性、集体性、口头性、传承性及多元一体性。

兵团垦区民间文学同垦区民俗文化之间的关系极为密切。民俗文化是民间文学的土壤,民间文学反映着民俗文化;民俗文化又包含着民间文学,在民俗文化领域里,民间文学占据极为重要的位置。

六、军垦歌曲的民俗文化内涵意蕴[③]

20世纪50年代初,兵团以各师、文工团(队)为组织,实施全方面和群众性的业余、小型以及多样化的兵写兵、兵唱兵、兵演兵、兵舞兵、兵画兵的活动(简称"五兵"活动)。兵团民间艺术以50年代初在新疆部队广泛开展的"五兵"活动为发端。"五兵"活动中喜闻乐见、广为传唱、影响面大的集大成者当数军垦歌曲。

---

① 农八师·石河子市编委会编:《中国谚语集成新疆卷·新疆生产建设兵团农八师·石河子市分卷》,乌鲁木齐:新疆人民出版社,1993年,第10页。黄河长江:指来自全国各地的农垦产业工人。

② 农八师·石河子市编委会编:《中国谚语集成新疆卷·新疆生产建设兵团农八师·石河子市分卷》,乌鲁木齐:新疆人民出版社,1993年,第6页。

③ 薛洁、孙玉凤:《兵团初期"五兵"活动探析——以军垦歌曲为例》,《中国农垦》2011年第3期。

军垦歌曲主要聚集的是兵写兵、兵唱兵、兵演兵、兵舞兵、兵画兵的所有，军垦官兵基于屯垦戍边生活，自己编写词曲，通过兵唱兵、兵演兵、兵舞兵、兵画兵的形式呈现出来，蕴含着丰富的屯垦戍边民俗文化内涵。

（一）军垦歌曲表现保边卫国是军垦战士的神圣天职

张仲瀚作词、任友志作曲《老兵歌》"……放下我背包，擦好我炮枪，愚公能移山，我开万古荒……"[①]主要讲述了南泥湾战士高歌进新疆，军民兵地共建，创建新家乡的情怀；吕绍堂作词、任友志作曲《是他、是他、就是他》[②]在歌声当中演绎着一个感人故事：在雪灾、洪水、野兽来袭时，军垦战士舍身救人，宁死保护民众的安全及财产安全，用青春及汗水写下一首兵地团结、民族团结的颂歌；韩永平作词、任友志作曲《军歌与山歌》："军歌是壮行的酒，山歌是妈妈的手；军歌是催征的鼓，山歌是家乡的月……军歌唱的是军威，山歌唱的是家乡。"[③]彰显了父老乡亲对儿女远行报效祖国的期望以及依依不舍之情。进而，战士们表示为了祖国、家乡父老和边疆儿女，要把军歌和山歌一直唱到地老天荒。

反映兵团军垦生产生活的大型纪录片《军垦战歌》，其中插曲《中华儿女志在四方》："迎着晨风，迎着阳光，跨山过水到边疆！伟大祖国，天高地广；中华儿女志在四方。哪里有荒原，就让那里盛产棉粮；哪里有高山，就让那里献出宝藏。满怀热望，满怀理想，昂首阔步到边疆！伟大祖国，天高地广；中华儿女志在四方。哪里最艰苦，就在那里

[①] 田水康主编：《任友志歌曲集〈不断的歌声〉》，乌鲁木齐：新疆电子音像出版社，2004年，第19页。

[②] 同上，第33页。

[③] 同上，第77页。

奋发图强；哪里有困难，就在那里百炼成钢。"①歌曲所呈现的就是军垦战士热血沸腾的壮志豪情：跟党走，祖国哪里需要我们，我们就到哪儿去，在边疆，用热情及信念，用汗水及智慧为屯垦戍边事业贡献一份力量。这部具有边疆特色以及浓厚军垦特色《军垦战歌》的上映，以及插曲《中华儿女志在四方》，影响了很多内地青年，他们一路唱着这首歌到边疆来。该影片也成为动员知识青年支援边疆建设的一个生动教材。

军垦歌曲表现了保边卫国是军垦战士的神圣天职这一主题，歌唱了一支支劳武结合的战斗队、工作队、生产队这一特殊兵种的风范，体现了军垦人对祖国、对人民的赤子之情。

（二）军垦歌曲反映垦荒部队的劳动情景

军垦父辈所歌唱的《戈壁滩上建花园》："劳动的歌声漫山遍野，劳动的热情高又高……安下心来建设边疆，扎下根来搞生产，打下粮食堆成山，兵强马壮保国防。劳动的双手能够翻天地，戈壁滩上盖花园。"②这首歌由马寒冰作词、刘炽作曲，赞扬了热情似火、艰苦奋斗的精神和屯垦戍边的决心，唱出了军垦战士克服困难、满怀理想的英雄气概和劳动创建幸福生活的哲理。《打场歌》："石磙咕噜噜地转，马儿跑得欢。长长的麦穗干又干，今年又是丰收年。左手拉着马儿，右手扬起鞭，喜在心上笑在脸，庆贺这个丰收年。"③这首歌主要表达了军垦战士们辛勤劳作，收获劳动果实的喜悦心情。《拖拉机》："拖拉机是我的好伙伴，日夜陪伴我，开垦了万亩地，快犁快犁快犁，我俩一同把功立……"④这首歌是田永康在兵团利用机械化耕作发展大农业时所写，深受军垦战士的喜

---

① 兵团政治部宣传部编：《〈送你一束沙枣花〉歌曲集》，北京：人民音乐出版社，1984年，第7—8页。
② 同上，第28—29页。
③ 田永康主编：《任友志歌曲集〈不断的歌声〉》，乌鲁木齐：新疆电子音像出版社，2004年，第26页。
④ 田永康：《田永康歌曲集》，香港：名人出版社，2005年，第1页。

爱，也迅速被传开。战士放牧时唱的一首《牧人之歌》[①]，写出了手拿羊鞭身背枪，牧羊战士走四方的劳动职能以及天山牧场景色。《伐木盖营房》[②]讲述在风雪交加的冬日，战士们有节奏地抡斧拉锯，汗流浃背，用越来越响亮的歌声伴随着伐木劳动，为的是盖起营房扎下根，开发建设新新疆。一首《献花》是范野农作词、任友志作曲，为1954年农八师劳模会而作，劳模会上唱着这首歌，"大红花儿红又红，献给咱们的劳动英雄，今天戴上这光荣花，争取明年再立功"[③]，歌中既表达了对劳模的崇敬，又表示了劳模和战士的决心。

军垦歌曲反映垦荒部队开荒造田、修渠盖房、种粮植棉、造林防沙等征服自然、白手起家、艰苦创业、且守边关且屯田的劳动情景。

（三）军垦歌曲抒发了军垦人丰富的内心世界和对美好生活的向往

歌曲《农场就是我的家》展现的是边疆农场劳动的战士们在享受麦浪翻滚、棉花朵朵银白、蔬菜水果香飘万家时的开心喜悦，夸夸自己热爱的农场，感受幸福美好的生活；歌曲《队里来了个姑娘》对姑娘的美丽、能干和多才多艺加以赞扬；《姑娘们，快穿起花衣裳》[④]展现节日里的姑娘一改往日着军装、列宁装的习惯，穿上了自己喜欢的花衣服过节，表现出姑娘们对美的追求和她们的绚丽青春，抒发了人们心灵深处的美好情感。

1959年，八一电影制片厂播映的反映兵团人屯垦生活的第一部彩色

[①] 参见田永康主编《任友志歌曲集〈不断的歌声〉》，乌鲁木齐：新疆电子音像出版社，2004年版，第30页。

[②] 参见兵团政治部宣传部编《〈送你一束沙枣花〉歌曲集》，北京：人民音乐出版社，1984年，第97页。

[③] 田永康主编：《任友志歌曲集〈不断的歌声〉》，乌鲁木齐：新疆电子音像出版社，2004年，第26页。

[④] 参见田永康《田永康歌曲集》，香港：名人出版社，2005年，第3—4页。

纪录片《绿色的原野》及主题歌《草原之夜》被广为述说和传唱；大型纪录片《军垦战歌》及主题歌《边疆处处赛江南》的播映，又在众多人心中产生了共鸣。从新疆兵团走向全国、唱响全国，又从全国唱回新疆兵团，吸引了各地有志青年来兵团屯垦戍边。全国人民对该歌曲的喜爱程度，即使到现在，依旧可以从中感受到新疆兵团人的力量。

《绿色的原野》主题歌《草原之夜》[①]，是词曲作者张加毅和田歌创作的。1955年他俩和摄制组一起，来到了兵团四师可克达拉草原，在这里感受到驻守边疆的军垦战士战天斗地的劳动热情。在晚霞的映照下，草原上升起袅袅炊烟，围坐在篝火旁，战士们在轻柔美好的民族乐器的伴奏下用歌声表达自己对劳动的热爱和对爱情的渴望。这场景深深地吸引感染着两个人，他们灵感迸发，很快就创作出这首一直传唱至今的中国小夜曲，表达了垦荒战士们对远方恋人的想念以及对未来生活的美好憧憬。

《军垦战歌》的主题歌《边疆处处赛江南》[②]展现的是战士们在劳动中付出了最大的热情，换来的是丰收的喜悦，这个曾经荒芜了多少年的地方，如今被这些可爱的战士们打造成了硕果累累的宝地，一幅幅美好的场景展现在我们面前。歌曲颂扬的是党的国家的英明领导，赞美的是兵团军垦战士的忘我劳动，传扬的是各民族之间的团结。歌曲让我们感受到了军垦战士无私奉献的精神，这是史诗般的美好生活憧憬，这是兵团人的精神风貌的展现。

军垦歌曲抒发了军垦人丰富的内心世界和对美好生活的向往，是军垦人在沸腾的屯垦戍边生活中创造了生活的美，享用着生活的美。

[①] 参见兵团政治部宣传部编《〈送你一束沙枣花〉歌曲集》，北京：人民音乐出版社，1984年，第115页。

[②] 同上，第15页。

第二节　兵团垦区民俗文化的显著特征

兵团垦区口口相传的军垦故事、歌谣等，有着鲜活的生命力。它展现在大家面前的是兵团艰苦创业历史、兵团屯戍生活写照，是兵团儿女的集体力量和文化认同。军垦战士在屯垦戍边生活实践中集体创造出来的兵团民俗文化，不仅体现出军旅文化极强的集体性、组织性和纪律性，而且还具有鲜明的多元性和交融性特征。下面主要以垦区精神民俗文化中的民间文学艺术作品为例，分析、揭示其主要特征。

一、军旅性是兵团人屯垦戍边劳动生活的突出特征

"1954年10月，中央政府命令驻新疆人民解放军第二、第六军大部，第五军大部，第二十二兵团全部，集体就地转业，脱离国防部队序列，组建'中国人民解放军新疆军区生产建设兵团'，接受新疆军区和中共中央新疆分局双重领导，其使命是劳武结合、屯垦戍边。"[①]白皮书上提到的中国人民解放军第一野战军第一兵团第二军和第六军的大部，这两支久经考验的部队，有着光荣而悠久的革命传统。由井冈山红军发展壮大而来的两支部队，革命精神源远流长，其中三五九旅、新四旅和教导旅更是践行宣传队、播种机光荣使命的优秀代表。

[①] 中华人民共和国国务院新闻办公室：《新疆生产建设兵团的历史与发展》，北京：人民出版社，2014年，第3页；http://www.scio.gov.cn/zfbps/ndhf/2014/document/1382598/1382598_2.htm。

（一）从体制上看，兵团是党政军企合一的特殊社会组织

军旅性首先强调的是"军"，体现以下几点：其一，以军队的基本组织结构形式存在，如兵团司令部师、团、营、连；其二，兵团大部分人员是部队官兵就地转业而建，在相当长的过程中，依此保持着军事化生活，保持着强大的战斗能力和严明的纪律性。

基层连队根据军区政治部规定，开展"五兵"活动，整个部队的战士高唱的是革命歌曲，传诵的是革命故事，很多基层领导在这方面起到了带头作用。"五兵"活动的开展，丰富了官兵文艺生活，锻炼了一批批人才，在自娱自乐的同时，也成为部队思想政治教育工作的重要平台。

（二）从作品来看，民间文学体现军垦人对党和军队光荣传统的继承与发扬

兵团民间歌谣最有代表性的军垦歌谣，继承了当年延安时期的军旅歌谣传统。六师歌谣集成开篇的战斗歌谣是部队进疆时带来的部队军歌、枪杆诗等，这些歌曲表现的是高亢的斗志，比如《淮海战役歌谣——人桥》[1]：

> 数九寒冬腊月天，运河流水刺骨寒，
> 事情出在宿迁县，堰头小镇西北边。
> 淮河大军炮火紧，蒋匪兵败慌逃窜。
> 河西匪军逃河东，过河就把桥炸断；
> 梦想阻止解放军，争取时间逃出圈。
> 陈毅将军下命令，坚决把它消灭完！
> 解放大军跳下水，块块木板扛在肩。

---

[1] 农六师民间文学三套集成编委会编：《中国歌谣集成新疆卷·新疆生产建设兵团·农六师分卷》，内部发行，第57页。

霎时搭成桥一座，人马走在桥上边；

过河就打歼灭战，消灭敌人三万三。

人桥奇迹前未有，英雄永把美名传。

另一首广为流传的《进军大西北》"五月里来大进军，扶风打了个漂亮仗……八月里来月光明，解放军打下了兰州城……十月里来秋风凉，庆祝新疆和平解放……"①这首歌谣记载解放战争时期解放军一路从陕西、宁夏、青海打到甘肃兰州，一直到新疆的战斗历程。

1944年，《英雄个个抢争先》反映新四旅在大生产运动时的积极向上；1948年，《学习歌》展现出来的是新四旅在延安新式整军运动学习中的面貌；《比赛歌》则显示出部队为了加快战斗进程，迅速歼灭敌军，各团营连间进行挑战比赛；1949年的《护枪歌》，则是在解放军缴获了国民党很多武器战利品时希望部队指战员珍惜枪支弹药而创作的；同年5月《挺进歌》，西安解放前夕，十七军指战员创造出来供官兵在行进和练兵中传唱；《军史歌》是1949年部队进行军事教育演唱的，起到了很大的军事教育作用；《共产党连穷人》彰显出我们党和群众心心相连……

六师的战斗歌谣和一师三五九旅歌谣都是兵团民间文学中军旅性最突出的部分。这些歌谣是战士们在解放大西北的峥嵘岁月中即兴创作出来的快板、朗诵诗、顺口溜等，语言清新明快、朗朗上口，如快板谣："六〇炮来美国造，瞄得准来打得好，打得敌人往回跑，武器弹药都丢掉，掩护步兵向前冲，抓住俘虏立大功。"②又如："近来学习甚紧张，冰天雪地练兵忙，天色不亮号音响，大家起床到操场，三人一组练投弹，

---

① 农八师·石河子市编委会编：《中国歌谣集成·新疆卷·新疆生产建设兵团农八师·石河子市分卷》，乌鲁木齐：新疆人民出版社，1993年，第75页。

② 新疆生产建设兵团农一师民间文学集成委员会编：《中国歌谣集成新疆卷·新疆生产建设兵团农一师分卷》，乌鲁木齐：新疆青少年出版社，1993年，第24页。

学好本领打老蒋。"①有人有物,有情有景,唱出战士们的革命热情,展现出战士们高亢的斗志。

二、集体性是军垦人屯垦戍边生活的本质特征

(一)从创作到流传,主体是广大军垦战士

军垦民间文学是在兵团文化体制内,广大军垦战士口耳相传,相互习得又代际传承的集体创作。兵团民间文学的创作者、传播者、享用者既有军垦战士又有职工群众学生,并且传唱、散播,又加入了自己的理解,成为兵团民间文学的创作演绎者。传播过程也是创作的过程,在广为传诵的同时,不断丰富完善。

(二)从创作方式来看,有集体、个人的补充和完善

那些民间题材的作品大都是用这种方式创作出来的,另外一种是在人民当中生活的传播民间文化、以创作为职业或者大部分时间以创作为职业的艺人,比如一些擅长讲故事的人,他们将民间那些零星的素材以及口口相传的作品集中起来,进行整合、总结,从而产生一个个完美的有衔接性的故事,传播给群众,使其更为广泛流传开来。他们以最大的热情认真核对采集到的内容,并加以修改、润色,使其得到升华。当然,这些作品是以兵团人集体作品为蓝本的,可以彰显兵团大多数人的理念和艺术情趣。比如杜元铎就是很擅长这方面创作的作家,他长期在北屯、阿勒泰、塔城等地采访、收集古屯垦、现当代传说故事,加以整理、编辑。

---

① 新疆生产建设兵团农一师民间文学集成编委会编:《中国歌谣集成新疆卷·新疆生产建设兵团农一师分卷》,乌鲁木齐:新疆青少年出版社,1993年,第30页。

（三）从传播场所来看，集体性在军旅性特征中体现

兵团文化有着部队文化的特色，呈现出一种组织层面管理规范的兵（军）、师、团、连机制。基层文化活动场所主要在田间、地头、工地、食堂。"五兵"活动、"四句话"活动使兵团民间文学呈现一派欣欣向荣的景象。绝大多数连队在集中起来上工、休息、开会时，学习和传唱自己创作的军垦歌曲，并且组织拉歌、赛歌等文娱活动。利用吃饭的时间、田间休整的时间，战士们展示自己的特长，如说快板、唱民歌，大部分都是以颂扬先进人物和事迹为主……

"某部八班班长在平整土地时，表扬战士李双黄，就唱起了顺口溜：'李双黄，年纪轻，扛着背篓一溜风，头一低腰一躬，百十斤的土倒在坑；光脊梁，不怕疼，真是一个小英雄……'"[①] 通过这种文化传播轻骑兵形式的"五兵"活动开展，战士们参与面之广、影响之大，都是前所未有的。

三、多元性与交融性是兵团人屯垦戍边生活的和而不同特征

兵团民俗文化创造主体的多样性，使兵团民间文学采纳吸收了众家之长，展现出多元性和交融性特征。

兵团以驻疆中国人民解放军为组建主体。部队带来的多数与战斗相关的歌谣故事在军旅文化中极具代表性。20世纪五六十年代全国各地的支边青年到兵团，为兵团民间文学增添了很多内地省份的文化元素；他们携带着祖国各地的风土人情和内容丰富的故事、民谚等融入其中，使兵团民间文学内容更为多姿多彩。

一群来自祖国大江南北的人聚集在兵团，在共同的屯垦戍边生活中

---

① 新疆生产建设兵团史志编纂委员会、新疆生产建设兵团文化志编纂委员会编：《新疆生产建设兵团文化志》，五家渠：新疆生产建设兵团出版社，2009年，第132页。

互相适应对方的方言、日常习惯、性格特点等，在交往中，人人赞美自己的家乡，介绍家乡的风俗习惯、人情世故等。因此产生了对不一样的地域特色和风俗习惯加以讲述的民谣：《陕西五怪》讲的是陕西人饮食、民居和嫁女的一些风俗；《上海鸭子到新疆》是兵团人描述上海支边青年初到新疆时麦苗韭菜难区分的笑话；《河南特色》《东北三大怪》《不怕辣》等歌谣分别表现河南、东北、湖南、四川等地方风物习俗。兵团民间文学的多元性与交融性得以体现。

（一）民间传说故事的多元与交融

汉族民间传说故事如《梁祝》《牛郎织女》《孟姜女》《三国》《水浒》等多是在各地民间演说家的讲述、加工下流传至今的，一些已经成为团场家喻户晓的传说故事，能够给人启发、增强审美观念、增加艺术感染力。汉族人物传说在少数民族中传播，如毛泽东、周恩来等老一辈革命家的传说，被少数民族传诵，这些民间文学展现出兵团和地方、汉族和少数民族一起建设美好家园，一起构建和谐民族关系的励人场景。

（二）民歌的多元与交融

汉族和少数民族民歌蕴含着本民族特色，还互相渗透，不仅营造了具备本民族特点，而且交融了不同民族民歌特色的形式。比如回族"花儿"民族特点明显，又有汉族地方方言特色，属于民族文化交融的艺术佳作。各民族在经济活动、民间文艺方面紧密联系，不断地互相交融、互相促进，共同发展，增加了民族之间的感情，丰富了民族间的文化生活。

以汉族为主体的军垦官兵、支边青年等星罗棋布，插花点缀在天山南北，兵团和地方、汉族和少数民族交错居住，为了屯垦戍边的共同使命，为了新疆经济社会的发展，兵地必须携手共建。兵地共建，必然互相接触、交往和联系。各地方、各民族不同文化源头的相互碰撞和影响，特别是在民俗文化的交融中，逐渐形成了兼容并蓄、你中有我、我中有你的多元交融文化，进而升华为兵地民汉民俗文化的多元统一体。①

四、传承性与时代性是兵团人屯垦戍边生活的继承和创新

（一）传承性

民间文学的传承性指的是民间文学作品中具有相对稳定的因素，没有因为周围变化而改变，世世代代被人们承袭发扬的特性。主要体现在语言、创作及体裁等方面。

军垦文化是兵团承传中国传统屯垦思想理论及实践逐步形成的具有活力的文化形态，具有发扬古屯垦文化的传承性。兵团精神的创造者和南泥湾红色文化的创造者间存在血脉、作风以及组织上的传承关系。兵团人是"三五九旅"的传人，他们"生在井冈山，长在南泥湾，辗转数万里，屯垦在天山"，将红色文化精神植根在天山南北，使其与雪松、白杨、红柳、胡杨同生长，发芽开花，结成兵团精神品格，屯垦戍边，生生不息，是红色精神在西部的传播及发扬。

（二）时代性

民间文学的时代性，指的是民间文学在时间以及空间上流传，由于条件、环境不同，在内容和形式上有差异，与时俱进。

从语言形式上看，最初内地流传到兵团垦区的民间故事，讲述人员多为来新疆不久，其主要特点为讲述时使用家乡的方言。讲述者籍贯不同，不过他们住在一个连队、工厂，故事方言特色淡化。通过长期各籍贯的群传播，方言以北方普通话为主。

---

① 参见薛洁《新疆兵地民俗文化的交融和影响》，《民间文化论坛》2010年第5期。

从内容上看,兵团民间文学在屯垦戍边历史发展中,主要表现出一定的时代特性。以谚语来说,在起初创业时,"劳武结合,屯垦戍边"等讲述了军垦战士亦军亦农、忘我劳动的精神;"全军官兵省一口,盖起工厂建高楼。""全军战士省一件,修起工厂一大片"等谚语概括了兵团建立初期创业的艰辛;自改革开放以来,"脱贫致富,科技之路"等归纳与传授生产知识和技术的谚语则获得普遍认可。

由于兵团民间文学根植于屯垦戍边生活,贴近职工群众生活。伴随着时间的推移,反映当代兵团人屯垦戍边生活内容的新歌谣和新故事不断涌现,例如《张正美:守边境的女人》《眼睛山下升国旗》等。

兵团垦区民俗文化各特征间并非独立的,特别是军旅性和集体性,对兵团民间文学的创作具有主导作用。多元性与交融性、传承性与时代性都是屯垦戍边生活的沃土滋养,在集体创作、流传享用的过程中体现出来。这四个特征相互整合,成为兵团垦区民俗民间文学的主要标识。

第三节　兵团垦区民俗文化的价值分析

一、兵团垦区民间文学在屯垦戍边生活中的地位与作用

在兵团垦区一直以来有这样一些歌曲广泛流传："摧不垮的军垦魂，攻不破的边防城。割不断的国土情，难不倒的兵团人。""面对蜿蜒的界河，背靠伟大的祖国。我们种地就是站岗，我们放牧就是巡逻。"兵团人以坚持不懈的积极态度、自强不息的屯戍精神，书写了一部铸剑为犁的动人史诗。

新中国兵团屯垦戍边 70 余年创业史为兵团民间文学打下深厚的基础，数以万计的军垦故事、垦荒歌、创业谣在兵团各垦区、农场流传开来。大多军垦故事、军垦歌谣以及军垦谚语的流传与影响在某种程度上不能和其他历史悠久、流传地域广、内容丰厚、艺术上较成熟的民间文学作品相比。但是，基于兵团民间文学为兵团历史的书写及兵团精神的传扬，它有着其他民间文学作品无可比拟的价值影响。

（一）兵团垦区民间文学的地位

柯尔克孜族《玛纳斯》、蒙古族《江格尔》等少数民族民间文学由于它历史久远和具有国际声誉影响，成为新疆民间文学的重要代表作。兵团民间文学是屯戍在新疆大地上成长起来的后起之秀，由于它自身的

价值所在，丰富了新疆民间文学的资源宝库，成为新疆民间文学的组成部分之一。

1. 兵团垦区民间文学是新疆民间文学的重要组成部分

以屯垦戍边为主要内容的兵团民间文学，是我国有着悠久历史传统的民间文学的新成员之一。它可追寻到汉代，我们能够在新疆地方历史传说中找到不同历史时期的屯垦民间文学，这些文本成为新疆各民族共同保边卫国的明证，因此广为流传。例如十师文联原主席杜元铎搜集整理的屯垦英烈传说《误失的国土》《杀尽黄毛贼》《巴奇赤匪帮的末日》《伟大的公民》《永不移动的界碑》《国土在我心中》六部作品。兵团民间文学不但继承了古屯垦传统，也在前人肩膀上与时俱进。以众多部队亦军亦农守卫边疆的创业故事、兵团老领导虚怀若谷和战士同甘共苦的传说以及劳武结合的歌谣、谚语等，为当代屯垦戍边事业的民间文学开拓出一片领域，所以赋有军垦特色的兵团民间文学，自然成为新疆民间文学的不可或缺的重要组成部分。

2. 军垦民间文学丰富了新疆民间文学的内容

新疆地域辽阔，在独特的地域文化以及历史进程中。流传保存下来的民间文学艺术构成了这里独具特色的人文景观和文化财富、人文价值和历史财富。传统的新疆民间文学，大多以少数民族民间文学为中心。

1949年，中国人民解放军进驻新疆，在天山南北的戈壁荒漠安营扎寨，守边屯田，也就有了新中国屯垦戍边劳动学习、思想、情感等生活内容，并逐渐形成了兵团民间文学。数以千篇的神话、传说、故事、歌谣，填补了兵团垦区民间文化的空白，并为新疆民间文学注入了新的血液。如传统的新疆民间文学以农耕文化与草原文化为依托，少有反映农牧业之外的生活内容，而兵团民间文学伴随着军垦战士亦军亦农亦工亦牧，创立现代农业、工业、商业以及科教文卫事业等内容的民间文学的出现，充实了原来相对单一的农耕、游牧口传文学，并且在漫长屯垦戍边实践中产生的物质、精神与制度层面的内容被新疆各民族吸收与交融，亦丰富了新疆民间文学。

3. 军垦民间文学对中华民族多元一体格局的贡献

费孝通教授在《中华民族的多元一体格局》中明确指出中华民族的"主流是由许许多多分散存在的民族单位，经过接触、混杂、联结和融合，同时也有分裂和消亡，形成一个你来我去、我来你去，我中有你，你中有我，而又各具个性的多元统一体"[①]。

中国东起太平洋沿海，西至帕米尔高原，国土面积广袤，地貌各不同，环山、环海、环沙漠，南北跨越了30个纬度。在地域辽阔的地理条件下，各族群均生存在神州大地上，针对具有很大差异的生态环境不同族群发明了各自的应对策略，进而形成了五彩缤纷的地域文化。站在整体的角度观察，各民族在各具特色的民俗生活中世代传承的民间文学传统，除了记录历史及真实生活写照以外，也逐渐转化为各族人民集体意识及民族灵魂的寓所与文化身份的主要标志，具有多源共生、互渗互补、交融整合的多元一体化格局。兵团90%的人都来自祖国的四面八方。兵团民间文学形成后，将屯垦戍边生活作为中心点，集军旅、屯垦、中原文化以及当地少数民族文化于一体，历经接触、往来及交融，最终形成了凸显兵团精神（热爱祖国、无私奉献、艰苦奋斗、开拓进取）的民间文学大观。

兵团民间文学同其他语言、体裁、风格各异的史诗、故事等，构成了中国民间文学多源共性整体景观之一。可以说，兵团民间文化不但是对中华民族多元一体格局的重要见证，从某种角度来说，其进一步为中华民族多元一体注入了新鲜的血液，使中华民族多元一体格局更加趋于科学及完整，为推进及完善此理论做出了应有的贡献。

[①] 费孝通:《中华民族的多元一体格局》,《北京大学学报》（哲学社会科学版）1989年第4期。

(二)军垦民间文学在屯垦戍边生活中的价值

1. 军垦民间文学的历史价值

在特定的历史背景下,民间文学能够真实地反映出广大民众的生活及思想感情,民众生活、风俗习惯、社会制度、关键历史人物及事件等等,均是以民间故事、曲艺、歌谣、地方小戏等民间文学为介质而广泛传播的。

兵团民间文学《共青团治沙》《挖大渠》《担房泥》《"野人"见首长》等记录着解放军战士垦荒、战胜自然的战斗历程,是亦军亦农劳动生活的情节再现。如《地头开饭歌》:"西瓜壳篓当饭碗,玉米包叶当菜盘,筷子本是芦苇秆,光溜轻巧又直捻……饭后有个小休闲,又是打闹又撒欢,众女抬起男子汉,一夯打得脸朝天。哨子一响重开战,各操家伙进田间,你立擂台我打擂,掰的棒子堆成山……"[①]生动形象地展现出了军垦战士响应就地转业的号召,开展大生产运动热火朝天的劳动场景。

军垦民间文学植根在屯垦戍边土壤中,从兵团儿女屯垦戍边生活中吸收养分,所以,它最直接最充分地反映兵团历史。通过军垦故事、传说和歌谣将兵团主要历史人物事件再现,对研究兵团历史、机械化生产技术知识以及多元一体文化等有着重要作用。

2. 军垦民间文学的政治价值

兵团是肩负"屯垦戍边"使命的特殊社会组织。作为我国屯垦戍边的中流砥柱,其履行战斗队、工作队和生产队的艰巨任务,没有辜负时代的重托。由此形成的兵团民间文学一以贯之地坚守"国家大一统的"社会主义思想主流价值导向,作品主基调是对戍守边防、保边卫国、担当与奉献的歌颂和褒奖,兵团民间文学一直都受爱国主义理想、昂扬向上的抱负所熏陶与激励。

---

① 农八师・石河子市编委会编:《中国歌谣集成新疆卷・新疆生产建设兵团农八师・石河子市分卷》,乌鲁木齐:新疆人民出版社,1993年,第375页。

在地处中蒙边境一线的布尔根河畔,有家姓首的居民,他们是农十师独立营的职工。当年,独立营辉煌时,他们和八百男儿为青河的稳定流过血,也为青河的建设出过力,后来由于受资源匮乏和市场的影响,独立营失去了生存的空间,师里多次动员全营将士撤回北屯去,可这些人尽管在青河独立营找不到劳动对象,多数都靠吃低保和救济生存,可全营将士就是不愿离开,他们的理由是,我们的父辈都埋在这里,只要我们在,边境线就在,父辈就不会感到寂寞和孤独。首家的父子为了守住有争议的边境线,将家从县城搬到了布尔根河畔,进行义务植树,巡边护边。再后来,父亲在巡边护边的道路上累得实在太困了,想停下来歇一歇。这一歇,就永远地睡了过去,再也没有起来。家里人尊重老人的选择,将他安葬在了"碉堡山"上,让他死后仍能注视着边境线上的风吹草动。父亲去了,儿子仍继续着父亲未竟的事业,直至30多岁,才娶妻生子,延续着守土护边的香火。①

兵团民间文学由兵团儿女所创造,以兵团儿女为介质一代又一代传承,屯垦戍边、民族团结与边疆稳定是主要内容,在宣传各个时期党和国家的基本路线、方针政策方面发挥着极为重要的作用。兵团民间文学的政治价值在于将屯垦戍边、国家利益至上的理念浸入兵团人的血液里,一代又一代地相传、延续。

3. 军垦民间文学的经济价值

(1) 先进劳模故事、战斗生产歌鼓舞士气创战绩

由军垦民间文学里的军垦歌谣如开荒歌、劳动歌可以看出,各师团口传许多模范人物事迹,极大地教育鼓舞了战士们亦军亦农的信心和高涨的劳动热情。他们比帮赶超,唱着:"天外有天楼上楼,英雄好汉争上

---

① 黎佳君:《十三连》,北屯在线(http://www.btzx.cn/Article/zjss/sbwx/201104/27932.html)。

游。争得上游莫骄傲，还有好汉在后头。"①遇到生产工具比较缺乏，就地取材，自行制作；他们还在房屋前后、路边渠旁种上一些蔬菜，创产增收、改善生活。1957年11月，八师各团场派员开发莫索湾。八师党委需要2000多人的施工部队在3月内完成80万立方米的引水总干渠工程。工地的大条幅标语写着"军垦战士干劲大，地冻三尺都不怕；开动脑筋想方法，老虎嘴里敢拔牙！"以此鼓励战士们战胜困难，治服冻土，使平均工效每人每天挖8立方米提高到12立方米。②加快了施工速度，赢得了按期竣工时间，创收了经济效益。

1960年，25万兵团职工打响了"双千万亩运动战"③，在广袤无边的荒原上，人人在挥动着坎土曼、镐头，如火如荼的劳动场面，沿地是垦荒的拖拉机，处处红旗招展，步调一致地呐喊着劳动的号子，竞赛的歌声和机器的轰鸣声汇成了劳动交响乐。号子声、歌声、机器声感染着战士，激起火一般的劳动热情。当年开垦347.18万亩荒地，实际播种面积843.65万亩，农业总产值68807.5万元，粮食的总产量25094万公斤，较上一年净增长1000万公斤……开荒及播种创造了兵团史上的最高水平。④

(2) 非遗保护工作具有经济效用

"保护为主，抢救第一，合理利用，传承发展"的非遗保护工作方针，民间文学作为非遗类别的第一大类，全面贯彻这一工作方针，既能得到其经济价值，同时还是一种活态的保护，获得了社会效益。国内学

---

① 农八师·石河子市编委会编：《中国歌谣集成新疆卷·新疆生产建设兵团农八师·石河子市分卷》，乌鲁木齐：新疆人民出版社，1993年，第19页。
② 参见新疆生产建设兵团史志编纂委员会、兵团党委党史研究室编《新疆生产建设兵团史料选辑》（第10辑），乌鲁木齐：新疆人民出版社，2000年，第147页。
③ 1960年兵团生产建设高潮时期，提出要开荒一千万亩，播种一千万亩。
④ 参见毛乃舜《伟大的壮举——记1960年双千万亩活动》，载新疆生产建设兵团史志编纂委员会、兵团党委党史研究室编《新疆生产建设兵团史料选辑》（第十辑），乌鲁木齐：新疆人民出版社，2000年，第76—79页。

界认为把民间文学和旅游开发整合到一起，激励并且激发人们对于民间文学的认知；以经济发展来促使人们再认识民间文学的意义。例如《河北省藁城市耿村民间文学旅游与开发》《论江西红色文化与民间文学相结合》《旅游语境中民族民间文学生存空间的拓展和传承——以桂林阳朔"印象·刘三姐"调查为例》等。

兵团民间文学作为兵团非物质文化遗产，文化含量极高。可以将其中的民间文化和民俗资源结合起来，搞好文化产业。例如连队大食堂、公共洞房、打铁房、酿酒坊、豆腐坊、八人拉犁等民俗依故事情景复原成旅游资源开发，促进消费，就能获得良好的经济价值。这方面第八师军垦第一连率先做出了示范。慕名走进军垦第一连，体验"军垦一日"是必修课。如走一段创业路、吃一顿军垦饭、住一宿地窝子、唱一首军垦歌、过一次集体生活、拉一次犁、上一堂传统课、站一班岗、搞一次拓展培训、过一次组织生活，特别是胡有才老连长讲军垦第一连故事，是参观体验者、游人最感动、最受教育的一课。通过门票收入、系列拓展活动的体验，也创造了一定的经济收益。

4. 军垦民间文学的教育价值

"民间文学的内容与广大群众生活和思想密切相关，形式又为他们所喜闻乐见，有很广阔的群众基础。它是人民自我教育最方便、最普及的口头教科书。"[①] 军垦民间文学的大部分作品反映兵团人屯垦戍边、艰苦奋战、无私奉献以及积极向上的精神，抒写了兵团人崇尚英雄主义、集体主义、热爱生活的积极态度和美好理想。这些体现兵团人道德情操的精神食粮，点点滴滴汇聚、凝练成兵团精神，具有重要的教育价值。

幼儿时代在摇篮里听摇篮曲，就受到了民间文学的陶染。儿歌是人类认识世界的启蒙，也是打开外界的第一扇窗。少年对于世界的基础认知和生活常识几乎是从儿歌及故事中获得的。2008年兵团举办兵团中小

---

① 钟敬文主编：《民间文学概论》（第二版），北京：高等教育出版社，2010年，第44页。

学生军垦童谣大赛，共收集了 500 多首歌谣。《永把兵团当作家》《爷爷的三件宝》《军垦精神代代传》《戈壁盛开团结花》《劳动的快乐》等作品渗透着兵团人淳朴的审美情感，热爱祖国，守土尽责，团结奋斗，劳动造福，彰显了儿歌所具有的教化作用。

军垦民间文学鲜活生动、易学易记。特别是作为优秀文化遗产的红色战斗歌谣与反映军垦战士建设边疆、保卫边疆、誓死捍卫国土的英雄事迹，是学校进行爱国主义教育、屯垦戍边教育的优秀资源。兵团军垦博物馆、八师石河子市军垦第一连、石河子总场周总理纪念碑等爱国主义教育基地，通过将故事歌谣刻在文物边的指示牌上、贴在图片旁或讲解员讲解等方式，使参观者有更好的体验感受。无论是从民间文学类非遗的保护传承，还是从加强综合素质教育考虑，将兵团军垦故事歌谣纳入屯垦戍边教育、爱国主义教育体系都是一项功在当代、利在千秋的长远之策。

5. 军垦民间文学的社会价值

军垦民间文学是兵团人最熟悉和最了解的一种文艺样式，也是兵团人最喜闻乐见的一种精神生活。恩格斯在谈到民间故事的社会价值时说："民间故事的使命是在一个农人晚间从辛苦的劳动疲乏中缓解过来，使他得到安慰、感到快乐，使他恢复精神，忘掉繁重的劳动……使他认清自己的力量、自己的权利、自己的自由，及其他的勇气，唤起他对祖国的热爱。"[①]

兵团人在田间地头、水库工地、食堂、瓜棚，劳动之余和开会学习间歇唱歌表演、聊天讲故事，不仅消除了疲劳，还愉悦了精神。如"周末晚会真正好，南腔北调真热闹。表扬典型唱五好，生动活泼又短小。大娘唱，姑娘跳，老头来段数来宝。干部职工同欢乐，齐心协力唱'五

[①] 转引自钟敬文主编《民间文学概论》（第二版），北京：高等教育出版社，2010 年，第 44 页。

好'"①。这是"五兵"活动期间传唱在七师二十五团（今一二五团）的歌谣，既活跃了团场连队的文化生活，提高了劳动干劲，推动了生产发展，也增强了兵民团结与和谐的社会关系。

随着时代的迁异，枪杆诗、战斗谣等创作环境早已不复存在，无法再生。作为兵团历史文化的主要记忆，其负载着兵团文化传承的深意。民间文学是民族传统文化的血脉，对增强民族自信心、筑牢中华民族精神发挥着重要的作用；兵团民间文学承载的民族精神、兵团精神，以热爱祖国为核心主题，有效地促进各民族文化认同，增强民族凝聚力，提升中华民族共同体意识。因而，兵团民间文学的保护传承是对中国具有普世价值道德观念的珍视。正如兵团级非遗项目枪杆诗传承人徐金石所说，对红色文化的追寻化为一场场红色故事的讲述，故事讲述的过程就是文化传承的过程。红色文化基因的传承是兵团民间文学遗产的根本价值所在，也是整个社会需要承担的责任。

二、兵团垦区民间艺术的价值分析

兵团垦区民间艺术具有一定的地域性及历史性，通过稳定而又流动的形式传达不同文化主体的文化传统、地域环境及个性风格等诸多方面的信息，体现出传承与创新、宣传与教育、文化与审美的重要意义及价值。

（一）传承与创新价值

兵团属于一个多民族的社会性群体，包含汉族、维吾尔族、哈萨克族、蒙古族及回族等，主体为汉族，其中大部分汉族来自经济文化较为

---

① 新疆生产建设兵团史志编纂委员会、新疆生产建设兵团文化志编纂委员会编：《新疆生产建设兵团文化志》，五家渠：新疆生产建设兵团出版社，2009年，第131页。

发达的内地；各地的人聚集在兵团劳动生活，演化成兵团文化的重要载体。所有人身上都有各自地域的特殊文化信息及文化符号。兵团垦区军旅文化，甘陕、湘鲁、豫鄂、川蜀、苏浙文化和京津沪都市文化以及新疆本土文化交织在一起，组织上将陆续进疆的各地人分配到各师团的连排班，基本以连排班为单位，在屯垦戍边生产劳动和生活实践中，劳武结合，亦军亦农，长期交往，各地文化交流碰撞，相互影响，既传承又吸收和创新发展，逐渐形成了极具军垦特色的多元一体的兵团文化。

多元的文化基础铸成了兵团多元化的艺术形态。很多来自全国各地的人都把自己家乡的民间艺术形式带到新疆，如剪纸、秦腔、皮影戏等，这些具有特色的民间艺术在兵团一代又一代传承，同时与新疆的地域及民族特色相融合，挖掘移植改变、展演和展示，在新疆兵团大地上生根、发芽、开花、结果，如杨培才屯垦曲子戏《一支特殊的队伍》，李永梅剪纸《乐奏天山》。

（二）宣传与教育价值

兵团民间艺术是军旅文化、各地人原籍文化与新疆本土文化的集合体，民间艺人们创造出一批批反映传统民艺与屯戍生活相结合的民间艺术作品。如剪纸艺术作品郝育英的《我的兵团我的家》、李永梅的《兵团女兵》组画、付新尧《军垦第二代》等。还有许多作品获奖，九师杨新平的套彩烙画《军垦情》系列 2009 年获第九届中国民间文艺山花奖·民间工艺美术作品奖，这是兵团获得国家级民间文艺最高奖——山花奖的第一人；李永梅套彩剪纸《欢聚一堂》2012 年获第三届中国剪纸艺术节暨第二届蔚县国际剪纸艺术节金奖。这些优秀作品通过展览、展示、展演和参评，走出兵团、走出新疆，向全国人民宣传兵团的发展历程和兵团精神。

在相同的文化环境中，文化也会有不同，通过长期的接触与磨合，兵团的民间艺术博采众长，创作者及表演者在作品中融合生活中的形象及事件，保存文化中特有的优秀思想与艺术形式，使读者、观众在欣赏作品的过程中对善恶美丑有所感悟，使之认真思量现实生活，提升自身辨别是非的能力。通过优秀作品的引导，构建正确的道德观、人生观及价值观。兵团民间艺术反映社会主义意识形态，其所展现出的兵团精神教育规范着一代又一代生活在这里的人民。兵团精神不断鼓舞着各族人民，其凝聚着爱国主义精神与屯垦戍边宣传教育价值，各民族的共同文化情感在一定程度上形成了极强的凝聚力，兵地相结合，守卫边疆，建设边疆。

（三）文化与审美价值

军垦民间艺术是兵团文化重要组成部分，各方面都展现了"热爱祖国、无私奉献、艰苦创业、开拓进取"的兵团精神，以其民间艺术作品，结合广播电视、网络报刊等形式呈现出来，让大家了解兵团的文化特性与内涵。例如，小曲子戏《一支特殊的队伍》主要彰显的就是兵团从成立到发展的历史、兵团屯垦戍边文化，观众可以感受到兵团文化所具有的文化气息及氛围。套彩烙画《军垦情》组图，主要是以时间为脉络，以地窝子、窑洞作为创作对象，呈现的就是团场这几十年来居住环境的不断改善。这些都很容易引起观众回忆、对比，悟出幸福生活是军垦前辈艰苦奋斗创造的，从而更加珍惜今天的美好生活。

一个个优秀的民间艺术作品也有利于观赏者审美情趣的提高，民间艺术以其特殊的手段创作，突出表现兵团文化的现代美。兵团民间艺术又将多民族、多地域以及多语言的文化细胞进行重构，集中在作品中展现。艺术作品将文化基因进一步艺术化，激发传统文化中的积极因子。剪纸、眉户（迷糊戏）、烙画凸显出现代美感，通过美好的情感与形象感染观众，展现兵团民间艺术的审美文化意义。

第四章
兵团垦区民俗文化整体变迁发展态势

第一节 兵团垦区民俗文化整体变迁

"变异性是民俗文化的显著特征之一，它是指在民俗传承和扩布过程中引起的自发和渐进的变化。民俗是靠语言和行为传承的，这种方式决定了民俗在历时和共时的传承过程中，不断适应周围环境而做出的相应变化。变异实际是民俗文化机能的自身调适，也是民俗文化生命力的所在。没有变异性的民俗文化是不存在的。存在于现代社会中的种种民俗事象，大都是古代民俗变异流传的结果。从这种意义上讲，变异是民俗文化保存和发展的内在动力。"[①] 自兵团成立至今，经历了成立、发展、撤销、恢复、再发展这几个阶段，因为国家政策的调整以及社会环境的变化，再加上兵团各族人民长期的交往交流交融，兵团民俗生活因社会发展而发生相应变化。这些内外因素是兵团民俗生活变迁的主要原因，对兵团民俗生活变迁态势进行分析，对了解兵团垦区民俗文化生活大有裨益。这恰恰说明兵团民俗生活是一个动态的、传承与发展、多元与一体的社会生活文化。

一、民俗主体：由"部队将士"到"亦兵亦民"

兵团从人口构成上看，军人即兵团早期的主体力量。1954年10月，新疆兵团成立时，人口主要是由军区生产部队集体转业组成的，其中包

[①] 钟敬文主编：《民俗学概论》（第二版），北京：高等教育出版社，2010年，第16页。

含 43 个农牧团场，总人口 17.5451 万人，其中职工有 10.5546 万人，包含原一兵团第二、六军指战员 4.9 万多人，原五军指战员 0.5 万多人，原二十二兵团指战员 5 万多人。① 由以上数据能够看出，兵团在组建期间，主要还是由解放军指战员组成，转业军人即兵团的核心力量。兵团组建之后，军垦官兵就是兵团的中坚力量。

从国家赋予兵团屯垦戍边的历史使命来看，兵团执行着解放军"三个队"的光荣使命，既是剿匪戍边的战斗队，还是兵地团结的工作队和垦荒造田的生产队。兵团即新疆军区的后备力量，是保护边疆、建设边疆的主要力量，是一支有武装力量的亦军亦农亦工亦牧部队。

从组织形式上看，兵团保持着部队的组织形式。兵团是在新疆军区生产部队集体就地转业的基础上建立而成的，与生俱来保持了解放军的建制、番号以及组织机构。兵团隶属新疆军区统一领导，最高领导机关是军一级的兵团党委、兵团司令部，师以下为团、营、连、排、班。师主要分布在某州某市区域，是一个较大的综合生产单位；团主要分布在各县乡一带，是一个独立的生产单位，即国营农场；营是实施生产任务的中层管理机构；连还被叫作生产队或连队，为兵团的基层单位；排和班主要是执行劳动任务的作业组，大组相当于一个排，小组相当于一个班，军垦战士根据工作需求和专长，分别编入田间作业班、机耕班、浇水班、畜牧班、植保班、炊事班等劳动。兵团沿用部队的组织形式，一切行动听指挥，使军垦战士、兵团职工具有高度的组织性、纪律性。部队训练有素，雷厉风行的优良作风和传统在兵团老兵、职工中代际相传。

总的来说，兵团初建时的人口构成是由军垦战士组合而成的，屯垦戍边的职责、兵团保留的部队组织管理方式，决定了兵团初期民俗主体具有浓郁的部队属性。作为军人应有的集体约束力使军队文化特征鲜明，

---

① 李福生主编、方英楷撰著：《新疆兵团屯垦戍边史》，乌鲁木齐：新疆科技卫生出版社，1997 年，第 300—301 页。

显性的部队文化规范着他们作为俗民群体的风俗习性。后来，新疆军区在内地招收女兵、接军属进疆等，部队家庭开始增多，也逐渐增加了"民"的气息。还有各地来兵团的支边青年等，将原籍乡村"民风"和城市生活带进兵团，逐渐显出兵团民俗生活中"民"的特点。

1981年12月，撤销了6年的兵团得以恢复。之后，按照党中央的部署，兵团进行了体制改革；1984年，开始实行家庭联产承包责任制，土地承包给职工，职工取得比较自由的土地经营权，"生产制度主要是由连队为主改变为以家庭、个人为主体"[①]。新中国军垦第一代几十年的屯戍劳动生活，形成了稳定的垦区社会群体，因此也有了二代、三代乃至四代的家庭基础。以家庭为主从事生产为多文化发展提供了一定的条件，与生产制度相适应的生活方式也发生了变化。例如将以往统一着装的风格给打破，取消了职工大食堂，原排列整齐的军营宿舍型住房被小家庭院落式住房转变，节庆期间各地风俗与民族风情的活力凸显出来，部队式的组织管理制度和纪律性逐渐被家庭式管理模式转化。兵团主体在起初"民风"比较隐性的累积，此时出现了很大的转变，俗民性显现。可以说，兵团民俗主体由"军"到"民"的转变既是量的积累，也是质的突变，不但有隐性的渐变过程，还有显性的突变作用。因而，民俗主体由"部队将士"到"亦兵亦民"的转变过程具有国家意愿在场和计划所在，不是完全意义的自然渐变过程。

二、民俗事象：从"整体统一"到"丰富多样"

"民俗事象指的是关于生产、生活、婚丧节庆、宗教信仰等方面的

---

① 席霍荣：《兵团文化生成与变迁的过程及分析》，《兵团党校学报》2009年第3期。

民俗活动和民俗现象总称，是对事实的抽象"[1]，亦能够表示单一的民俗活动。

兵团最初的管理制度决定了当时的生活形式——集体统一，经济基础决定了兵团人的生活条件——白手起家，从无到有。兵团的经济基础和较简单的社会结构层次决定了早期军垦战士的统一思想——服从命令，屯垦戍边，发展生产。下面笔者以八师石河子市的婚俗为主要案例，来说明兵团民俗事象由"整体统一"到"丰富多样"的变化态势。表 4-1 中，1955 年元旦，陆振欧的集体婚礼表现出垦荒初期物质的匮乏，结婚要获得组织的批准、领取结婚证才能举办婚礼，才能得到领导、战士们的认可；一间房，两条长凳、八块木板搭起来的木板床是结婚唯一的家具，那时候连队轮流住"公共洞房"的情况屡见不鲜；新人自我介绍、表表做好劳动生产的决心，是当时部队主要的生产任务决定的，这是每一个战士的任务及职责，在结婚喜庆时刻也要在众人面前表决心；解放军就地全部转业，除了部分领导、成家的官兵有家属外，绝大多数战士都是一人入疆，父母亲远隔千里，婚礼没有父母、亲人的陪伴，战友就是亲人；在连队举办婚礼时，连长主持，指导员讲话，德高望重的某领导或老兵证婚。婚礼的举行即为了获得战士和群众的认可，新人向毛主席像一鞠躬，向领导二鞠躬，向战友三鞠躬，夫妻对拜，象征今后和睦相处，互敬互爱。

通常而言，社会变迁会给风俗带来变迁。由于习俗存在一定的稳定性，因此，风俗习惯的变化并非一时能改变的，而是渐变的。1981 年，陆振欧大儿子陆维立从部队放假回来，当时人们还受到"破四旧，立四新"的思想影响，结婚尽量简单操办。陆维立是生在兵团、长在兵团的第二代，上有父母，还有从小玩到大的邻里朋友，结婚登记之后，两家

---

[1] 高丙中：《文本和生活：民俗研究的两种学术取向》，载周星主编《民俗学的历史、理论与方法》（上），北京：商务印书馆，2006 年，第 117 页。

人和好友们聚一起吃顿饭，宣布结婚，这顿饭对他们而言就是结婚仪式。

表4-1 陆振欧家三代人的婚礼①

结婚人	结婚程序	时间（年）
陆振欧	1. 组织批准登记结婚 2. 一间房，两条凳子，八块木板往凳子上一摆就是床铺 3. 把各自被子、衣服等行李搬到一起 4. 元旦敲锣打鼓到礼堂办集体婚礼 5. 单位领导主婚 6. 简单介绍各自的名字和认识过程以及搞好生产的决心 7. 四鞠躬，一给毛主席鞠躬，二给证婚人鞠躬，三给战士们鞠躬，四夫妻相互鞠躬 8. 证婚人宣读并出示结婚证，表明法律的认可 9. 闹洞房（嗑瓜子、吃糖和葡萄干），送来祝福和年画	1955
陆维立（儿子）	1. 民政局登记 2. 布置新房 3. 父母出面说道 4. 新郎接新娘及其家人到自家 5. 在家做了一桌饭菜，准备了酒 6. 两家人、朋友 7. 婆家代表简单陈述结婚事宜	1981
陆璐（孙女）	1. 民政局登记、定好结婚日期 2. 婚庆公司装扮婚车、新娘化妆 3. 新郎车到放鞭炮 4. 求婚、互戴胸花 5. 给父母和长辈敬茶、改口 6. 照全家福 7. 抱着新娘上车、绕城 8. 新郎新娘伴郎伴娘酒店门口迎宾 9. 司仪宣布婚礼开始，放鞭炮 10. 单位领导讲话 11. 证婚人证婚 12. 交换戒指、喝交杯酒 13. 新娘新郎讲话、拜天地 14. 喜宴开始 15. 新郎新年以及家人在酒店门口谢客 16. 回门	

① 资料来源：笔者根据2012年8月16日、8月23日、9月14日三次访谈陆振欧、宋玉兰夫妇时，根据录音整理。陆振欧：男，壮族，83岁，石河子市离休干部，1950年进疆，广西人。宋玉兰：女，汉族，77岁，石河子市退休职工，1952年进疆，山东人。

随着军旅文化色彩在兵团的逐渐弱化,"民"味越来越强,再加上西部大开发带来的经济效益,21世纪的婚礼向传统回归。我们用"回归"一词来表示兵团汉族婚礼的特征:1957年,八师整体人口15岁到49岁占77.79%,65岁以上的占0.52%,其平均年龄在28.5岁[1],第一代老军垦进疆时很多都已经成年,他们把自己的乡土文化带进了兵团,他们拥有着独特的民俗习惯,兵团独特的体制和使命,一直以来都是稳定的状态。改革开放大环境将其激活,长期间的地域生活结合时代特性回归,以陆璐结婚时抱新娘上车仪式为例,它仅保存了传统婚俗的抱新娘这一仪式,最主要的还是抱的人是谁,传统抱新娘上轿的一般为舅舅或者兄弟,兵团在21世纪的婚礼中抱新娘的是新郎自己。此外,传统婚俗接新娘主要以轿子为主,当代婚礼则用汽车。从表4-1兵团三代人的婚礼程序上看出,第三代兵团人婚礼步骤明显要比第一代、第二代多得多,更别说程序本身的"复杂"性了。

最后,兵团民俗事象从"简单"逐渐向"复杂"变化主要还是基于下列几点:第一,兵团民俗主体身份的变化,民俗事象存在"民"的印记,兵团经由部队管理方式逐渐改变成"城镇社会"的管理尝试,各种民俗事象纷纷兴起;第二,兵团民俗主体的多元化决定了民俗事象的多样性,在民族多元文化的交流互动中产生更多的民俗变体,交错交织;第三,时代在进步,民俗事象也在不断改变,当代元素和传统民俗元素相整合,从而产生新的民俗事象变体。和垦荒初期以及"文化大革命"时期的民俗事象作对比,现代兵团民俗事象更加丰富多样了。

---

[1] 农八师石河子市地方志编纂委员会编:《农八师垦区石河子市志》,乌鲁木齐:新疆人民出版社,1994年,第685页。

三、民俗情境：从"军营模式"到"城镇模式"

（一）相关的情境理论

"人类的社会活动是在一个个的'情境'里推展的"，"人们的社会活动就是在宏观（总体社会发现）、中观（各种组织制度）以及微观（日常生活）这三个层次社会情境中推展的。"① 以"社会情境结构"理论分析兵团发展的社会情境，从而理出、了解兵团民俗变迁趋势。

社会情境（状态、环境）的结构包含时间、空间、参与者、需要完成的使命、活动（交互行为）方式等等。社会学的情境理论结构和民俗学的"情境学派"主张的要素基本一致。民俗学情境学派十分注重特定文本所处的情境，而反对文本被抽离于语言的、行为的、沟通的、表达的、表演的语境，强调民俗生活中的动态存在，所指的就是时间、空间、表演者、观众以及文本等要素之间的互动过程。

我国民俗学泰斗钟敬文先生所提出的民俗文化的主要特点，其中的"传承性及扩布性"，所阐述的就是民俗情境的两个基本要素："时间或历史的纵向规定和空间或现实的横向规定。民俗因不同时空条件而变异，也就是因不同的情境而变异。"② 高丙中提议的民俗整体研究中也明确强调了民俗情境的重要性，他认为"民俗生活是由民俗模式、情境、意向和生命所整合而成的活动，所整合而成的一个统一的过程"③，"民俗事象研究，即以文化为取向，把民俗主体和发生情境悬置起来，把民俗事件抽象为民俗事象，把实际很复杂的语言、行为、物质等方面的民俗简化

---

① 黄枝连：《论社会情境的结构形态及其变革处理》，《中国社会科学》1987年第1期。
② 黄涛：《论语言民俗情境的构成与功能》，《北京师范大学学报》（人文社会科学版）2000年第4期。
③ 参见高丙中《民俗文化与民俗生活》，北京：中国社会科学出版社，1994年，第169页。

为文本、图式进行研究;民俗整体研究,即以生活为取向,把民俗主体、发生情境和文化模式置于整合的过程之中,把民俗当作事件来研究"[1]。

所以,我们能够将其情境认定成民间文化传统约定下与特定空间范围之内的社会环境,情境是传统及当代生活的结合。笔者分析兵团民俗生活的情境变化情况,从整体上能够看出,所选用的"兵团"该地域空间是不变的,所以侧重从历时的角度进行研究,由于笔者所分析的是兵团民俗生活的整体变迁,因而选用了从宏观社会情境来阐述兵团民俗生活的变迁趋势。

(二)兵团早期的"军营模式"

1949年9月25日,新疆和平解放,中国人民解放军第一野战军第一兵团第二军、第六军凯歌进疆。同年年底,按中央军委的指示,根据《中国人民政治协商会议共同纲领》军事制度的相关规定,对起义部队进行集中整编,实施统一指挥、统一制度、统一编制、统一纪律,原国民党新疆警备总司令部改编为中国人民解放军第二十二兵团,民族军整编为中国人民解放军第五军。1954年10月,遵照指示,包含二军、六军大部,还有五军一部和二十二兵团全部,就地集体转业,新疆军区生产建设兵团正式成立。在管理体系方面,兵团沿袭了中国人民解放军的建制,保留了师、团、(营)连的编制,使解放军的优良传统得以传承。所以,兵团是按国家政治制度的要求,调遣、整合部队将士转业到自然生态及文化背景不同的空间而形成的,即由中国人民解放军第一野战军第一兵团第二军、第六军4个师、第二十二兵团全部及第五军大多数集体转业组成的。从以上兵团的形成来看,其属于军事性组织,实施部队式管理方式,军人为主要组成人员。

新中国成立初期,新疆遗留有国民党反动派的残余势力、特务组织

---

[1] 高丙中:《民俗文化与民俗生活》,北京:中国社会科学出版社,1994年,第169页。

和土匪，中国人民解放军肩负镇压反革命和剿匪的任务。因此，部队拿枪战斗，剿匪平叛，身上担负着土改建政、民族团结的工作队任务，并且还要开展大生产运动，时刻履行战斗队、工作队、生产队的三大任务。在这一历史背景下，军垦战士的屯戍生产生活都是以部队领导的指令和官兵之间的互动进行的，主要体现了国家意志和个人服从组织的部队文化传统。

兵团早期建场时所实施的计划经济管理制度，为聚集人力、财力、物力，实施大规模的建设，促进国营农场的快速发展，从而真正落实国家赋予的屯垦戍边特殊政治使命，曾发挥了很大的作用。

总的来说，早期兵团的军队特性比较明显。当时的经济体制和政治环境决定了兵团的历史使命、军队建制和军垦战士角色，这些共同构成了早期兵团民俗生活所处的环境。此时部队的管理制度规范着兵团军垦战士的原籍文化和新疆本土文化，兵团民俗生活情境从整体上显现出军营模式。

后来，伴随着内地人口的不断迁入，如支边青年、转业军人、大中专毕业生和志愿建设者等，先后建立了家庭，渐渐地，具有"民"性的特质显现出来。

（三）兵团现在的"城镇模式"

笔者将当代兵团的民俗情境认定为"城镇模式"主要基于以下思考：

第一，兵团经济体制的改革，显示出以家庭作为基础单元的主要地位，以往以团场连队集体作为基层单位的管理体制发生了改变。1981年12月兵团恢复以后，立刻根据中央部署，持续对农垦经济体制实施进一步改革。兵团农牧团场全面实施大包干责任制度，创办职工家庭农场，促进团场承包管理制度，组建现代企业制度。兵团迈向了一个全新阶段，以经济建设为中心，全面促进经济制度的发展，进而加快了兵团民俗生活的变迁。

第二，以家庭为主的生产机制激活了隐形的城镇文化。兵团司令部设在乌鲁木齐，其14个师部分别驻在地方政府相应的城市，团场如一个县，驻县城镇。生活在兵团师部、团部的兵团人和兵团连队职工群众如同生活在城市和乡镇。虽然兵团一直延续着部队师、团、连的组织模式，但现在兵团民俗主体所具有的军旅性文化色彩式微，浓厚的"民"味城镇文化得以凸显。

第三，兵团民俗情境的变迁态势由军队模式向城镇模式发展。兵团民俗变迁的主要原因是社会经济形态的变革。兵团由计划经济逐渐朝向市场经济发展，以往民俗情境发生变化。兵团恢复之后实施经济体制改革，进一步落实家庭联产承包制度，彰显了家庭在生产生活中的作用，进而为传统文化的兴起提供机遇。因此，兵团城镇文化得到了很大的发展。1990年，国务院批准兵团计划单列，成为一个特殊的行政和经济实体。"1999年，经国务院批准，兵团农六师师部驻地五家渠、农十师师部驻地北屯，南疆的农一师阿拉尔垦区及农三师的图木舒克垦区，新设4个兵团县级小城市。"[1] 截止到2020年，目前兵团176个"团场建成集镇，相关事务由团场机关管理。在集镇内，除了团场机关之外，还包括工商、学校、邮局、医院、车队以及书店等在内的机关企事业单位和文化生活设施。"[2] 随着兵团工业化的发展以及城镇化水平的提高，兵团必然走城镇化道路，从建设经营农场为主到建设经营城镇为主，由"屯垦戍边"逐渐到"屯城戍边"，对屯城戍边的管理方法及方式进行全面探究，这是兵团"三化"建设即农业现代化、新型工业化、城镇化所提出的发展要求。

---

[1] 黄达远、戢广南：《试论兵团屯垦城镇的特征》，《新疆社科论坛》2008年第2期。

[2] 参见李福生主编、方英楷撰著《新疆兵团屯垦戍边史》，乌鲁木齐：新疆科技卫生出版社，1997年，第1328页。

四、民俗生活:"多元交融"与"多元一体"

(一)多元性

文化的多元性,即文化的多样性以及差异性,是根据历史、地理、民族、宗教信仰以及文化交流等多种因素组合而成的。兵团文化的多元性,更是丰富多彩。这里笔者明确强调的"多元"指的就是兵团自身所存在的多元性,其代表一个典型的移民社会,主要聚集了各地各民族人口。兵团文化则是由与生俱来的军旅文化、各地域和各民族多元文化组合而成。

第一,从民俗主体的组成来看,兵团由多元的人口组合而成。兵团人来自全国各地,全国31个省、自治区、直辖市,都有进疆者成为兵团一员。其中河南、甘肃、山东、四川、陕西等省的人较多。兵团人一般都是由转业军人以及我国各省支边人员组合而成。转业军人一般原籍都是各省的,之后的支边青壮年、知识青年等,也都是不同籍贯。另外,兵团还是以汉族为主的多民族的农垦组织。首先,兵团是以汉族为主体的准军事化组织,是新疆汉族人口较密集的区域及机构。1954年兵团成立时,总人口17.5451万人,汉族有16.9076万人,占所有人口总数的96.37%。其次,兵团是多民族的农垦组织。在成立兵团时,其中就有五军的5000多名各族指战员。如今的新疆生产建设兵团的14个师、176个农牧团场、总人口270.14万人中,有汉族、维吾尔族、哈萨克族、回族、蒙古族、锡伯族、俄罗斯族、塔吉克族、满族等37个民族,少数民族人口达37.54万人,占兵团总人口的13.9%,有37个少数民族聚居团场。[①] 所以,兵团民俗生活的多元性主要彰显在兵团民俗主体来源和民

[①] 数字来源:中华人民共和国国务院新闻办公室《新疆生产建设兵团的历史与发展》,北京:人民出版社,2014年,第5—19页。

族构成的多样化。

第二，兵团包含各个地域、各民族文化的聚集。军旅文化、各地人原籍文化、新疆本土文化是兵团民俗文化的主要构成部分。人不仅是角色的扮演者，还是文化的携带者。对于军人来说，在集体行动中演绎着军旅文化；其作为地域文化的携带者，又承袭了自身文化，在和不同文化的长时间接触中极易吸取他文化内容。因此，在兵团这一开放性和包容性的垦区内，具有多种文化元素在内。可以说，兵团民俗主体的多样性决定了兵团民俗文化的多元性。

总之，兵团民俗生活的多元既体现在民俗主体的多元，也体现在民俗文化的多元。兵团从形成到现在，其民俗生活都具有多元的特质。

（二）交融性

多元文化的共存意味着多元人群的互动和文化的交融。兵团民俗文化与内地的生产生活方式具有很大的联系，全国各地人进入新疆后，面对社会环境和自然环境与自己家乡的不同，他们"便会表现出适者生存的自然选择的强大内趋力，迫使其部分地改变自己原有的文化结构，部分地借鉴当地文化中的积极有利因素，达到融合、更新，从而实现其文化的涵化"[①]。

"兵团本来就是由各个不同成分、不同特质的局部与个体构成，是一个包罗万象的复杂统一体……兵团移民较快地将自身的文化与当地的主导文化相融合的情况下，仍然保持着原有的文化习性，从而使兵团文化越来越成为一个复合体，是一种文化交融的正在发生史。"[②] 下列就是根据紫泥泉种羊场刘师傅及木拉提拜克的访问资料作为案例来阐明兵团

[①] 郑立峰、王先荣、李荀华：《兵团文化论纲》，《丝路学刊》1993 年第 4 期。
[②] 张沁洁、聂爱文：《从人口迁移看新疆生产建设兵团文化的特点》，《昌吉学院学报》2002 年第 3 期。

民俗生活的交融。

> 我们和少数民族人一样，以牛羊肉为主。这里大部分都是河南的生活习惯，讲话也是河南话，其他民族人的河南话讲得好得很。他们也吃面条，也做菜，酒宴和汉族一模一样的，他们做饭讲究得很，吃饭也有用筷子或勺子的。现在我们也爱吃抓饭、喝奶茶，爱吃馕。①
>
> 我以前是放牧的不会种地，后来要种地了就学汉族种地，他们怎么种，我就怎么种。种地以后也不放牧了，就住现在这样的房子。房子里的东西，像窗户、火墙跟汉人家是一样的。我们从小都会说汉语，都是一起长大的。住在一起没有不习惯的，他（汉族）吃他的大肉，我们不吃。其他吃菜啊，面条啊，我们也都吃。现在我们吃饭也是炒菜，吃习惯了都爱吃。我们的房子外面看和汉族一样，但里面摆的不一样。我们房子里还是要有毡毯的，毯子专门挂一间，来了客人就到那间房间去，每家哈萨克族都有一间那样的房子。特别是儿子结婚时候，结婚没有（毡子）的话，亲戚、老婆都会说。这是祖传的不能丢，我们民族要有点东西留下来。②

兵团各民族长期交往，共同生产生活中互相影响和互相作用，呈现文化交融的态势。所以，文化的交融通常都是在潜移默化地进行。

---

① 访谈对象：刘师傅，汉族，男，34岁，厨师；访谈时间：2012年11月4日；访谈地点：143团紫泥泉种羊场。

② 访谈对象：木拉提拜克，哈萨克族，男，50岁，牧民；访谈时间：2012年10月28日；访谈地点：143团紫泥泉羊场。

（三）一体性

所谓"一体"，就是组合而成的一体性，并且它是逐步形成及达到的。费孝通先生提出的多元一体格局理论就是由民族的角度入手，就文化来说，"一体""并存的多元文化之间通过长期的互动过程而形成的一种某些文化要素跨文化共享的事实，而这样的文化共享的基础之上所形成的是同一的群体认同"。[1] 本书所指的"一体"即对兵团的认同，就是对兵团文化及其身份的认同，并且是建立在政治及经济之上的。兵团文化是在多地域文化和多民族文化长期的交往交流过程中逐渐形成的。因此，兵团民俗文化也包含着多元的统一体。

"热爱祖国、无私奉献、艰苦创业、开拓进取"是兵团文化的核心。团体精神是团体文化的核心，是时代精神在团体中的体现，是团体在谋求生存与发展的社会实践中所产生的，为团体成员所认可的一个团体认知。兵团人在屯戍生产劳动生活实践中，养成了部队高度的组织性、纪律性，汇入了一种很强的向心力、凝聚力，"兵团精神成为兵团人规范一切行为的思想准则"[2]。

以兵团精神为核心的兵团文化有着极大的感召力及号召力，是兵团的"凝聚剂"。兵团的军垦官兵，枪镐齐举，成为保护边疆、建设边疆的主力军，他们在奉献青春的同时，还教育子孙积极投入屯垦戍边的伟大事业中。正由于有这样的奉献，老一辈的军垦战士才深深眷恋这方热土，认同兵团存在的价值意义，铸就了兵团精神。

对新中国第一代军垦战士和后代而言，他们实现了兵团人身份认同及兵团文化认同的本土化。自改革开放后，伴随着兵团垦区社会的转型和市场经济的浪潮，兵团也并非绝对整齐划一，人们对于物质利益也有

---

[1] 吴正彪、李永皇：《论民族文化多元一体格局的实质与价值》，《贵州民族研究》2009年第1期。

[2] 郑立峰、王先荣、李荀华：《兵团文化论纲》，《丝路学刊》1993年第4期。

了不同的追求，对兵团文化亦有不同的认知。兵团文化的一体化有待进一步提高认识。

　　小结：通过 70 余年的不断发展，兵团民俗生活发生了很大的变化，民俗主体由"部队将士"到"亦兵亦民"；民俗事象由"整体统一"到"丰富多样"；民俗情境由"军营模式"逐渐发展成"城镇模式"以及民俗生活表现为"多元交融"与"多元一体"的发展态势。

第二节　兵团垦区民俗文化互动与和谐民族关系

"民族关系作为一种社会关系,是民族发展过程中相关民族之间相互交往、联系和作用、影响的关系"①,我国著名学者马戎对戈登、英格尔的相关研究进行了总结及剖析,在其所著的《民族社会学——社会学的族群关系研究》这本书中,关于族群关系提出八个在调查过程中可进行实操的变量指标,其中包含语言使用、宗教和生活习俗间的差异、人口迁移、居住风格、交友状况、族群分层、族际通婚及族群意识。本文以八师石河子市民俗生活的田野调查为基础,将集市互动、节庆互动及婚礼互动作为个案,对兵团民俗生活及民族关系进行探讨。

一、集市互动:"赶巴扎"

（一）"赶巴扎"

八师石河子下野地垦区某团是一个以汉族、维吾尔族等民族共同创建的民族团场。呈现出以汉族为主体的各民族大杂居、小聚居与相互交错的居住格局。截至2010年,全团总人数为2.6万,主要由13个民族构成,分别是汉族、维吾尔族、回族及哈萨克族,其中少数民族的人数

---
① 金炳镐:《民族理论通论》,北京:中央民族大学出版社,1994年,第261页。

为 2200 人，在总人数中的占比为 8.5%。①

自 1958 年团场正式建立以来，团党委一直将执行党的民族政策及增强民族团结作为基本方针。在汉族和少数民族中进行宣传教育。1983 年，自治区、兵团党委决定每年的 5 月为民族团结教育月。兵团各师团积极响应，并开展多项民族团结教育活动。该团以民族特色为基础，创立了将"赶巴扎"作为基本载体的多项民族联谊活动，活动时间为每年 5 月的最后一个周末，地点确定为民族九连。到了"赶巴扎"这一天，一大早，"赶巴扎"做生意的人们早早来到九连摆摊位，自己种植的果蔬还有自制的奶制品、花帽、白酒等都陈列在"巴扎"上。在九连的维吾尔族官兵宰羊宰牛，烤羊肉串、烤馕、抓饭、拉条子等各种风味小吃。

团党委在"赶巴扎"仪式上，召开"民族团结表彰大会"，对为民族大团结做出杰出贡献的个人、先进集体进行宣传及奖励；举办各团民汉中学文艺联欢会图片展（以本团民族团结、民俗风情内容为主）以及民族团结知识竞赛。在各个民族之间举办篮球友谊赛及联谊会；开展法律咨询、计划生育、农业科技、农机安全等活动；开展志愿者活动，比如修理家电、理发等，通过以上种种途径促进民族交流互动、民族团结，同时加深了团场职工对民族知识的认识。这时的"巴扎"已不再是集市贸易活动，而在很大程度上是将巴扎作为一个契机，发展成一个集经济、政治、文化科学和精神文明建设于一体的综合文化空间。

（二）以"赶巴扎"仪式构建和谐民族关系

1. 在政治层面上，"赶巴扎"仪式是兵团全面贯彻民族政策、实施民族团结教育的重要途径。学者格尔兹的观点认为"象征、庆典及戏剧化的仪式是国家实践政治的一条途径，是实现权力意愿过程中的动员手

---

① 2010 年 7 月 25 日一三三团实地调研所获资料的基础上整理得到的数据。

段"①。开展"赶巴扎"仪式对党和国家的民族理论及政策进行宣传,表彰为民族大团结做出杰出贡献的先进个人或先进集体。民族政策及民族团结,经"赶巴扎"这种贴近民众生活的仪式融入团场各族干部职工群众的日常生活中,或是通过直接宣传、知识竞技、直接与间接并用的方式,从而使更多人认识到民族团结教育的重要性。从某种程度来说,此种贴近生活的"赶巴扎"仪式为全面实施民族政策、民族团结教育奠定了基础。

2. 在经济层面上,在经济贸易往来方面,"赶巴扎"仪式为各族人民提供了一个良好的平台。"赶巴扎"日,团场各连以及周边群众纷纷起早来到九连摆摊设点,团场的职工群众也把种植的果蔬、自制的酿酒及豆制品等拿到"巴扎"上来卖。文化搭台,经济唱戏,群众不仅有了创收,能购买到所需的生产生活用品,同时还能学习到农业方面的知识等。而且这也为各族人民的经贸往来、经济文化产业发展提供了一个良好的平台。

3. 在文化层面上,"赶巴扎"仪式是各族人民文化交流的重要平台。一旦"巴扎"的时间及场地确定下来,职工群众便可按"巴扎"的具体时间安排好相关事宜,购买所需的物品。"巴扎"将原本不属于一个群体的人聚集在一起。团党委展出本团先进人物、先进集体以及民族风情的图片,文艺联欢会上各民族从服饰、语言、音乐、舞蹈、道具等各方面展现出独特的民俗文化。这些对增进各民族之间文化的交流及了解有很大的帮助。汉民族在"巴扎"上可买到自己所需的商品,欣赏民族歌舞及品尝各类小吃,体验民族风情,学习吸收少数民族文化;对少数民族而言,既传承了本民族文化,又进行了传播和交流。经此仪式,大大拉近了民族间的距离。将"民族团结教育月"作为一个契机,组织开

---

① [美]克利福德·格尔兹:《尼加拉:十九世纪巴厘剧场国家》,赵丙祥译,上海:上海人民出版社,1999年,第127页。

展文化联谊活动，通过这种形式，增强民族间的文化交流及传播，增强民族间的文化互动及了解，对构建兵团和谐民族关系大有裨益。

二、节日互动：紫泥泉种羊场哈萨克族古尔邦节

2012年古尔邦节与往年不同，新疆维吾尔自治区政府决定肉孜节、古尔邦节，汉族和少数民族享有相同的假期。古尔邦节一般放假3天，再加上调休，2012年10月26到10月30日一共有5天假期。政府的这一决定，为新疆各民族人民共享同一节日，互相拜访互动，增强团结以及友谊创造了条件。笔者趁此机遇，早早联系到八师紫泥泉种羊场与哈萨克族欢度古尔邦节。

古尔邦节期间，很多汉族友人电话或短信问候民族朋友节日快乐，还有提礼登门拜访；主人则会做一锅羊肉、抓饭、一大摞馕以及馓子等节日食品招待客人。通常而言，哈萨克族过古尔邦节为15天（甚至更久），可以相互登门拜年，尤其是节日的前3天。通常都是晚辈到长辈家，然后就是亲戚们的互相拜访。在紫泥泉三连，笔者发现哈萨克族群众将邻里互动看得非常重。26日中午，吃完羊肉抓饭，家里收拾完后，作者跟随阿依夏阿姨全家到邻居家拜年，大家在一起聊聊家常和近期发生的事。到了晚上，隔壁邻居来到阿姨家拜访。哈萨克族节日里邻居互动与汉族经常说的"远亲不如近邻"不谋而合，可见，民族之间文化是相通的。

阿依夏阿姨小时候上的就是民考汉学校，她的发小基本都是汉族，再加上她一直在社区工作，与她一起工作的同事都是汉族，因此她的汉语说得非常标准、流利。27日下午，紫泥泉中学的周主任及黄校长，邀请阿姨从小的朋友柳峰、高建军来到家中做客。阿姨端上了抓饭、羊肉和咸菜，他们一边吃一边唠家常。28日下午社区领导打电话给阿姨，询

问 29 日来家里做客是否方便。29 日阿姨早早到集市买了萝卜、黄瓜、皮芽子，为她的汉族朋友备菜。中午共有 6 位社区领导登门拜年，阿姨用抓饭、羊肉、馕、馓子、凉菜还有咸菜招待。汉族没有盘腿坐的习惯，阿姨还特意准备了凳子，另外还有一次性筷子、餐巾纸、勺子及烟灰缸等等。同事们非常尊重哈萨克族的风俗习惯，专门挑好时间来拜访；阿依夏阿姨也十分注重汉族同事的生活习惯，为她的同事备好了菜肴和日常用品等，这些都是互相尊重的体现。

当代通信工具比较发达，沟通更加方便。目前紫泥泉三连的哈萨克族每人都有移动手机，不但便于大家日常工作的联系，也方便了朋友之间的交流。笔者对阿依夏阿姨 27 日手机通话记录进行了统计（见表 4-2）。

表 4-2　2012 年 10 月 27 日阿依夏已接来电统计情况表

姓名	民族	时间	次数
东叶尔肯	哈萨克	10:10	1
哈那提	哈萨克	10:26	1
李江平	汉	11:50	1
崔新兰	汉	12:12	3
王新建	汉	13:52	1
努尔汗	哈萨克	15:33	1
库丽木汗	哈萨克	16:02	1
高献忠	汉	16:39	1
库来汗克拉玛	哈萨克	18:43	1
张富强	汉	22:23	3

从表 4-2 中能够看出，阿依夏阿姨一天当中共接了 10 个人的电话，5 个来自哈萨克族人的电话，5 个汉族人，崔新兰及张富强分别打了 3 次。崔新兰是紫泥泉中学老师，她是阿姨的小学老师，目前已经退休。崔老师在山上栽了很多树，必须要用水车浇树。听说阿姨家有水车，就想借来用一用。由于阿姨家里水车太小，崔老师让阿姨帮忙借一借，因此，

找到了吾马尔汗帮忙。张富强是紫泥泉二连连长,由于次日负责在三连马场招待八师慰问团领导,需要阿姨的帮忙,要和阿姨商量做凉菜的事又打了2次电话。29日早晨张连长到家里借咸菜及玻璃碗。崔新兰和张富强由于需要帮忙找到阿姨并且送上祝福,其他8个人只是节日的慰问。阿依夏阿姨告诉笔者,哈那提是石油局的职工,由于工作原因之前有接触,没想过他会来拜年,心里非常欢喜,李江平也是如此。总的来说,手机等这些通信工具的运用,为保持社会关系网提供了很大的便利,因此也为增强民族之间的沟通创造了条件。

表4-3中,高献忠、王新建、朱满和刘建军是阿依夏的发小,也是她非常要好的友人。他们打电话来,第一是拜访,第二则是选好合适的时间问候,由于小时候一起长大,对当地的习俗也非常了解。汉族对于哈萨克族的风俗习惯比较了解,哈萨克族也非常接纳汉族文化。

表4-3 2012年10月27日阿依夏未接来电统计情况表

姓名	民族	时间	次数
刘建军一	汉	11:36	1
刘建军二	汉	11:37	1
崔新兰	汉	11:57	1
朱满	汉	13:33	1
王新建	汉	13:49	1
高献忠	汉	16:35	1

三、婚礼互动:紫泥泉种羊场哈萨克族婚俗

婚礼为民族互动创造了契机;节日期间举办婚礼,为民族互动搭建了一个更大的平台。现在哈萨克族很多年轻人都在古尔邦节期间举行婚礼,主要原因有以下两点:其一,出于对山里牧工转场陆续回到连队的考虑;其二,处于节假期间,亲戚朋友都有空来参加婚礼。10月28日

上午，笔者参加三连一家的婚礼。婚礼的举办地点是家里，主人在婚礼举办之前在家里的空地上支起3个帐篷。院子中间摆放一张桌子，两个人坐在桌子的一旁，一个人负责收现金与礼品，另一个人则负责将礼金及礼品的数额记录在礼簿上，礼金大多都是20—50元，还有一些关系好的，除随份子钱之外，还会为新婚之人准备一些生活用品，如丝巾、布料等，亲戚朋友通常不随份子，而是送一些生活用品，如砖茶、牛羊等。

同10月28日这场婚礼相比，笔者再次去参加的阿依夏表姐阿山木哈依霞为儿子举办的婚礼，更能彰显出婚礼仪式当中民族文化的交流及交融。她的儿子在西部牧业当兽医，媳妇是紫泥泉社区卫生院的一名护士。婚礼的举办地点在社区二楼。自从一五一（紫泥泉）团合并到一四三中心团场，这栋一五一团机关大楼现为社区办公楼，成为哈萨克族置办酒宴的重要场所。礼堂共摆酒席45桌，其中台上有14桌，专门为女方娘家人及男方家里人准备的；台下有30桌，有二连与三连的牧工，以及新婚双方单位的领导与同事；还有一个长桌摆在两者间，是专门留给新婚夫妇及二人的朋友、同学的。

在婚礼正式开始前30分钟，新郎新娘连同伴郎伴娘均身着哈萨克族盛装在礼堂门外迎来自各地的亲朋好友。由于在社区举办婚礼比较有面子，花费上也比较多，因此大家所随的礼金也没有低于50元的，关系要好的朋友大多都是200元或300元。在距礼堂门口不远的随礼处，笔者发现这样一个现象：当地人参加婚礼直接在兜里掏出钱，负责登记的人用哈萨克文记录好礼金金额，请帖是用本民族文字写的；参加婚礼的汉族朋友均将钱夹在请帖里并封好，手里拿着红色的汉文请柬交给礼金登记人，很明显同哈萨克族文的绿色请柬不一样。从这个细节能够看出，婚宴主人对汉族的习俗极尊重，也充分说明了当地哈汉两民族之间的交往密切，对双方的风俗习惯既相互了解又相互尊重。

婚礼的司仪主持为哈萨克族当地的，婚礼在14:00正式开始，整个婚礼的先后顺序如下：首先新郎与新娘两人步入礼堂，同时在礼堂外鸣放礼炮，走到事先预留好的地方面向亲友、来宾站立；司仪对着新娘开始唱别提夏歌，也就是揭面纱歌，向新娘介绍公婆及男方的家人，对其进行礼教，并说一些告诫的话；随后请两位在当地有名望的老者上台致辞，对两位年轻人喜结连理表示祝福，祝愿新人开始新的生活，要尊老爱幼，勤俭持家，踏实工作，积极上进，夫妻恩爱，白头到老等；紧接着新郎新娘的双方父亲讲话，主要对大家在百忙中前来参加婚礼表示感谢，希望大家能吃好、喝好；最后夫妻双方的单位领导登台贺词。男方父母邀请女方父母一起跳"黑走马"舞①，在场的人也跟着跳了起来。婚礼程序不但保留了本民族传统的仪式，比如唱揭面纱歌、跳"黑走马"舞等，还与汉族婚礼中的一些习俗有相似之处，比如站在门口迎接来宾、聘请司仪主持与单位领导贺词等。

婚宴为流水席。用餐前桌子上摆好了相关食物，如水果、馕、酸奶与面包等。婚宴正式开始后，先上抓饭，紧接着是凉菜，最后是热菜。由5个女服务员（汉族，工资一天50元）负责倒茶及上菜；所有菜品都是三连职工刘师傅（汉族）做的。从婚宴的配菜、上菜方式及摆放的水果，我们能够看出汉族婚宴对哈萨克族婚宴的影响，婚宴中汉族的厨师及服务员可充分证明民族间的友好关系。

哈萨克族在选择婚礼时间、发放请帖、收取礼金、婚礼程序与宴请方式等诸多方面均受当地汉族文化的一定影响。在节日及喜事的往来中，对双方民族风俗习惯给予充分尊重是极为关键的，而且对风俗习惯的了解与日常生活中的互动有着密切的关系。通过节庆婚礼交往，民族之间不但拉近了关系，同时在互动中对双方的风俗习惯愈加理解及尊重，进

---

① "黑走马"舞是哈萨克族传统的舞蹈，是在劳动中、放牧中逐渐发展起来的一种民间舞蹈。跳"黑走马"舞是哈萨克族一项重要的娱乐活动，可以在毡房里表演，也可以在欢乐的大型集会中表演；可以一人单独跳，也可以双人对跳或多人集体表演。

而推动民族文化的交融。如上内容便是对哈汉民族在古尔邦节及婚礼中互动做出的剖析，这充分证明活动及仪式中的交往对增进民族间的了解有很大帮助，为建立和谐民族关系打下了基础。

总的来说，语言之间的学习是民族沟通的主要方式，语言发展代表着民族沟通及融合的发展形势。民族之间语言学习及使用，推动了民族之间的沟通，对于民族关系的和谐构建具有很重要的作用。民族之间在民俗生活当中积极沟通与交流，对相互的了解及尊重具有很大的帮助，并且还可以增进民族团结。

小结：以八师石河子市的"赶巴扎"、节日和婚礼为个案研究，从中得出一个结论：兵团民俗生活文化和民族关系是非常关键的。各民族之间通过长时间的沟通和互动，互相爱戴、尊重。兵团的师团连领导以及各个组织尊重民意、顺民情，以垦区民族的节庆和集会等活动为契机，进行民族团结教育、民族文化互动模式；通过语言之间的学习、吸取及影响，从而形成团结交融状态；用民众乐于接受以及积极加入的仪式进行引导，从而使各族职工群众接受社会教育。实践证明，各民族之间在民俗生活中交往交流越频繁，民族关系就会越融洽、越团结。和谐的民族关系进一步推动着民俗生活文化的互动交融，形成了良性循环发展的变迁态势。

第五章
兵团垦区民俗文化资源的保护与发展

在兵团实施城镇化、新型工业化以及农业现代化快速发展的当下，兵团垦区民俗文化传承现状如何？主要存在哪些问题？应如何进行有效的保护？为此，笔者对相关职能单位、有代表性的师团连队进行了走访、调查研究，对现状加以了解，探寻传承中存在的具体问题的深层原因，并围绕兵团民间文化保护的政策以及法律进行深层次的思考，着力于保护措施的分析及探讨，整合出切实可行的保护策略，主要涵盖了政策、民间、教育、法律等方面的保护。

第一节　兵团民俗文化传承现状、问题与对策

一、兵团民俗文化传承现状

兵团落实且完成了多个文化工程的建设，譬如兵团文艺双优[①]、文化下乡、百团千连书库等，建成了一批爱国主义教育基地，同时还在团场连队建立了文化室等文化场所，使屯垦戍边历史能够得到较好的展示和体验传承。当前，兵团已拥有专业团体如秦剧团、豫剧团、杂技团、歌舞剧团等直属文艺团体，三师文工团、八师艺术剧院、九师豫剧团等师属专业文艺团体。这些文艺组织常常深入基层团场连队、社区为职工群众演出，年均400余场。创作人员也频频下基层寻找素材和灵感，以兵团职工的生产生活为素材创作出了一大批反映兵团屯垦戍边历史及当代兵团风貌的优秀作品。最值得一提的是2008年兵团戏剧节中备受好评的秦剧《将军情》、豫剧《天雪》等再现兵团屯戍创业史的新剧新戏；《天雪》在2019年国庆60周年全国戏曲大赛中获奖。这些作品既对兵团文化进行了传播交流，又凸显了兵团精神。兵团民间艺人因此更加自信，传统艺术的传播范围更为广阔，对更多的职工形成极大的吸引力，促使其自发地学习及传承传统民间艺术。

兵团每四年开办一场文艺会演，不管是创作还是表演，均是由基层

[①] 双优：优秀作品、优秀人才。

职工完成，且将兵团的风格和面貌较好地展现出来。同时借助各个师、团、连的特有优势开办一些特色鲜明的艺术节，如一师红枣文化节、六师屯垦曲子戏、眉户（迷糊戏）专场文艺晚会、八师蟠桃节等。对基层团场职工群众进行动员，鼓励其借助多个平台如校园及广场等开办一些特色突出的文化活动。现如今，兵团的文艺社团中有600多个都是属于基层群众性文艺社团。

近些年，兵团文化保护工作收获了诸多的成效（可详见表5-1、表5-2、表5-3）。2006年11月，兵团对整个兵团的文物和非遗情况进行普查。2007年7月，第一批兵团级非遗名录公示批准；2009年1月，兵团公布了第一批兵团级非遗项目代表性传承人名单。2008年，国家公布对博物馆、纪念馆免费开放，兵团军垦博物馆被列入其中。2008年6月，第二批国家级非遗名录中榜上提名有兵团的哈萨克毡绣、布绣、眉户、土碱烧制技艺，同时公布了屯垦曲子戏、维吾尔族模制法土陶烧制技艺，为第一批国家级非遗扩展项目，2014年12月，国家公布的第四批非遗项目兵团秦剧作为扩展项目名列其中。至2021年，兵团拥有7项国家级非遗名录。（可详见附录）

表5-1 国家级非遗名录、扩展项目名录（兵团入选7项）[①]

序号	项目类别	项目代码、编号	项目名称	申报地区或单位	备注
1	传统戏剧	Ⅳ-99	眉户（迷糊戏）	兵团六师五家渠市文化局	（国发[2008]19号）第二批
2	传统美术	Ⅶ-83	哈萨克毡绣和布绣	兵团六师五家渠市文化局	（国发[2008]19号）第二批

---

① 表5-1数据参考自 http://www.ihchina.cn/inc/guojiaminglu.jsp 中国非物质文化遗产网．2013-2-27；https://www.gov.cn/zhengce/content/2014-12/03/content_9286.htm 中华人民共和国中央人民政府网；https://www.gov.cn/zhengce/content/2021-06/10/content_5616457.htm 中华人民共和国中央人民政府网．

续表

序号	项目类别	项目代码、编号	项目名称	申报地区或单位	备注
3	传统手工技艺	Ⅷ-143	碱蒿子土碱烧制技艺	兵团六师五家渠市文化局	（国发[2008]19号）第二批
4	传统戏剧	Ⅳ-69	屯垦小曲子戏	兵团六师五家渠市文化局	（国发[2008]19号）第一批非遗名录扩展项目
5	传统手工技艺	Ⅷ-6	维吾尔族模制法土陶烧制技艺	兵团三师图木舒克市文化局	（国发[2008]19号）第一批非遗名录扩展项目
6	传统戏剧	Ⅳ-16	秦腔	兵团猛进秦剧团	国发〔2014〕59号第四批非遗名录扩展项目
7	传统戏剧	Ⅳ-23	豫剧	兵团豫剧团	（国发[2021]8号）第五批非遗名录扩展项目

表5-2　新疆生产建设兵团第一批非遗名录[①]
（新兵发[2007]5号）（新兵发[2008]63号）

序号	项目类别	项目代码、编号	项目名称	申报地区或单位	备注
1	民间文学	Ⅰ-1	屯垦英烈传说	十师文化局	
2	民间文学	Ⅰ-2	屯垦文学	兵团党委党校	
3	民间音乐	Ⅱ-1	布拉丁家族民间歌手传承人	三师图木舒克市文化局	维吾尔族
4	民间音乐	Ⅱ-2	托库孜萨拉依木卡姆	三师图木舒克市文化局	维吾尔族
5	曲艺	Ⅴ-1	新疆兵团屯垦小曲子戏	六师五家渠市文化局	兵团首批、国家级

---

① 表5-2第1—11数据，参考新兵发[2007]75号文件《新疆生产建设兵团第一批兵团级非物质文化遗产保护名录》整理。第12—14数据，笔者根据新疆生产建设兵团党委宣传部、文化广播电视局，文物局编《新疆生产建设兵团非物质文化遗产项目图册》（内部刊印）整理。

续表

序号	项目类别	项目代码、编号	项目名称	申报地区或单位	备注
6	民间美术	Ⅶ-1	党氏家族蛋壳画	六师五家渠市文化局	
7	传统手工技艺	Ⅷ-1	北塔山哈萨克毡绣和布绣	六师五家渠市文化局	兵团首批、国家级
8	医药	Ⅸ-1	哈萨克沙马尔汗民间医术	六师五家渠市文化局	
9	医药	Ⅸ-2	肾泰脾康药技	八师石河子市文化局	
10	文化空间		屯垦	兵团党委党校	
11	民间舞蹈	Ⅲ-1	军垦鼓艺	八师石河子市文体局	
12	传统戏剧	Ⅳ-1	眉户（迷糊戏）	兵团六师五家渠市文化局	（新兵发[2008]63号）国家级、兵团首批
13	传统手工技艺	Ⅷ-2	碱蒿子土碱烧制技艺	兵团六师五家渠市文化局	（新兵发[2008]63号）国家级、兵团首批
14	传统手工技艺	Ⅷ-3	维吾尔族模制法土陶烧制技艺	兵团三师图木舒克市文化局	（新兵发[2008]63号）国家级、兵团首批

表5-3　新疆生产建设兵团第二批非遗名录（2009年）①

序号	项目类别	项目代码、编号	项目名称	申报地区或单位	备注
1	民间文学	Ⅰ-3	枪杆诗	六师五家渠市文化局	
2	民间文学	Ⅰ-4	屯垦歌谣	兵团党委党校	
3	民间文学	Ⅰ-5	屯垦故事	兵团党委党校	
4	传统美术	Ⅶ-2	麦秸画	七师文化广播电视局	
5	传统美术	Ⅶ-3	现代套彩烙画	九师文化广播电视局	
6	传统戏剧	Ⅳ-2	新疆豫剧	兵团豫剧团	
7	传统手工技艺	Ⅷ-4	刀郎人渔猎	三师图木舒克市文化局	维吾尔族
8	传统手工技艺	Ⅷ-5	锅盔技艺	六师五家渠市文化局	

① 表5-3数据笔者根据新疆生产建设兵团党委宣传部，文化广播电视局，文物局编《新疆生产建设兵团非物质文化遗产项目图册》（内部刊印）整理。

续表

序号	项目类别	项目代码、编号	项目名称	申报地区或单位	备注
9	传统手工技艺	Ⅷ-6	拔廊房	六师五家渠市文化局	
10	民俗	Ⅹ-1	阿肯弹唱	六师五家渠市文化局	哈萨克族

表5-4 新疆生产建设兵团第三批非遗名录（2014年）①

序号	项目类别	项目代码、编号	项目名称	申报地区或单位	备注
1	传统戏剧	Ⅳ-3	新疆秦腔	兵团秦剧团	
2	传统技艺	Ⅷ-7	柯尔克孜族毡帽制作技艺	三师图木舒克市文广局	柯尔克孜族
3	传统技艺	Ⅷ-8	哈萨克地毯手工制作技艺	六师五家渠市文化局	哈萨克族
4	传统技艺	Ⅷ-9	哈萨克熏马肉制作技艺	六师五家渠市文化局	哈萨克族
5	传统技艺	Ⅷ-10	新疆灰面制作技艺	六师五家渠市文化局	
6	传统技艺	Ⅷ-11	石河子凉皮制作技艺	八师石河子市文体局	

表5-5 新疆生产建设兵团第四批非遗名录（2021年）②

序号	项目类别	项目代码、编号	项目名称	申报地区或单位	备注
1	传统体育、游艺与杂技	Ⅵ-1	兵团杂技	兵团杂技团	
2	传统美术	Ⅶ-4	掐丝彩釉画	八师石河子市	
3	传统美术	Ⅶ-5	民间手绘纹样	一师阿拉尔市文化馆	
4	传统技艺	Ⅷ-13	托木尔峰酿酒技艺	一师阿拉尔市	
5	传统技艺	Ⅷ-14	塔河美食"馕坑四宝"制作技艺	一师阿拉尔市	
6	传统美术	Ⅶ-6	军垦剪纸	八师石河子市	

① 表5-4数据，新兵发[2014]5号文件《兵团第三批兵团级非物质文化遗产代表性项目名录》。

② 表5-5数据，新兵发[2021]40号文件《兵团第五批兵团级非物质文化遗产代表性项目名录》。

续表

序号	项目类别	项目代码、编号	项目名称	申报地区或单位	备注
7	民俗	X-2	元宵节军垦社火	八师石河子市	
8	民俗	X-3	冰湖赛龙舟	十二师	

兵团借助开发文化资源及旅游活动，对兵团民间文艺进行宣传。各师将军垦文化作为突破点，对自身的红色旅游景点进行深挖，把内在资源逐步外化，并将其变成经济资源，建成数十个军垦文化旅游基地。八师石河子市十几年来举办两年一届的军垦文化旅游节（2012年还办了国际旅游节），促使兵团民间文化的发展产业化。

三师图木舒克市2012年荣获"中国刀郎文化艺术之乡"称号，2013—2019年连续举办以"刀郎故里，屯垦之鹰"为主题的西域美食旅游文化节，编排具有刀郎文化特色，如刀郎麦西热甫、刀郎木卡姆等文艺节目，到师市各团场、连队、学校、企业和部分地方乡镇进行演出，举办第三师图木舒克市刀郎文化特色非物质文化遗产展示会等；三师图木舒克市2019年又荣获"中国屯垦文化之乡"称号，2019年10月，师市投资4000万元用于屯垦历史博物馆的陈列布展，展陈面积2800平方米，对图木舒克的屯垦历史文化和红色军垦文化进行全面系统的展示；2019年9—12月，三师举办"首届屯垦文化艺术节"、师市威风锣鼓大赛、机关暨企事业单位干部职工环城拉力赛、"党政军警兵民爱国歌曲大家唱"大赛、"爱我兵团诗歌大赛"、"春雨工程·文化志愿者边疆行"、袁国祥将军军垦文化图片展、师市摄影书画美术展、第二届文化能人大赛和展演、百姓大舞台群众文化展演等系列文化活动。

二、兵团民俗文化传承中存在的问题及原因分析

传统文化在文化市场化的强劲推动下，更趋于现代化。随着科学技

术的发展、城市化进程的加快，人们生产生活方式审美都发生了变化，民众对民间艺术价值评判良莠不齐。基层团场连队的兵团民间艺术日趋萎缩，许多与民间艺术生存及发展的条件、资源亦发生变化，出现了诸多问题。

（一）民间艺人生存空间萎缩

军垦人是传承发展军垦民间艺术的根本，兵团初期，条件艰苦，兵团领导不仅重视军垦战士物质生活，而且重视精神生活。20世纪50年代中期，新疆军区政治部兵团基于国家政策指导出品了一系列文件，在部队建立了连队俱乐部、演出队、文工团等，经常深入基层为战士们奉上精彩的表演，这对于推广兵团民间艺术、更深层次开展群众文化活动都极其有益。

从本质上来说，兵团民间艺术的传承是一种艺术的再生产，它是兵团文化精神的深层积淀。在现代社会，民间艺术的优势越来越小，团场连队可通过电视、网络等多种方式吸收知识获得信息。公众的思想、生活方式也都大不相同，这就使得新生代形成新的审美观，他们觉得民间艺术太老套，跟不上时代潮流。

兵团民间艺术的经济效益随着观众数量的日渐减少而下降，艺人的生存空间越来越小，不得不另谋生路。一些专业剧团人才流失，有的停演或解散。年青一代对传统民间艺术不感兴趣，不愿将其作为发展的方向。民间艺术后继乏人，难以传承。

笔者在对兵团许多艺人（以豫剧、眉户戏表演为主）走访之后，了解到他们当年都是该团的台柱子，几经变化，现在他们年纪都大了。因为年岁已高，记忆力减退，身体机能也大不如前，许多唱段已无法完成。另外，还有部分年龄较大的艺人退休后叶落归根，回到故乡或选择与子女同住，带着技艺离开了兵团。由于民间技艺传授人的匮乏，民间艺术文化圈亦在缩小。

（二）文化发展体系不够健全

"发展壮大兵团，致富职工群众"是兵团经济文化事业的发展理念，在实践中已经建好了一批文化活动场所，如各师的文化馆、团文化活动中心、连队文化活动室等。长时间以来，缺少文化事业发展专项经费的配套扶持，基层缺少专业机构，有专业机构的单位又无专业人员（如十师秦剧团），有专业人员的单位却又缺编制。从而导致兵、师、团、连四级公共文化服务体系的建设难以健全。

兵团的文化体制及财政政策开始较晚，对民间艺术的资金支持力度也显得不足。尽管国家给予了一定的资金，但是由于是以各行业为对象，所以财力分配不够集中，再加上融资、引资的途径过少，难以集中资金发展民间艺术。另外，国家及兵团对现有的国有文化单位投入资金有限，同时由于本身体制的局限使得事业单位活力欠缺，与市场接轨难以实现，企业化管理有难度。民间艺术文化资源的开发利用率低，较少见到与其相关的文化产品，其所具有的经济价值较难开发。

笔者在基层调研期间，许多文化工作者都指出人员编制因过于精简，一人需要担负多项任务，难以集中精力去做好民间艺术的挖掘、保护、传承。虽然已经建好了许多文化场所，但是职工的现实需要仍无法得到满足，一些连队未扩建文化活动室、图书室，又有场地小、配套设施跟不上等问题存在。

与此同时，兵团文化部门的工作难度相对较大，专业管理者、创作者的不足，学习进修机会少，这些都对民间艺术推广及传承造成了制约。民间艺术的经济价值潜能没能很好发挥，在文化执法、宣传等方面的队伍建设也不到位，这对兵团民间艺术及文化市场的发展和管理都颇为不利。

（三）保护措施、手段较单一

早期的"五兵"活动的开展，在一定意义上使部队生活不再单一，从思想和精神上对垦荒及守边战士进行了鼓舞，收获了颇为突出的成效。同时全国各地有志青年投身边疆建设，走到了一起，共同屯垦戍边，因此，特色显著的兵团文化精神得以形成。

然而，在科技与社会的高速发展下，民众可借助多种方式愉悦精神生活。在这样的大环境下，兵团汇聚的文化艺术发展模式亦受到影响，单纯依靠文化职能部门管理机制不能全面保护民间艺术。各类民间艺术只接受职能部门的管理，而自身缺少活力。

在申报民间艺术代表性作品时，各文化部门有的只注重申报，甚至抢报，然而，在顺利申报成功后却轻视保护。因宣传力度不到位，社会对于民间艺术的保护及管理较少，普通民众对其重视程度不够，而有关部门也受制于自身的条件等，有时会因为经费不足，难以及时抢救濒临失传的民间艺术，更别说出精品。在以往，有拨款的支持，部分专业剧团得以发展，然而这与市场经济发展有不合之处，有的或是被兼并，或是被解散，今后的发展令人堪忧。

（四）专业性团体少，人才匮乏

民间艺术若想得到长期的发展，产业化路径是必然之选，但同时也对高新科技有着较高的需求，急需把先进生产力和先进文化结合在一起。只有拥有足量的专业人才，民间艺术产业的发展和管理才会见效。然而，由于兵团在祖国的西北边疆，祖国边防驻守是第一要务，其经济文化发展滞后，对专业人才缺乏吸引力。除此以外，由于技术及资金支持的不足，经管人才也颇为匮乏。这就使现有文化资源无法得到高效运用，无法与快速变化的大环境相适应。当前已有的文化机构编制缩减，资金困难，人才进不来又频频流失，极大地束缚了发展。与此同时，兵团着力于改革经济体制，文化团体的盈利与亏损都需要自己来承担，经营管理人员缺少，很多文化团队的生存、收支平衡都出现了问题。创作者、表演者的信心受挫，有的直接选择离开，这对于原本就缺少专业人才的单位以及兵团民间艺术的传承及发展来说，无疑是雪上加霜。

三、解决对策及其保护措施

（一）兵团民俗文化资源保护的政策保证

文化政策要使各种有利的文化因素及力量都得到有效的运用，从而使主体的价值及文化目标追求得以实现，同时使兵团民间艺术的文化需求得到切实的满足，促使更多更优秀的作品诞生，全面推进民间艺术事业的繁荣和发展。因而，制定和实施科学合理的文化政策是民间艺术的保护及发展的关键所在。制定科学的政策就要从兵团民间艺术的现实状况作为切入点，对兵团垦区文化传承发展实际情况加以掌握，并从中探寻出最适宜的方法和措施。首要问题是为民间艺人创造一个生存发展空间，发挥技艺专长，稳定壮大队伍，营造传帮教良好的社会环境。

在中国特色社会主义先进文化中，作为国家计划单列单位的兵团，民俗文化是不可或缺的重要部分。各族职工群众在各种民间艺术魅力影响下凝聚为一体，共同为兵团和边疆的稳定而努力，不管是对兵团文化建设还是对屯垦戍边实力的强化都极为有利。兵团有关政策的制定即为实现兵团在"三化"[①]建设中发挥稳定器、大熔炉和示范区三大功能，在有关建设的规划里囊括进民间艺术的保护，经济和文化两手抓，促使兵团文化、中华优秀传统文化更广泛地传播，为兵团民间艺术的长久发展

---

① 兵团"三化"：指兵团城镇化、新型工业化、农业现代化。

及更大范围的发展，创造更有利的条件，以传扬兵团精神。

（二）兵团民间文化保护的法律思考

2011年2月25日，《中华人民共和国非物质文化遗产法》（以下简称《非遗法》）颁布，2011年6月1日起正式施行。它是文化领域的关键法律，是文化建设中的突破性举措，标志着我国的非遗保护有法可依。《非遗法》共有六章，对非遗的调查、代表性项目名录传承及传播、法律责任等方面做了规定。它的发布和实施，填补了我国非遗保护领域立法的空缺；鉴于新中国第一代老军垦多为耄耋之年的现实情况，对非遗项目的保护显得更为紧迫，对兵团非遗保护工作的开展颇具指导意义。

1.《非遗法》有利于指导兵团在非遗保护工作中实施行政保护

《非遗法》明确提出了要对非遗实行行政保护，即国务院的文化主管部门主持全国的非遗保护、保存工作，县级以上地方政府文化主管部门负责本行政区域相关工作。县级以上政府其他有关部门在各自职责范围内负责非遗的保护、保存工作（第7条）[1]。在此部法律中，既清晰地指出了行政部门是保护的主体，又明确了相关主体的基本法律责任，县级以上政府有义务在本级国民经济及社会发展规划当中纳入非遗保护及保存工作，通过"认定、记录、建档等措施保存非遗"传承，对体现中华民族优秀传统文化，颇具历史、文学、艺术及科学价值的非遗采取传承、传播等措施予以保护等。国家有义务扶持民族地区、边远地区、贫困地区。有关部门应在非遗保护的宣传工作上强化，以使整个社会认识到非遗保护的价值、保护的意识。国家支持和鼓励法人及公民、其他组织的参与非遗保护工作。

《非遗法》对行政部门在保护民族民间传统文化方面的行为进行了

---

[1] 本文所引用法条均来自2011年2月25日颁布的《中华人民共和国非物质文化遗产法》，北京：中国法制出版社，2011年。

规范和调整（主要是各级政府的行政职责）。在保护非遗工作中，行政部门的职能是代表国家行使权力，以保持文化多样性，对文化部门的行政主管部门地位的确立，有利于非遗的公共利益得到实现。由于兵团具有十分特殊的体制，文化工作由党委及隶属文化部门负责，如要做到对兵团特色军垦文化长期、切实有效的保护和传承，就需要建立相关配套行政保护法律制度的设立及完善，并在其行政职责里囊括进非遗保护。故而，兵团必须以遵守《非遗法》为前提，根据自身的现实状况，建立以行政保护为主且辅之以社会保护制度的保护体系。

在以往相当长的时期内，兵团全力发展经济，并且收获颇丰。然而，因为保护非遗需要注入颇多的人力和财力，各师、团、连对非遗保护的认识不到位，积极性不高，致使兵团经济和文化两方面的发展不相契合。《非遗法》实施后，兵团党委开始制度化地对非遗工作进行投入，兵团文化主管部门成为此项工作的责任主体，逐步倡导、推进兵团各级党委给予相应的资金支持，划拨一定比例资金用于非遗保护，此项工作在行政部门指导下步入良性发展。

2.《非遗法》有利于明确兵团非遗传承主体和保护主体权利义务的对等

保护主体、传承主体分别指的是兵团党委及其各级文化部门和兵团非遗代表性传承人，在非遗保护中，有一项极为关键的工作就是对二主体的权利义务进行合理对等的分配。作为一个特殊的社会组织，兵团既要对"党、政、军、企合一"加以落实，又要履行屯垦戍边任务。非遗代表性项目传承人以基层团场职工为主，可以说基本上没有专职工作者，屯垦戍边是重任，非遗传承的相关活动只能够在空闲时间开展。也就是说，这些传承人无法获得经济方面的收益。为使其能够得到长久的生存和发展，应对其在传承活动当中的合法权益进行切切实实的保护。

《非遗法》第二十九条提出，代表性项目的代表性传承人的一个义务就是要做到对项目的熟练掌握,在一定领域里产生比较大的影响,同时还要主动地开展相关的传承活动。另外,此部法律也提出了文化主管部门应按照现实状况,从经费、场地等方面为传承人开展"授徒、传艺、交流"等活动予以支持,提供必要的传承场所和经费资助,同时还要鼓励及倡导传承人参与到社会公益活动之中。

《非遗法》赋予文化部门的行政保护权利的同时,也明确了其行政保护义务。这也使得兵团的传承人拥有了真正的传承空间,并在其相应的空间里有权向他者传授自己的技艺,这就是所谓的"传授权";倘若有必要,可向国家及社会寻求物质帮助,也就是具体的"获取资助权";有权通过提供产品或者将技艺展示给他者而得到相应的报酬,此即为"获得报酬权"。要有效地保护当前依旧表现卓越且掌握非遗形态或技艺的传承人,就必须通过兵团党委的行为以及社会力量的支持,做好对传承人保障制度的建立及健全工作,使传承主体与保护主体在权利义务方面具有对等性,从而提高相关组织及人员的热情,进而对兵团文化进行更高效、长久的保护和传承。

3. 《非遗法》有利于指导兵团非遗工作依法既重申报,也重保护

对于非遗的保存及保护而言,调查工作既是前提也是基础,这对非遗的认定、传承、传播等系列工作有直接影响。唯有凭借非遗调查,才可以对非遗资源的具体类型、分布及生存环境、保护现状和存在的问题有较全面的了解和掌握。此外,设立健全的调查制度也是开展非遗项目工作认定、记录、公示和管理的基础。

《非遗法》规定,县级以上政府要按照非遗保护及保存工作的需要组织调查活动,且责任人是文化主管部门。其他相关部门也能够在其工作领域里开展调查。文化主管部门在完成调查后需做好认定、记录非遗以及建档、设立有关数据库等工作,按照法律在重视申报的同时更要重视保护。从2006年11月起,兵团开始进行非遗普查工作,经准备、实施和汇总上报三个阶段，于 2007 年 7 月就首批非遗名录公布，计 11 项。2008 年 6 月，第二批国家级非遗名录中兵团哈萨克毡绣、布绣、眉户、土碱烧制技艺榜上有名，同时公布了第一批国家级非遗扩展项目有兵团屯垦曲子戏、维吾尔族模制法土陶烧制技艺。但是，因为兵团位于西北边陲，相较于发达省区而言，在经济发展及文化设施方面都显得较为逊色，非遗项目的整理和认定工作开始较晚，经验不足、专业人才匮乏，使得相关工作的开展有一定困难，只能不断地探索和尝试，不断地总结与完善。在非遗项目调查中，同一个项目多批工作者前去调查，调查对象不得不反复地叙述和表演等，如此一来，既让这些艺人负担加重，又对调查工作的跟踪深入是不利的。《非遗法》中所确立的"信息共享原则"使得兵团的非遗调查工作的开展更具科学性与合理性，避免低重复性或走弯路：对于同一个非遗项目，已经调查的单位建好相应的资料数据库，基于对《保密法》的遵从，再向社会公示，使资源信息得以共享，亦减少重复调查造成的浪费和减轻调查对象负担。同时，还能够使相应的物资及人力得到高效的运用，避免不必要的浪费。

新疆兵团汉族、维吾尔族、哈萨克族、回族等 37 个民族，多民族中有佛教、伊斯兰教、基督教等多种信仰，五湖四海人都保留有一定的原籍文化，多民族、多宗教、多文化既形成了兵团多元文化交融，也意味着文化保护工作存在一定复杂性。《非遗法》对调查原则进行了明确，要求既要本着科学、公开的态度，又要基于对调查对象及其所在社区的风俗习惯的尊重开展工作；调查应在被调查对象同意的基础上进行，尊重其风俗习惯，不得损害其合法权益。这一规定为非遗工作的顺利开展提供了法律依据，使得各族职工的文化习俗得到应有的尊重，且不受干涉、打扰，从而使其从内心接受及认可调查工作，并予以有效的配合，这对于和谐稳定的兵团民族关系的维护也极为有利。

借助有效的调查，完成相应等级国家级和地方级非遗代表性名录的设立，把能够体现中华民族优秀传统文化，颇具历史、文学、艺术、科学价值的非遗项目列入名录，使其得到有效的保护。公民、法人、其他组织，都能够对名录提出自己的意见，把列入非遗名录的上报给文化主管部门，这一规定也是对公民等主体行使主动建议权的确立，使非遗名录制度的建立不再局限于文化部门的职责。除此以外，一旦发现有非遗项目即将消失，应马上采取抢救性保护策略。显然，上述的这些规定都是为了借助民间的众多力量，更深层地对珍贵的非遗项目进行挖掘及发展。

兵团大多文化资源分布在各垦区，由于各师团的主管部门的关注度不一样，或是因为力量不集中等，最终的结果也不同。根据《非遗法》第二十一条，相同的非遗项目形式及内涵在两个以上地区都得到完整保持的，则可同时被纳入名录。这就从制度层面对地域间的矛盾进行了有效的解决。在对申报加以重视的同时，更要将保护工作作为重中之重，并将其落实到位，真正做到既重申报，更重保护。

（三）军垦民间文艺保护的对策措施

军垦民间文艺作为兵团文化的基础、主要构成部分，已具有优良的传统及深厚的群众基础。但在传承发展进程中，军垦民间文艺也面临困境，针对现阶段发展过程中所存在的各种问题，建议采取如下对策措施加以解决。

1. 鼓励活态传承，扩充传承队伍

军垦民间文艺的真实魅力在于通过表演与艺术品展现出独具兵团特色的多元交融文化。表演者、作品的创作者是人，他们在学习、展演与创新中使优秀民间艺术得以传承。民间艺术之所以能够活态传承下来的一个主要因素仍然是人。

文化管理部门作为非遗保护主体的重要责任人，应采取行之有效的措施，积极鼓励"活态传承"。建议借鉴五家渠文化局在红旗农场与芳草湖农场所举办的曲子戏培训班、眉户培训班等实践活动。在培训班与兴趣组中，老艺人及传承人言传身教，艺人们展现出各自的技艺，爱好者们在欣赏曲艺表演的同时，对民间艺术的真正价值也会有所感悟。尽管培训班的时间比较短暂，仅能教授或学到一些基本技巧，但却在艺人与爱好者之间建立起了一座桥梁。艺人也能发现更多有一定潜力的培育对象，将自己的技艺教授及传播出去，进而扩大传承队伍。

2. 构建保护机制，实施全面保护

最近几年，国家非常注重非遗保护，并且公布了非遗保护名录，其中兵团的国家级非遗名录有6项：眉户、哈萨克毡绣和布绣、土碱烧制技艺、屯垦曲子戏、维吾尔族模制法土陶烧制技艺、兵团秦腔；兵团级非遗代表作有42项，如屯垦英烈传说、屯垦故事、枪杆诗、军垦歌谣、哈萨克族阿肯弹唱和豫剧等。

文化职能部门作为公共文化服务的主要领导者，需要全面加强其对民间艺术的主导性，明确自己在传播国家民间艺术保护问题上所具有的立场以及职权责任。民间艺术的价值不能只靠当前的经济效益，从最基层看，民间文艺可活跃团场连队群众生活；而放远看，民间文艺精品对一个垦区、兵团乃至国家都具有极高教育意义和保护传承价值。

对兵团的文化艺术进行价值判断时，需要制订严格的系统方案。调查人员要实施专业性的田野调查，通过调查对象认同及应允之后，从而实施全方面的调查分析，根据调查情况做出详细的调查报告，经专家委员会审核，最后由兵团党委向社会公开发布。兵团党委应制定相关制度及政策，在兵师团连四级保护体系实行动态保护，并不断调整加以完善，为各师团连的民间文艺保护确保政策性扶持。坚决杜绝借兵团"三化"建设、开发旅游的名义而可能对民间文艺造成损毁的行政行为。

并且，还要激励艺人"走出去"，在垦区兵团乃至全国范围都应积极参加一些与此类有关的活动，在对比当中能够得出个人的亮点并且可

以为创作打开新思路，汲取他人的优点和长处，不断研究和融入自己作品中，使艺人得到全面提高。

3. 立足于民间保护，全面发挥高校作用

为了军垦民间文艺的保护和民间文艺更好地活态传承发展，文化主管部门不仅要担负主要职责，还需要坚持"民间事，民间办"的保护原则。

民间是各民族、各地方社会生活方式最基本的，是各民间文化艺术得以产生、传承和发展的土壤与空间。兵团民间艺术基本都是根据不同的团场连队为背景，军垦战士、团场职工群众集体创造出来的，是在他们的日常生活文化基础上发展起来的，这当中包含及累积兵团的历史记忆以及民众的智慧与情感，是兵团职工群众文化生活中的重要组成部分。兵团民间文化艺术遗产的存在及发展，其主要力量就是职工群众。所以，应立足民间，调动民间事民间办的积极性，将保护传承责任真正地落实到垦区基层团场连队。

"当下主管部门和学术界极有必要在团场连队开展民间艺术传承保护的调查、宣传教育展演和研讨等活动，立足民间，从实地出发，制订出切实可行的保护措施。兵团亦需借助高校的力量，鼓励学者多参与兵团文化和民间艺术的研究工作"[①]；兵团党委、宣传部、文联高度重视兵团文艺精品工程建设，自2015年设立此项目以来，每年投入1000万—2000万元资金扶持精品项目，先后资助石河子大学的学者主持兵团文学、美术、民间文艺等项目。兵团高校应抓好机遇，营造良好的学术氛围，加大对相关课题的扶持、资助力度；并通过师生，深入兵团团场连队学习，体验民间文化艺术，在相关授课内容中穿插讲授。在有条件的情况下，"将兵团民间艺术引入课堂，师生既能形象、直观感受兵团民间艺术熏陶，又能了解兵团历史文化，为立足兵团、服务新疆、面向全国、

[①] 郭爽、薛洁：《民族文化政策下的兵团民间艺术保护刍议》，《民族论坛》2012年第5期。

辐射中亚的办学定位付诸实践"[①]。为习近平总书记提出的为党育人、为国育才的办学目标，结合新疆兵团特色，践行以兵团精神育人，为维稳戍边服务培育人才。

4. 加快文化产业化进程

要把文化资源优势转变成经济资源优势，产业化即为主要途径。很多兵团民间艺人在探索、实践方面已有初效，但因受到专业经营理念的局限，发展速度较慢。因而，兵团民间艺术要想得到产业化发展，最主要的是要有大量专业化人才、高新科技以及资金投入。人才是兵团文艺发展的先锋力量，要对已有的专业型人员自身的作用进行全面挖掘，最大程度地对他们的才能和技术进行开发，为文化产品的开发及创造提供良好的人力支持。集中党委、社会力量开办文化企业，让开发人员参与到企业管理及经营中，使企业得以创新与发展。

同时，和专业性高校合作，结合兵团文艺的实际及客观条件，开设多个专业，如文化产业经营管理类、文化传播类专业等。与相关专业（如网络技术专业、新闻影视编导、媒体设计等专业）建立起实习、就业基地，全面实现兵团艺术发展和培育高校人才的共赢局面。劝员民间艺人及传承人，大范围开办培训班，招收学员，使民间文艺的接收面得到进一步扩充。组织这些人参加国家及国际性比赛、展览会等，开阔他们的视野，使艺人对社会需求、发展态势有所了解，进而根据需求来大力开发文化产业。

兵团民间艺人也应积极寻找产品与市场之间的契合点，对市场进行细致观察，了解广大消费者的基本需求，在保持兵团特色及迎合消费者审美观中找到切入点，创造性转化，创新性发展，以实现文艺创作表演和经济效益、社会效益的共赢。

[①] 郭爽、薛洁：《民族文化政策下的兵团民间艺术保护刍议》，《民族论坛》2012年第5期。

第二节　兵团垦区民俗文化资源保护专题研究

一、关于非遗保护中的家庭教育保护传承

我国政府高度重视非遗保护，逐步组建起国家级、省级、市级和县级非遗保护机构，为此构建起保护体系即政府保护、法律保护、教育保护、学界保护、民间保护等，保护主体和传承主体联袂携手，对非遗实施全方位保护。非遗的教育保护包含家庭、学校、社会这三个教育保护体系，其中家庭教育传承是最基本、最基础的教育保护。

家庭教育是在家庭（家族）中，长辈对晚辈以口头传播方式，持续传授活态的，没有经过加工、修饰的原生态传统文化教育，具有自发性、本真性、启蒙性、连续性等特征。在家庭中，孩子们在倾听儿歌以及民族史诗、传说故事时，在长辈们的言传身教和家乡家庭成长环境的熏染下，从咿呀学语、蹒跚学步再到上学，耳濡目染，自然习得语言文化、传统习俗以及道德礼仪等等。这些知识为青少年的文化观、审美观、价值观以及幸福观等形成，产生潜移默化的积极影响。

我国各民族文化多样性、非遗保护传承面临冲击及挑战，家庭结构、社会文化等都发生了变化，再加上学校教育作用的因素，非遗保护体系中的家庭教育传承不容乐观。针对目前非遗保护的家庭教育传承现状，分析思量，提出实施科学有效的保护方案，其主要目的就是注重及

发挥家庭教育传承在非遗保护中所具有的基础地位及作用。

（一）非物质文化遗产家庭教育传承现状分析

目前，非遗的家庭教育保护存在一些共性问题。

1. 家庭结构的改变，使非遗家庭教育传承明显缩微

我国家庭结构出现了极大的改变。以往，一个大家庭多是三代或四世同堂，大院里的子孙们陪伴着院里的长辈们，朝夕相处，聆听长辈们讲故事及说书等。当代家庭小型化，孩子一般都是和父母（三口之家）在一起，和爷爷奶奶、外公外婆、叔伯姑等分开生活。这样一来，孩子们极少能倾听到长辈述说民间故事。另外一种情况是，很多父母因为外出打工，把孩子留给老人看护，孩子一天的时间基本都是在学校度过，只有极少的时间与爷爷奶奶相处，孩子若不想了解传统文化知识，爷爷奶奶也不强求；一些中青年父母即使有时间也会出去休闲放松，对民族史诗、歌谣等传统文化缺乏主动向长辈们学习的意识，更缺少给后代传授的意识；计划生育带来家庭成员锐减，同样也使家庭关系变得更加单一化，孩子们对传统家庭生活和传统文化缺乏了解和体验。这些使非遗家庭教育的传承土壤明显缩微。

2. 学校教育的集中效用，使非遗家庭教育的传承机缘有所消减

随着知识经济的发展，家长们对学校教育的重要性认识也愈来愈强烈，这是毋庸置疑的。子女在学校，学习外语及现代科技知识的比重不断加大；家长出于儿女升学、出国及工作等方面考虑，把儿女送到私立、贵族学校，让他们接受封闭式的教育，学生几乎没有机会在家乡在家庭接受本土知识教育。从笔者2019年5月对兵团八师一三三团六连、七连的调研中发现，这两个连队与团部之间的距离仅为3公里至5公里，因多年来一直实施国家的计划生育政策，该团办在连队的民族中学学生数不断削减，自2007年秋季开学，团教育中心把各年级共计40多名小学

生收入团校。此后，这两个连队的孩子从幼儿园到初中均在团部上。（原九连民族中学校址也早已变成了九连的民族风情园）

现阶段，民族地区（特别是牧区）的教育伴随着寄宿制、内初班及内高班等诸多办学形式的快速发展，很多家长都把儿女送到寄宿制的学校接受教育。由于校园环境为封闭式的集中管理，只有节假日、寒暑假才准予回家。如此一来，儿女同父母、家乡接触的机会便愈来愈少。

3. 多样化的现代生活，使非遗家庭教育的传承环境受到影响

相对封闭的社会文化环境，是保持传统文化的稳定性和完整性、民族民间传统技艺能够在代与代的传承中自然延续的客观条件。一旦这一客观条件改变了，文化传承就面临威胁，传承链在某些环节就会出现断裂。

自全面改革开放以来，我国现代化的发展从沿海至边疆、城市到乡村，随着电视及电话的全面普及，再加上电脑的广泛使用与高速公路高铁的畅通，人们的社会生活发生了翻天覆地的变化。

以往，老艺人通常将自己的技艺传授给后代，很多技艺都是经家传的方式而一代又一代地传承；现阶段，受到现代化生活方式的极大影响，很多青年对城市生活越来越向往，对现代化的生活方式更加喜爱，对网络媒体的现代化信息予以更多关注。同时认为传统生活方式太过老套，赶不上时代的潮流，对古老的说书、听故事的传统教育及家庭教育不感兴趣，一些家族世代相传的传统手工技艺也很难传承下去。以上种种现象对于子女接受家庭教育的传承环境都产生了极大的影响。

（二）非遗家庭教育保护的若干思考

家庭是社会的细胞单元，家庭教育是社会教育最基础的组成部分。在家庭教育中，在注重当代科学知识的学习之外，还要给子女传授更多的传统文化教育，从而使下一代真正感受到传统文化的魅力之所在。而在当代文化及生活的压力下,再加上很多家长一味"崇洋"或者觉得传统文化太土,导致目前非遗家庭教育传承较难。一方水土养一方人,一方人在这方水土滋养下创造了适宜的本土文化,并且需要不断传承及发展。因此,文化教育不忽略养育我们的原生态文化,是家庭教育彰显本土文化传承的最好方式。以上主要分析了非遗家庭教育保护中所存在的共性问题,在此,对这些问题认真分析思考,对实施科学有效的抢救保护方案进行研究,以加强非遗的家庭教育保护。

1. 认定非遗传承人,赋予传承人相应权利

非遗家庭教育传承和保护主体应是具有非遗一技之长和诸多才艺的家长,他们对非遗的传承及发扬,激励作用大。传授技艺,身先士卒,言传身教,薪火相传。对于非遗而言,其本质在文化的活态传承上,所指的就是代代相传。保护传承人也就保护了非遗,所以,传统和现代相结合,为非遗家庭教育营造了良好的传承环境氛围,赋予传承人相应的权利。

(1) 在国家、省、市、县分级保护体系下,不断对相应层级的传承人(指家庭教育传承人)进行确定,对他们掌握和传承的独有的技艺给予认同、认可,赋予其荣誉称号和权利。

(2) 从物质、精神上有权享用国家、地方政府给予传承人的工资福利待遇以及荣誉称号,享有发展自己特有的非遗权利。

(3) 有权把自己独有的技艺、技术传给后代,给子女、学人提供有关原始资料、实物以及场所等;如果场所、基本设备等不足,开展传承活动有困难的,可申请当地政府协调解决。

(4) 开展传艺、展艺、讲学、创作非遗标志和艺术旅游纪念品、学术研究等活动,奉献给社会,或得到相关报酬,以促进非遗生产性保护的文化产业发展。

(5) 国家、地方政府采取激励机制,对传承人的工作给予关注和帮助。对非遗传承人根据技高艺精和传承队伍规模以及贡献大小等实行分级保护，动态管理，褒奖杰出传承人。组建国家级、省、市、县级保护体系的传承人当作传承主体的家庭教育传承模式，首先，能够确保政府津贴的方式给予传承人资金资助，保证其生活无忧，使他能够安心传承活动；其次，通过命名方式授予传承人相应称号，给其精神奖励。另外，作为政府有关部门公务人员，还要及时了解传承人的生活情况，尽力解决他们的实际困难；暂时不能解决或该部门难以解决的问题，也应及时解释清楚，和传承人建立友好合作关系，获得传承人的信任，使传承人能够全身心投入非遗的教育传承工作中。

2. 传承人应肩负起历史赋予的使命，履行家庭教育传承义务

传承人享有政府给予的多项权利的同时，还应明确自己承担的时代所赋予的使命，积极履行非遗家庭教育传承义务。

（1）对于文化传承，传承人要有自觉意识，增强文化传承的自觉行为，要转变以往非遗传承的保守自发状态，走开放自觉之路，要对传承的范围及途径进行扩展，主动营造优越的传习环境，使孩子们对学习非遗的某类知识或技能产生兴趣，进一步激发和培养特长。

（2）传承人应紧随时代的变化，充分尊重传统文化根本价值及意义，延续传统文化的根脉，不但要守护精神家园，同时还要与社会发展的需求相适应，传承创新和发展，从而使非遗的生命活力及其在现代化社会延伸的生命力得以体现。

（3）传承人应当采用行之有效的措施，对掌握的非遗知识、技艺及相关资料等妥善保存、保护。

（4）传承人要积极参加自己擅长的非遗宣传展示与传习展演等公益活动，开拓视野，带徒传授技艺，培育下一代传承人。

（5）传承人应积极配合有关部门的工作，做好所掌握的非遗档案；向所在文化行政部门提出保护建议，及时反映实际的保护情况，促使非遗工作有效整理、保护和发展。

3. 充分利用节庆民俗契机，强化非遗家庭教育传承

节庆就是一个民族文化聚集展示的大好时机，同样还是一个以家庭为主的亲情团聚的美好时刻。非遗中，节庆被列入民俗类，比如春节、中秋节、那达慕、火把节、黄帝陵祭典、庙会等等。它主要彰显了传统文化和现代文化的整合。节庆期间，不但对民族口头文学、舞蹈、戏剧、民间音乐以及传统体育游艺等进行传承，而且还可以把民族的饮食、服饰、交通、年画、皮影等生产生活技能、手工艺等全面展现出来，通过节庆能够把非遗民俗文化一代代传承下去。例如，汉族每年的腊月二十三都实施送灶活动。送灶时，一家人来到灶房，摆上桌子，并且供上祭灶果，长辈率晚辈跪在灶王爷像前，给设在灶壁神龛中的灶王爷敬香。到了除夕夜，一家人再将灶王爷接到家里，把新购的灶王神像贴在灶台上，让晚辈跟着长辈一起加入这项仪式当中去，并且对子孙讲解有关灶王爷的传说故事。长辈带着晚辈举办这一节庆民俗活动家宴，让子孙了解民以食为天的朴素道理，教育了孙辈重祖先给我们留下的节庆民俗这一非遗。

4. 全面运用现代高新技术，促进非遗家庭教育保护

随着社会的发展进步，人民生活水平得到全面提升，大部分家庭已经有能力购买及运用高科技产品，例如照相机、摄像机、电脑等等。对家传的绝活技能进行展示、民俗节庆的家庭聚会仪式过程等，通过照相和摄像等技术手段，将它全部记载和保存下来，并且留给下一代，进而促进非遗的家庭教育保护。例如大部分汉族家庭，子女通常都要给父母举办寿辰大礼。生日当天，父母穿着锦缎寿衣，坐在正中的高椅上，接纳着儿孙们的敬拜礼。寿辰期间，主人摆宴酒席，热情款待拜寿的亲朋好友，恭祝老人健康长寿。类似这种传统仪礼民俗活动，可请专业摄影师以及摄影爱好者通过照相、摄像等不同的方式将热烈、隆重的场面拍摄下来，输入电脑或刻录保存。在闲来无事或者再次家庭聚会的时候还可以翻出来看一看，接

受非遗家庭教育。这样做,不但将当代新科技融入传统家庭教育中,还能够增强家族之间的感情,使子孙们感受到家庭民俗文化氛围,弘扬尊老爱幼的传统美德,这对非遗家庭教育保护传承有很大裨益。

(三)家庭教育保护对非遗保护传承的重要性

教育是人类社会文化传承的重要力量,同样也是保护和发展非遗的有效路径。而家庭教育是教育之源,对传承民族文化、习得礼仪考察、生产生活知识、促进社会进步具有基础作用,在打造人才启蒙教育以及人生指导教育中具有奠基作用。

家庭对于子女的非遗保护意识以及保护行为的培育具有很大的渗透影响。非物质文化包含在家庭日常生活以及日常学习中,这对家长而言是非常关键的并且也是十分重要的,家长创造了什么样的非遗传承环境,子女就会接受到什么样的非遗教育。以家庭教育为有效方法来保护非遗,能够更好地为下一代传承非遗,使其通过家庭教育保护,传承薪火,生生不息。

综上论述,主要对于非遗保护体系中家庭教育传承现状分析思考,其主要目的就是要注重及发挥家庭教育传承在非遗保护中的基础地位及作用,由家庭到社会,加强全社会非遗保护意识。

二、民间优秀传统文化在家庭教育传承的内容和意义

家庭教育即家长对子女自觉或是非自觉、有经验或是有意识、有形或是无形的一种教育行为。从内容方面来说,家庭教育通常包括生产劳动教育、艺术与节日等传统文化生活教育。下文从"非物质文化"层面入手,对传统文化在家庭教育传承的内容、意义进行探讨。

(一)家庭教育保护传承的内容

1. 家庭收藏与家谱教育

从哲学方面来看,整个世界均是物质的,所有事物均离不开物质。而人类所创造的文化也是如此,也需有物质载体才可存在。家庭收藏为主要的物质载体。家长定期或是不定期地向孩子展示家庭收藏品,在传统节日及各类仪式上,经一代又一代的传承,让后辈们对家里的收藏品有一定的了解。特别是传统工艺世家代代珍藏的传家宝,比如古董、年画、字画等,经过向孩子们讲述藏品的历史价值、审美艺术价值,使他们明白藏品的珍贵。如此一来,不但能使后代子孙牢牢记住收藏物的由来、含义及价值,而且还能提高后代子孙对祖传文化遗产传承的志向及兴趣。

家谱是一个家族的谱系,是家庭收藏中的一种。以记载家谱的形式,厘清家族的来龙去脉、分支结构,所呈现的就是为家庭、为社会做出贡献的前辈,光宗耀祖;以口头的形式,教育后代要时刻凝聚家族感情,继承家族中尊老爱幼、勤劳朴实、发愤图强的优良传统。在家庭中,让子女记诵家谱和讲解家谱的相关内容,如哪 代中的哪位如何,先辈们怎样勤于农耕、精于读书;或者以哪种口述、表演方式或者祖传技艺持家兴业,传授给下一代等,从而让后代真正了解祖先的过去以及传统规范或者习得技能,从中体会和传承本民族的传统文化。例如锡伯族每逢春节,都要请"喜利妈妈"[①],从屋内的西北角挂到东南角,接着上香、

[①] "喜利妈妈"是锡伯语,其意是"延续"。它是保佑锡伯族家室平安、人丁兴旺的女祖神,汉译为"子孙妈妈"。实际上,它就是一条10米左右长的麻绳(表示家庭繁衍的一条主线),在这个麻绳上分别系着许多小弓箭、各色布条、髀骨、铜钱以及桦树皮制成的小摇篮、小水桶、小靴子等物。每生一个男孩就在绳上绑一个小弓箭,希望男孩长大后成为骑射能手;每生一女孩绑一个红布条;每娶一房儿媳妇便绑一个小摇篮,希望生儿育女,子孙满堂;每繁衍一代人,就拴一个髀骨,与上一辈区别开来。铜钱象征富裕,桦树皮小水桶、小靴子等物则表示子孙满堂、五谷丰登、家室平安。平时,"喜利妈妈"缠在一起,外面用黄纸对角包成上稍细、下略粗的无底纸筒,上贴"福"字和挂笺,供在西北墙角上,只有这时才把它请出来。参见韩钢、韩连赘《图说新疆风情》,乌鲁木齐:新疆人民出版社,2006年,第226—229页。

叩头、祭拜，以祈祷"喜利妈妈"保佑全家平安、儿孙满堂、安居乐业。祈祷后再由家族的长辈讲述家族繁衍历史，解释"喜利妈妈"的蕴意，并且告诉子孙后代今天所拥有的幸福生活都离不开老一辈的努力，教育他们要牢记前辈们创业的艰辛，不可以丢掉本民族的传统文化，努力把家族业绩传下去。再比如，哈萨克族妇女让儿童从小认知七代祖先的名字以及祖先中的英雄，在传统节日、家庭聚会时，以比赛的方式，激励孩子了解家谱——谁可以把家族谱系以及祖先业绩说得流利并且娓娓动听，谁说的家族史上的英雄人物和传说故事最多，那么谁就是最聪明的，会获得家长们的赞扬和孩子们的羡慕。以家谱教育方式，使孩子牢记自己的祖先，热爱自己的民族，从而学习到本民族的传统文化，进而继承发展。

2. 传统手工技艺、表演艺术的家传教育

在实际生活中，各种传统手工技艺、表演艺术等不同形式的文化传统，以家传的形式传授给下一代。那些身怀各种手艺的长辈们，以言传身教的方式教予子孙。

传统手工艺类多来自家传。六师红旗农场的国家级非遗项目哈萨克毡绣、布绣的代表性传承人卡门，她很小的时候就跟着母亲学习各种手艺，16岁时便能自己毡绣、布绣，现在她的女儿、儿媳妇也都会这些手艺。这种家传的方式一代又一代地传承下去。通常哈萨克族妇女，都是在家中进行刺绣活动，往往是多个妇女聚在一块儿，一边刺绣一边聊天，互相交流情感及经验；她们还会联手创造出一些新图案，待生了孩子，便会将这些手艺传给自己的女儿。如此反复，使民族传统文化得到了传承。再比方说，民间剪纸的传承与家庭教育有着密切的关系。在家庭中，母亲在子女面前展示祖辈们传下来的带有一定地域特色、个性创造及形象生动的剪纸图样，同时将当中所蕴含的民族文化意韵告诉他们，从而使他们对民族文化及民间艺术产生浓厚的兴趣。在兵团，有些小女孩在

很小的时候就拿起剪刀跟母亲学习剪纸，将母亲剪好的图案作为样本进行反复练习，或是买一本剪纸画册，照葫芦画瓢，慢慢地就熟练了，再根据个人的想象来剪，长此以往，剪纸艺术创作也就形成了独具自身特色的风格。兵团非遗传承人李永梅便是剪纸艺术受祖辈家传创新的代表。

表演艺术的传承人大多也来自家传。兵团六师五家渠申报的传统戏剧——眉户被列入第二批国家级非遗名录，主要在六师芳草湖、新湖农场即芳新垦区流传。清朝末期，狄氏祖辈从甘肃武威将眉户戏带入新疆，生活在芳草湖的狄春辉、狄光照即为第四代、第五代传承人。我们在对狄氏家族第五代传人狄光照访谈中了解到，当地眉户同秦腔、新疆曲子戏有着渊源的关系，唱词基本上都是老词曲，不但一代又一代传承下来，还创新发展，与现代生活相融合。如歌唱改革开放、屯垦戍边、新人新事、党的十八大、芳草湖新面貌等，深受芳新垦区职工群众及周边地方百姓的喜爱。兵团级非遗项目布拉丁家族民间歌手弹唱，三师伽师总场申报立项。2019年5月，项目组师生一行4人赴伽师总场拜访了布拉丁家族，布拉丁家族祖孙五代口传心教，传唱喀什地区110多年民歌。此家族五代都将家庭、家族作为主要基础，父传子，子传孙，一代传一代，传承民族民间传统歌舞及音乐出于自觉、自愿，在节日或是亲朋聚会的时候都会表演，以此影响当地人民对民族传统歌舞音乐的认识，带动更多人喜爱并参与。布拉丁家族民歌弹唱的影响力很大，在喀什噶尔河中游、三师伽师总场及伽师县等地都可观赏到布拉丁家族民歌表演艺术，拥有极高的知名度，堪称维吾尔民间歌舞世家，深受兵地维吾尔族、汉族等民族的喜爱。

3. 人生仪礼和家庭伦理教育

人生仪礼和家庭伦理教育是家庭教育的重要内容之一。通常爷爷奶奶、父母等家长带出去见到亲朋邻里教孩子怎么称呼，进行礼貌教育；再就是观察家庭中成年人的言谈举止，习得家庭伦理以及接人待物礼仪。

例如哈萨克族的婚礼仪式上，新娘离开父母之前，都要唱哭嫁歌："生我养我的父母之恩，谁人能比？十月怀胎，奉献母爱之心，母亲谁又能代替，过去的日子永不再来。我亲爱的家乡，亲爱的乡亲，祝愿你们永远平安！"[1] 哭嫁歌里包含着对父母亲的爱，主要彰显对父母亲养育的感激之情和对家乡以及亲朋好友的不舍、依恋以及祈福平安之情意；母亲轻声细语嘱咐女儿："……夜晚要迟睡，早上要早起。提水烧奶茶，双手敬公婆……"[2] 教育新娘到了婆家就要学会勤俭持家、尊老爱幼、孝敬公婆、夫妻好合、和谐相处。

蒙古族过春节时，晚辈向长辈敬献"新年碗"（碗中装有酒或者食品），祝福长辈健康长寿，长辈也要以优美的颂辞来祝福晚辈，并且还要给孩子发吉祥糕点。在家庭教育中，父母言谈举止都会对子女产生深远的影响。民间故事《奶奶盆》[3] 就是以小儿子天真烂漫的言语，教育年轻夫妇应该遵守家庭伦理，善待老人，否则自己也会被晚辈虐待……这则故事说明父母言行对子女的影响有多么重要。家长的言传身教作用在孩子心目中占有很重要的地位。家长的教育，以讲述民间故事、歌谣等方式进行教育，组织民俗活动中人生礼仪的言谈举止，子女能够知道各种礼仪、礼节以及家庭伦理道德等。所以，父母才是孩子人生中的第一任老师，子女的道德观、人生观、价值观很大程度上都取决于父母的家庭教育。我们应重视对子女实施传统仪礼的家庭教育，规范子女的礼仪言行，并且还要传授、灌输家庭伦理知识。

---

[1] 贾合甫·米尔扎汗：《哈萨克族历史与民俗》，夏里甫罕·阿布达里译，乌鲁木齐：新疆人民出版社，1999年，第280页。

[2] 帕提曼编著：《哈萨克族民俗文化：暨哈萨克族研究资料索引：1879—2005》，北京：民族出版社，2008年，第79页。

[3] 参见周福岩《"养"与"弃"：民众孝亲伦理观念试析——以耿村民间故事文本为对象》，《辽宁大学学报》（哲学社会科学版）2006年第2期。

（二）家庭教育保护传承的意义

家庭为传承民族传统文化的民间基本组织和重要力量，长辈通过让孩子学习本民族语言文化、生产生活技能、传统习俗、家庭伦理及道德礼仪等相关知识，传承民族优秀传统文化，对实现民族发展进步有着不可或缺的意义。

1. 家庭教育对传承与发展民族语言文化有启迪意义

语言是民族文化的主要特征之一。透过一个民族的语言，能够看到该民族多姿多彩的文化形态。可以这样说，语言的发展与民族文化的传承发展有着十分紧密的关系。中国是一个多民族、多语种的国家，不同民族大多有着自己的语言。当孩子还在婴儿时，家长就给孩子唱摇篮曲，指认各类实物让孩子学会听。从学会说话开始，父母就一直陪在孩子身旁，与孩子沟通、交流，加强孩子语言方面的训练，2岁为孩子语言发展的重要阶段，通常情况下，孩子掌握语言的能力相对较强，只需强化训练，到3岁的时候，便可基本掌握日常用语。父母通过口语的形式同孩子交流，比方哈萨克族妇女在为孩子举行的"摇篮礼"上，给孩子唱"别瑟克歌"[①]；在孩子刚开始学说话的时候，她们教孩子唱儿歌；在孩子记事时，给孩子讲一些民间故事、谚语等。孩子自然先学会母语、本地方言，如此一来，家庭教育不但启迪、教育了孩子，还使本民族语言文化得以传承和发展。

2. 家庭教育对传承与发展本民族生产生活技能有示范意义

生产生活技能是一个群体为了生存和发展，在长时间的社会生产实践中、一方水土养一方人的生活积累中不断创造和传扬下来的极具地方

---

① 又叫"摇篮歌""妈妈的歌"，在"摇篮礼"上，哈萨克族母亲都要为婴儿唱。如："小宝贝，小宝贝，好好睡在摇篮里，下面铺皮子，上面盖种子。客人来了要宰羊，为你起个好名字，不要哭，不要闹，不要为难你妈妈。"参见周亚成《谈哈萨克族妇女对儿童的道德教育》，《伊犁师范学院学报》（社科版）1997年第3期。

特色、民族智慧的生产知识和生活经验。在整体社会结构中，家庭才是本土以及该民族生产生活技能承上启下最基础、最关键的环节，这对家庭子孙后代继承家业以及人生道路的发展具有很大的奠基作用。所以，家长们非常注重对孩子生产生活技能的培育，在家庭环境下成长，子女可以更好地学习生产生活知识以及相关技能，并且代代相传。比如，以游牧业为主的蒙古族素有"马背上的民族"之称，长时间随着季节的变化过着逐水草而居的游牧生活，孩子在小时候就受父辈的熏陶，学会了骑马、摔跤、射箭等技能，五六岁就学会了骑马，十一二岁随大人就会放牧，十五六岁就能够独自参加马上竞技较量。哈萨克族也非常重视对孩子生产生活技能的培养，男孩子小时候就学习骑马，之后还要学习放牧、打草、管理牲畜等；女孩子则学习挤奶、捻毛线、绣花等。

3. 家庭教育对传承与保护本民族优良传统习俗具有积极意义

在新疆，每到节日或者婚嫁仪礼时，各个民族都有它独特的表达方式，每个家庭根据本民族的习俗举办仪式活动，晚辈在参加仪式时都会体验到本民族传统习俗的文化意义。比如春节，大部分以家庭为主，成年人给长辈买礼品、给子女买新衣服，会让孩子们打扫房间、学着包饺子、贴春联窗花年画、挂彩灯、放鞭炮等辞旧迎新习俗活动；长辈会给晚辈压岁钱，会对孩子讲述春节习俗。从家庭教育可以看出，本民族优良传统习俗这一非遗的民俗类节庆文化的民俗事象、文化意义得到传承和发展。

4. 家庭教育对传承与保护民族家庭伦理和道德礼仪具有深远意义

父母为孩子的启蒙老师，父母的言语对孩子有很大的影响，会起到示范的作用。父母要求孩子做到某件事时，自己要先做到，要以榜样示范及行为力量来教育子女，使孩子真正懂得本民族家庭伦理、道德礼仪。蒙古族十分注重礼仪，礼仪的习得是在父母言传身教及长时间训练下养成的。在蒙古族家庭中，长辈受到尊重礼遇，晚辈们受到关爱呵护，特别是母亲们受到普遍尊重,困难者得到帮助,尊敬老人、爱护孩子,友善邻里,已成为蒙古族的传统美德。蒙古族有这样的谚语:"金银可以获得,父母不能再得。""别看是鬓发蓬乱,也还是慈爱的母亲;别看是草檐茅舍,也还是可爱的家庭。"[①] 形象说明从小就要对孩子言传身教,要让孩子孝敬父母、热爱家乡,这对凝聚家庭、家族亲和力及凝聚民族向心力都有教育作用。

(三)余论

经家庭代际间的言传身教及身体力行,能更好地传承本民族的生产方式、生活经验、民间工艺、伦理意识、思想观念等。由于家庭教育为教育根基,所有人均是在家庭中接受最初的教育及影响,所以,家庭是传承传统文化的第一阵地,而家庭教育理所应当将传承民族传统文化作为起点,在此阶段,传统文化能否得到有效传承对其整体的传承力度及面向都有着极大的影响。所以,我们要对家庭教育在传承民族民间传统文化过程中的基础地位及起到的重要作用持足够的重视态度。

针对传承民族传统文化来说,家庭教育有着极为关键的意义及价值,此点对之前所提到的保护和传承非遗有一定的借鉴意义。由于从实质上来说,非遗就是传统文化的重要部分。我国有着悠久的历史,非遗资源十分丰富。怎样更好地保护与传承非遗资源,教育传承是一个重要策略。针对教育在现阶段非遗保护传承过程中所起到的作用及具有的意义问题,在学术领域已有多项研究。

纵观这方面的研究能够得出,大部分都是站在学校教育的视角进行研究的,而针对具有启蒙基础性的家庭教育在非遗保护传承中的地位和作用问题的重视程度却不足,如兵团非遗项目里的家传传承方式。因而

---

① 转引自王莲花《蒙古族传统家庭教育及其传承研究》,呼和浩特市:内蒙古师范大学硕士学位论文,2008年,第16页。

我们对家庭教育在非遗保护传承中所占有的重要地位与发挥的作用要予以重视。

非遗家庭教育即在家庭中，父辈对晚辈通过代代相传的形式，传授给晚辈最朴实的传统文化教育，具有诸多特征，如本真性、自发性、启蒙性及连续性等。透过整个家庭能够发现，孩子在听儿歌、民间故事与观看手工制作的过程中，经模仿大人的行为，在长辈的教育和家庭环境的渲染下，对生产生活技能、民间工艺及表演艺术自然而习得和掌握。此外，这些知识对青少年文化认同、审美观、价值观的形成有着启蒙和积极的影响。因而，我们应该对非遗家庭教育保护的文化意义进行挖掘，充实非遗的家庭教育内容，对全面发挥其保护、传承的启蒙及奠基作用要格外重视，以激发幼儿、青少年传承中华优秀传统文化的志向及兴趣，使非遗得到保护并更好地传承下去。

第三节　兵团垦区民俗文化中军垦特色非遗的保护传承与发展

军垦民间文化内容形式丰富多样，别具一格。其中极具屯垦戍边生产劳动和生活实践代表性的应数军垦特色非物质文化遗产。

兵团军垦特色非物质文化遗产（以下简称"军垦特色非遗"）是在沸腾的屯垦戍边生活土壤中由军垦人集体创造、传承和享用的精神财富和文化资源。宏观探讨军垦特色非遗的真实存在、活态传承具有保护与传承的可行性基础，阐明兵团军垦特色非遗保护与传承的目的、意义以及构想和前瞻，以明晰兵团军垦特色非遗是什么、为什么要保护以及怎样保护传承军垦特色非遗。

一、军垦特色非遗的真实存在、活态流传具有保护传承的可行性基础

军垦特色非遗反映军垦人一手拿枪、一手拿镐，亦军亦农、劳武结合，屯垦戍边、保家卫国的主题，在发挥战斗队、工作队、生产队、宣传队方面起到的重要作用以及留下的一笔笔财富，决定了它在军垦文化、垦区民间文艺中的存在价值和显要地位。因此，它的真实存在、活态流传具有保护传承的可行性基础。

（一）军垦人承古启今的屯戍劳动生活实践是军垦特色非遗保护传承的源头活水

兵团军垦特色非遗传袭古屯垦文化根脉，继承军旅文化传统，续接投身新中国以来的屯垦戍边火热生活，用青春和热血谱写了可歌可泣、守边卫国的史诗般诗篇。

屯垦英烈传说是流传在阿勒泰、塔城、北屯一带各族人民心目中的一部歌颂自汉以来戍边西域的将士抗击外敌侵略、维护国家统一的民间口头文学，至今依然为兵团职工和当地各族群众所传颂和鼓舞。如兵团级非遗代表作《屯垦英烈谱·火凤凰之歌》，上卷主要讲述古屯垦英烈传说故事，以《误失的国土》《杀尽黄毛贼》《巴奇赤匪帮的末日》为代表，叙述了一批又一批将士为戍守边关远离亲人和故土家乡，在边疆与当地各民族人民团结一起，共同对抗外敌侵略的英雄故事；伴随着这部斗争史的就是讴歌一代代戍边先烈不畏强敌，为维护祖国统一而英勇献身的英雄史诗。下卷主要讲述新中国以来兵团十师人屯戍边境的故事，其代表作《伟大的公民》《永不移动的界碑》《国土在我心中》续写出《屯垦英烈谱·火凤凰之歌》继承前人的事业、开辟未来的道路、鲜活感人的驻防伟绩，传唱出"我家住在路尽头，国门就在房后头，边境线上种庄稼，界河边上牧羊牛""面对蜿蜒的界河，背靠伟大的祖国，我们种地就是站岗，我们放牧就是巡逻"一首首亦军亦农亦牧歌谣。一篇篇守土保边的真实故事，一首首朗朗清新的军垦歌谣，构成了一幅幅国就是家、家就是国的家国一体的戍边文化长廊。

兵团军垦特色非遗是由军垦人共同在沸腾的屯垦戍边生活中集体创造、传承和享用的精神财富，唯有基于屯垦戍边生活源泉，才有军垦特色非遗的丰厚资源。所以，军垦人承古启今的屯垦戍边生产劳动、生活实践是军垦特色非遗保护传承的源头活水。

（二）军垦特色非遗名录是保护传承兵团非遗的开山之作

兵团非遗名录30项（不含师团的），其中屯垦曲子戏、眉户、哈萨克毡绣布绣、秦剧等6项是国家级非遗代表作；兵团级的24项，屯垦英烈传说、屯垦故事、枪杆诗、烙画、新疆豫剧、哈萨克族阿肯弹唱等，均为富有军垦、地方、民族三大特色的非遗代表作。

国家级非遗名录屯垦曲子戏、眉户，以六师红旗农场、芳草湖农场为代表，是兵团职工群众宝贵的文化遗产，是新疆文艺百花园里的一朵奇葩。六师红旗农场、芳草湖和军户农场等，其前身分别隶属于新疆吉木萨尔、呼图壁、昌吉州，先后于1978年、1975年、1978年划属昌吉州农垦局，1982年归属兵团农六师。屯垦曲子戏在红旗农场的四厂湖[①]、五厂湖[②]等地区流传甚广，源自清朝中期的军屯、民屯、中原来的灾民以及奇台"缠头老二"戏班子，历史源远流长；眉户由原籍甘肃武威的狄氏祖辈自清朝末年逃荒至新疆，并将眉户戏带到芳草湖[③]，传至红旗、军户[④]、新湖农场等，经100多年的发展和演变，流传至今。

屯垦曲子戏、眉户在屯垦戍边的艰苦岁月和文化生活匮乏的时期，为丰富战士、群众文化生活，鼓舞士气和教育群众，都产生过积极的影响。今天，曲子戏、眉户在垦区宣传党的方针、政策，文化传播交流与和谐社会构建等方面，也都具有重要的现实意义，依然受到兵地广大职工群众特别是老军垦人的喜爱。2013年年初，我们去芳草湖农场与眉户

[①] 四厂湖，红旗农场场部驻地。据《新疆志稿》记载，清光绪十四年（1888），屯田军在此设军马厂，按马厂序号排列第四，又因水草茂盛，故名"四厂湖"。参见《农六师红旗农场及镇村》，新疆天山网（http://www.tianshannet.com.cn），2006年2月15日。

[②] 五厂湖，红旗农场二分场，曾为屯军第五军马厂，故名。

[③] 芳草湖，芳草湖农场场部驻地。清乾隆与嘉庆年间，甘肃镇番县（现民勤县）移民在此垦殖建村，得名镇番户。1952年改名正繁户，1996年更名芳草镇。参见《农六师芳草湖农场及镇村》，兵团新闻网，2011年10月23日。

[④] 军户，军户农场场部驻地。清同治四年（1865）清军在此地屯田，得名大军户，场部驻地曾有一条渠，据清代《新图志·沟渠志》记载，称二畦渠。参见《农六师军户农场及镇村》，中国广播网，2012年7月10日。

狄氏第五代传人代表狄光照及其戏班访谈时，戏班就表演了《学习党的十八大精神》《芳草湖新面貌》等眉户剧目。

屯垦英烈传说，歌颂从汉代至新疆生产建设兵团时期，一代又一代戍守边疆的将领及兵士、屯垦军卒和各族群众抵御外敌、维护国家统一的民间口头文学，也是一部以故事形式讲述从汉朝至今，中央政府在西域阿勒泰地区屯垦的口传历史。以"汉有张骞探险途，班超勇踏定边路。先人拓疆多艰辛，岂容俄寇掠国土！"开始，讲述着历代屯垦将士屯田守土、不畏强敌的英雄气概和经营西域的历史丰功；兵团人踏着古屯垦英烈的足迹，在屯戍生活中真实发生并流传的《伟大的公民》《永不移动的界碑》和《国土在我心中》等屯垦故事，从不同角度、不同侧面，真实记录了兵团人劳武结合、守土保边的屯戍理念，体现出热爱祖国、无私奉献、艰苦创业、开拓进取的兵团精神；突出了割不断的国土情、难不倒的兵团人、摧不垮的军垦魂、攻不破的边防城主题；呈现出一幅幅戍守边防的风情画，缅怀"活着屯垦守边关，死了还要看国门"的献青春、献终身、献子孙的老一辈军垦战士，传承"我们种地就是站岗，我们放牧就是巡逻""儿子长大还戍边，世代生活在塞外"的屯垦戍边情怀。

这些非遗财富最突出的主题是基于屯垦戍边生活，表现强烈的爱国主义精神和亦军亦农守边建疆的奉献精神；最显著的特征是富有浓郁军垦特色的活态传承性、多元交融性、地方性和民族性，为保护传承提供了鲜活材料，堪称保护传承兵团非遗的代表之作。

（三）军垦文化艺术节等活动的开展是保护和传承军垦特色非遗的有利契机

"中国传统节日是源自人们生活中的共同需要而通过积淀形成的传统礼仪、仪式、游艺等为重要内容的各种方式，在特定时空关系中利用相应的物质载体表达思想、信仰、道德、理想等的群体活动的日子。"[①] 基于对传统节日的认识，兵团自改革开放以来，在继承传统节日的基础上，结合屯垦戍边生产生活，垦区各师团开展了丰富多样的军垦文化艺术节，赋予了传统节日的当代生命活力。2013年5月25—26日石河子北泉举办的军垦民俗文化艺术节，本次活动以"红五月·民族情"为主题，以"赶巴扎"传统文化娱乐方式呈现节日气氛，主打潇洒军垦梦大合唱比赛、威风锣鼓、阿肯弹唱会、摔跤、武术表演、民族团结歌舞及万人麦西热甫篝火晚会。

通过各族职工群众丰富多彩、具有浓郁军垦特色的文化艺术节等群众性文化活动，进一步传承和弘扬民族优秀文化传统，彰显军垦特色文化魅力，以活动为载体，在领略、体验民俗风情过程中，促进文化交流，和谐民族关系。在兵团这样既传统又新型的军垦文化艺术节，还有类似的广场文化艺术节、军垦文化旅游节、蟠桃节、红枣节、军垦艺术体验基地等等，这是为凸显军垦特色文化品牌，进行形象、生动的屯垦戍边教育，民族团结进步繁荣而搭建的一个个平台。其场面规模之大，参与人数之多，热情兴致之高，可与传统节日的盛况相媲美。

兵团各师团长期开展的以军垦文化艺术节为龙头的职工群众文化活动已是既定文化兴边项目，打下了广泛而扎实的基础，收获了诸多经验，其中就涵盖了军垦非遗项目。为此，兵团节庆活动年复一年地、一贯制开办，应将其看成是有助于保护传承军垦特色非遗的良好机遇以及发展空间。

二、兵团军垦特色非遗保护与传承的目的和意义

前述在对兵团军垦特色非遗是什么，其内涵、外延简要解释的基础上，从三方面论述了军垦特色非遗的真实存在、活态传承具有保护传承

[①] 王文章：《非物质文化遗产保护研究》，北京：文化艺术出版社，2013年，第227页。

的可行性基础这一主要观点，意在认可、确信军垦特色非遗真实存在，活态传承在兵团270多万各族职工群众中间，这就存在一个为什么要对其进行保护传承与创新发展的问题。因为是军垦人在履行国家赋予的屯垦戍边使命的生产劳动和生活实践中承古启今，敢于担当而创造、承传的精神文化财富，其精髓就在于高度集中了以爱国主义、开拓创新为核心的民族精神和时代精神，是中国特色的社会主义核心价值体系的重要部分。这也是保护传承军垦特色非遗的目的、意义所在。

（一）兵团军垦特色非遗保护传承的思路和目的

保护传承兵团军垦特色非遗，以先进文化为引领、军垦文化为特色，从军垦特色的非遗名录入手，在屯垦戍边生活的各个方面渗入古屯垦英烈传说、军垦故事歌谣、军垦民间文化艺术等，阐释军垦特色非遗的文化内涵，挖掘深层底蕴及其价值影响，对当下保护传承中存在的问题提出对策建议。

保护传承兵团军垦特色非遗，探索党的十九大关于文化强国发展战略在兵团贯彻实施的思路，探索兵团文化实边、兴边的理论与实践问题，付诸兵团现代公共文化服务，提高文化开放水平的实际行动，丰富职工群众文化生活，以增强全兵团文化创造活力；为兵团屯垦戍边教育、"三化"建设和文化强兵团提供文化科技创新的智力支持以及实际应用参考；使兵团干群、新职工和青少年了解兵团历史，领略兵风民情，强化兵团文化认同教育，以利于更好地保护传承和创新发展，让屯垦戍边千秋基业、军垦精神代代相传。

（二）兵团军垦特色非遗保护传承的价值和意义

探索兵团军垦特色非遗的保护传承，是兵团贯彻实施党的十九大"坚持中国特色社会主义文化发展道路，激发全民族文化创新创造活力，建设社会主义文化强国"的需要。党的十九大报告提出"没有高度的文化自信，没有文化的繁荣兴盛，就没有中华民族伟大复兴"。坚持文自信和军垦文化自信，是对兵团第一代老军垦创造和传承的精神食粮的抢救和保护的需要，是兵团实现"三化"建设、发挥三大功能[①]的需要，是唱响兵团精神、传承兵团精神的需要。

深入研究兵团军垦特色非遗的保护与利用，挖掘其承古屯垦文化，将军旅原籍文化和新疆民族文化元素交融于一体的多元共存、兼容并蓄的文化内涵，使其在兵团经济、社会、政治、教育以及文化艺术等方面的价值功能得到发挥，以增强文化自觉、文化自信、文化自强意识，对探索和建树兵团军垦民间文化艺术具有理论学术价值。

保护传承军垦特色非遗，不仅能够发挥老军垦、民间艺人的传帮带作用，而且对强化兵团职工群众、青少年屯垦戍边以及"五个认同"[②]教育有着积极的现实意义；不仅能够将唱响兵团精神的理念落实在实际行动中，引起政府相关职能部门、社会对军垦特色非遗的关注和重视，而且能够向世人宣传全国唯一的兵团，正确认识和了解兵团，为兵团"三化"建设添砖加瓦；不仅能够激发兵团传承主体、代表性传承人传承军垦非遗的积极性、主动性，而且对兵团现代公共文化服务，提高文化开放水平的保护中传承，传承中创新，创新中发展，都有着积极的现实意义。

三、兵团军垦特色非遗保护传承的构想与前瞻

探讨兵团军垦特色非遗保护传承的思路和目的、价值和意义，意在解决为什么要保护传承的问题。在此基础上，进一步探讨怎样保护传承兵团军垦特色非遗的问题。下文就兵团军垦特色非遗保护传承中面临的问题及困境，针对性地提出解决对策，探索怎样保护传承兵团军垦特色

[①] 兵团三大功能：安边固疆的稳定器，凝聚新疆各族群众的大熔炉，代表先进生产力、先进文化的示范区。

[②] 五个认同：指对伟大祖国的认同、对中华民族的认同、对中华文化的认同、对中国共产党的认同、对中国特色社会主义道路的认同。

非遗的路径，对其进行了前瞻性思考。

（一）兵团军垦特色非遗保护传承面临的困境

1. 创业者的老龄化。第一代老军垦既是创作者，又是传播者，面对新中国第一批老军垦已逾耄耋之年的严峻现实，尽显中华民族精神的、独具屯戍特色的军垦非遗的抢救与保护工作迫在眉睫。

2. 体制上的变化对军垦特色非遗传承带来的影响。1984年以来，全兵团实行的家庭联产承包责任制，各师团和连队一改过去出工、收工、就餐、学习、开会、训练等都要集中统一性的军旅传统作风，排队、拉歌、合唱或锣鼓秧歌等曾在各项集体作息过程中的重要作用被个体作息的自由松散代替。

3. 近些年，新来的干部、职工对兵团历史文化以及军垦特色非遗的了解较少，有的甚至一概不知；还有候鸟式的干部群众并未打算长久驻守，只是短期服务，干完任期或挣钱就走，抑或来年再来再走。

4. 媒体的多样化和外来文化造成的冲击和影响。电视、广播等媒体设备现代化，电脑、手机的全面运用，外来文化的冲击，一方面使兵团职工群众、青少年的文化生活丰富多彩并开阔视野，另一方面兵团职工群众和青少年对履行屯垦戍边使命的认识、对兵团文化认同的意识减弱，军垦特色非遗的保护传承受到不同程度的影响。

（二）走出困境的解决对策

1. 面向兵团师局团场、连队，找寻、访谈承载较多军垦非遗数量、拥有独特技艺及突出贡献的老军垦讲述者、表演者以及传承者，挖掘资源、摸清家底、坚持采风活动跟踪持续开展。如2012年12月、2016年6月我们师生一行前往六师红旗农场访谈第一批国家级非遗扩展项目——屯垦曲子戏及其传承人，拜访了代表性传承人八旬老艺人杨培才

(时年76岁)。数年来，杨老坚持自己记词、记谱、谱曲和创作，潜心收集、整理了4本、共计20多万字的《新疆曲子》，其中杨老创作的屯垦曲子戏剧本《一支特殊的队伍》深深吸引了我们。4年后，2016年6月我们再去红旗农场时，这个剧团已在杨老指导下排练完成，成功演出。还为我们专门表演了这一剧目。

……
在祖国西北边陲，有一支不穿军装、不拿军饷、
永不换防的特殊队伍。
60年来，为了新疆的稳定繁荣，
为了祖国的安宁和领土完整，他们默默无闻、
无怨无悔地坚守在8个国家、5600公里的边防线上。
在环境恶劣的漫长地带，他们改造自然，守土保疆，
创造了一个又一个人类历史上的开发奇迹。
为祖国母亲奉献了一片又一片赤子之心，
这支特殊队伍就是——新疆生产建设兵团！
……

兵团的非遗保护工作起步较晚，像杨培才这样有代表性的老军垦艺人、作品和实物，还有散落、散居在各师团、连队的，文化职能相关部门应予以全力抢救性保护。传承主体是非遗保护的重中之重，把兵团古稀、耄耋之年的典型传承人作为关注的重点，对其生活、身心健康予以关心，维护其合法权益。如形成代表性传承人制度，发挥传承人传承主体的传帮带作用；为代表性传承人提供传习场所，资助授徒传艺的传习活动；为办展览、巡演等宣传与交流活动而搭建文化开放平台，以扩大军垦特色非遗保护传承的受众面和社会教育面。

记录整理技艺资料，征集并保管代表作品，分类归档，利用现代多媒体高科技，建立名录体系，建立以文本、图片、音像、视频等多种媒体存在的渠道信息及数据，即建立军垦特色非遗资料库。让军垦特色非遗不仅在兵团得到保护传承和创新发展，而且走出兵团，与新疆各族人民共享文化资源，让世人更便捷、更深入走进兵团文化，认识兵团，关注兵团。

2. 兵团实行党政军企高度统一的特殊管理体制，即依然是党政军企于一体的准军事化组织。在兵团一些重要工作开展、节假日活动举行等，仍然需要发扬部队优良作风，强调组织性、集体性，坚持经常组织集体活动。如民兵训练、春耕春播誓师大会、开会列队、拉歌、节庆社火表演等，通过这些方式，以加强亦军亦农亦工亦学的准军事化的全局集体意识，在集体统一性活动中淡化自由松散的个体作息时间、自我观念。在举办这些活动中，既能增强集体观念和兵（军垦人）的意识，又能从中得到军垦特色非遗的传承。

3. 对近些年来兵团工作的新干部职工群众进行屯垦戍边教育，学习老军垦屯垦戍边的爱国主义精神。在"我爱兵团"的屯垦戍边教育体系里囊括军垦特色非遗内容，以丰富、生动的活教材，强化兵团文化认同和塑造兵团人形象。提高对兵团历史文化、军垦特色非遗的认识，树立人在兵团、热爱兵团、服务兵团的思想，对更多的干部群众形成强劲的吸引力，使其一起参与进来，在主动参加的各种与非遗有关的活动中感受军垦文化的内在价值和魅力，在保护的过程中一起分享成果，从而为这些文化的传承与长久发展打好根基。

4. 在对待媒体的多样化和外来文化的影响问题上，应一分为二看待，更应从传承本土文化本身做起。兵团要借助媒体的诸多优势，在军垦特色非遗的宣传方面注重借助更多的途径，使效果最大化。不但要对传承人核心作用予以看重，更要强调其价值的展现，而且还要通过多个平台，譬如文化遗产日、中国传统节日和垦区举办的军垦文化艺术节、红枣节、蟠桃文化节等，借助兵团各师团的广电、文化广场、文化活动中心、兵团军垦博物馆等，利用兵团团场至今依然保持的部队文化传统之一的早午晚定期集中广播的媒体作用，以民间与基层作为切入点，用一个垦区或者团场的成功经验来带动更多垦区、团场的工作。开展多个与军垦特色非遗相关的活动，譬如展演、展览、展示等，让更多的青少年加入进来。逐步建立起家庭、学校和社会教育保护传承机制，从而使年青一代在媒体多样化和外来文化的选择上，有更优的选择，更加青睐中华优秀传统文化和非遗保护传承，同时使其判断能力与鉴赏能力都能得到提升。

（三）前瞻性思考

全篇在宏观探讨军垦特色非遗的真实存在、活态流传具有保护传承的可行性基础上，阐明兵团军垦特色非遗保护传承的目的、价值、意义，明晰了兵团军垦特色非遗是什么、为什么要保护以及怎样保护的思路。对今后军垦特色非遗的保护传承做出前瞻性思考。

"21 世纪的中国文化发展必须根植于中华土壤，才能根深叶茂。"[1] 兵团文化是中国文化的重要组成部分，兵团文化的发展只有根植在屯戍新疆工作生活的沃土上，才能茁壮繁荣。军垦特色非遗的保护与传承，不单单是为了呈现兵团的历史及现在，更重要的是为兵团未来文化建设的可持续发展、文化强兵团战略而必须传扬军垦文化的核心价值——军垦精神，这正是军垦特色非遗的生命力所在。唯有将这些对策措施全面落实到位，真抓实干，才能调动传承主体的主动性与积极性，多渠道开展多样性的非遗活动，寓教于乐地传承和激励后人。

建议建立兵团非遗研究机构，主要研究兵团军垦非遗保护的理论及

---

[1] 马戎：《中国民族史和中华共同文化》，北京：社会科学文献出版社，2012年，第180页。

实践问题。用理论来指导实践，用实践来丰富理论。向兵团师局团场的文联、文化宣传部门、史志办、工会、妇联、学校等引介军垦非遗项目的研究成果，利用声像结合、图文并茂的方式呈现出《屯垦英烈传说》《屯垦曲子戏》《军垦鼓艺》等一系列带有浓厚军垦特色的非遗，使文化资源共享得以全面实现，研究成果为社会所用。

　　站在培育民族文化自觉、自信、自强的立场上，吸引兵团各族职工群众、青少年踊跃参与到军垦非遗的保护传承及创新发展中来。同时，在整个过程中受到民族精神与时代精神的启迪，使屯垦戍边活态传承的教育功能得以体现，为军垦特色非遗、中华优秀传统文化保护传承、创新发展起到重要作用。因主要受众是兵团职工群众，随着对文化事业、文化产业的不断重视和投入的增加，保护意识的增强，传承人数和一定收入都会不断增加。因此，军垦特色非遗的保护传承拥有广阔的前景。

　　军垦特色非遗所传承的不仅是古西域屯垦的爱国主义民族精神，同时还是新中国成立以来兵团屯垦戍边生产生活实践中所构建的精神家园。增强军垦特色非遗的生命力及创造力，推动其与现代化生产生活相结合，由此可以带来可观的经济效益和长远的社会效益。尝试运用现代高新技术进一步扩大传播渠道，为军垦特色非遗的展示、展演搭建更多平台，在利用非遗资源丰富兵团职工群众文化生活、吸引共同参与及共享各类资源的过程中，实现保护传承与创新发展的最终目标，共守共建精神家园。

　　综上所述，本课题通过对新疆兵团垦区民俗文化研究，主要探索兵团精神民俗文化中的军垦特色、民俗文化内涵，挖掘其深层底蕴及存在价值。本研究将有利于更好地活态保护和传承优秀屯垦文化遗产，进一步激活兵团民间文化艺术，为兵团文化建设、屯垦戍边教育和汇集新疆先进生产力、先进文化示范区提供理论支撑和实践依据，以传承和弘扬兵团精神、中国精神。

主要参考文献

赵予征:《新疆屯垦》,乌鲁木齐:新疆人民出版社,1991年。

《中国民间歌谣·新疆卷农四师分卷》,乌鲁木齐:新疆人民出版社,1993年。

农八师·石河子市编委会编:《中国歌谣集成新疆卷·新疆生产建设兵团农八师·石河子市分卷》,乌鲁木齐:新疆人民出版社,1993年。

农八师·石河子市编委会编:《中国谚语集成新疆卷·新疆生产建设兵团农八师·石河子市分卷》,乌鲁木齐:新疆人民出版社,1993年。

农八师·石河子市编委会编:《中国民间故事集成新疆卷·新疆生产建设兵团农八师·石河子市分卷》,乌鲁木齐:新疆人民出版社,1993年。

高丙中:《民俗文化与民俗生活》,北京:中国社会科学出版社,1994年。

金炳镐:《民族理论通论》,北京:中央民族大学出版社,1994年。

黄淑娉、龚佩华:《文化人类学理论方法研究》,广州:广东高等教育出版社,1996年。

李福生主编、方英楷撰著:《新疆兵团屯垦戍边史》,乌鲁木齐:新疆科技卫生出版社,1997年。

贾合甫·米尔扎汗:《哈萨克族历史与民俗》(汉文版),夏里甫罕·阿布达里译,乌鲁木齐:新疆人民出版社,1999年。

姜文盈、刘成林主编:《屯垦戍边五十年》,乌鲁木齐:新疆大学出版社,2000年。

费孝通等:《中华民族多元一体格局》,北京:中央民族学院出版社,1989年。

乌丙安:《民俗学原理》,沈阳:辽宁教育出版社,2001年。

冯骥才主编:《守望民间——中国民间文化遗产抢救工程》,北京:西苑出版社,2002年。

段宝林:《中国民间文学概要》(增订本),北京:北京大学出版社,2002年。

[美]阿兰·邓迪斯:《民俗解析》,户晓辉编译,桂林:广西师范大学出版社,2005年。

周星主编:《民俗学的历史、理论与方法》,北京:商务印书馆,2006年。

白庚胜:《民间文化保护前沿话语:民间文化保护讲演录》,北京:学苑出版社,2006年。

董晓萍:《全球化与民俗保护》,北京:高等教育出版社,2007年。

兵团屯垦戍边理论研究中心编:《屯垦戍边理论热点面对面》,五家渠:新疆生产建设兵团出版社,2008年。

高丙中:《中国民俗概论》,北京:北京大学出版社,2009年。

新疆生产建设兵团史志编纂委员会、新疆生产建设兵团文化志编纂委员会编:《新疆生产建设兵团文化志》,五家渠:新疆生产建设兵团出版社,2009年。

赵予征:《丝绸之路:屯垦研究》,乌鲁木齐:新疆人民出版社,2010年。

钟敬文主编:《民俗学概论》(第二版),北京:高等教育出版社,2010年。

张安福:《历代新疆屯垦管理制度发展研究》,北京:中国农业出版社,2010年。

王文章:《非物质文化遗产保护研究》,北京:文化艺术出版社,2013年。

薛洁主编:《中国民间故事集成·新疆兵团卷》(上、下卷),乌鲁木齐:新疆生产建设兵团出版社,2014年。

薛洁主编:《中国谚语集成·新疆兵团卷》,五家渠:新疆生产建设兵团出版社,2015年。

薛洁主编:《中国歌谣集成·新疆兵团卷》,五家渠:新疆生产建设兵团出版社,2015年。

严丽(导师:黎小龙):《兵团社区族群关系的历史人类学研究:以新疆生产建设兵团农八师一三三团为例》,重庆:西南大学硕士学位论文,2012年。

廖梦雅(导师:薛洁):《兵团民俗生活变迁与民族关系研究——以八师石河子市为例》,石河子:石河子大学硕士学位论文,2013年。

朱命爱(导师:薛洁):《基于屯垦戍边生活的兵团民间文学研究》,石河子:石河子大学硕士学位论文,2013年。

郭爽(导师:薛洁):《民族文化政策下的兵团民间艺术保护研究》,石河子:石河子大学硕士学位论文,2013年。

尚青云(导师:薛洁):《兵团非遗在军垦博物馆保护传承的现状及其发展构想》,石河子:石河子大学硕士学位论文,2014年。

新疆生产建设兵团党委宣传部、文广局、文物局:《新疆生产建设兵团非物质文化遗产项目图册》。

杜元铎:《国家级非物质文化遗产代表作申报书——屯垦英烈谱·火凤凰之歌》,2007年3月31日。

高丙中:《民间的仪式与国家的在场》,《北京大学学报》(哲学社会科学版)2001年第1期。

薛洁:《军垦民间文学的民俗文化阐释——以石河子垦区民间文学为例》,《民俗研究》2001年第4期。

安然:《火凤凰之歌》,《兵团建设》2010年第4期。

薛洁、侯梦莹:《新疆兵团军垦民间文学成因与特质探析》,《民俗研究》2017年第3期。

后　记

在国家艺术基金传播交流推广项目、兵团文艺精品工程扶持项目资助支持下，石河子大学、中国文联出版社为保护和传承中华优秀传统文化给予关怀帮助。本项目几经努力，春去秋来，书斋田野，查遗补缺，不厌其烦，核实材料，数易其稿，耕耘收获。今天，《新疆兵团垦区民俗文化研究》一书，终于可以和军垦父辈、兵团职工群众与广大读者见面了。

2024年，对于新疆生产建设兵团来说，是一个极有意义的一年。10月1日是新中国成立75周年（石河子大学建校75周年）、10月7日是新疆兵团成立70周年纪念日。本书的正式出版，是向这两个重要节庆日献上的深深祝福和拳拳之心。

自1949年10月中国人民解放军凯歌进疆，执行战斗队、工作队、生产队任务到新疆生产建设兵团亦军亦农亦工亦牧，履行屯垦戍边使命，70多年的发展历程，新疆兵团与新中国同成长、共命运。在保边卫国、建设新疆的生产生活实践中，各族军垦儿女不仅创造了巨大的物质生活文化财富，也创造了丰富的具有军垦特色的精神生活文化财富，垦区民俗文化就是其中耀眼奇葩。她是几代军垦战士和职工群众集体传承、口耳相传的珍贵的屯垦文化资源。她记录着兵团人屯垦戍边、艰苦创业、生生不息、无私奉献的生活场景、工作经验和情感追求，饱含着"热爱祖国、无私奉献、艰苦创业、开拓进取"的兵团精神，是兵团人发挥"安边固疆的稳定器、凝聚各族群众的大熔炉、汇集先进生产力和先进文化的示范区"三大功能的赋能力量，也必将成为新疆发展大局——依法治疆、团结稳疆、文化润疆、富民兴疆、长期建疆，一支不可或缺的文化之基。

本书在国家社科基金西部项目《兵团社会民俗文化研究》基础上，获得国家艺术基金传播交流推广项目和兵团文艺精品工程扶持项目经费资助出版。参与本项目主要成员有陈平（《中国民间文学集成·新疆兵团卷》二编审）、廖梦雅（参与本书第二、四章部分）、朱命爱（参与本书第二、三章部分）、郭爽（参与本书第二、五章部分）、龙开义（《中国民间故事集成·新疆兵团卷》二副主编）、尚青云（《中国民间故事集成·新疆兵团卷》三副主编）、吴新锋（《中国歌谣集成·新疆兵团卷》二副主编）、吕连江（《中国歌谣集成·新疆兵团卷》三副主编）、周海鸥（《中国谚语集成·新疆兵团卷》二副主编）、周诗越（《中国谚语集成·新疆兵团卷》三副主编）、谭晓平（《试析新疆锡伯族屯垦传说故事类非遗的保护与传承》（第二作者，《石河子大学学报》（哲社版）2016年第6期）、侯梦莹（《新疆兵团军垦民间文学成因与特质探析》第二作者，《民俗研究》2017年第3期；《巴里坤汉族民间传说的特征、价值及其保护》第二作者，《石河子大学学报》（哲社版）2017年第4期）、李沫燃（《新疆巴里坤清代粮仓的文化符号内涵》，《中国党政干部论坛》2017年第4期）。向以上师生表示深深感谢！特别感谢我的研究生韩惠萍、焦霓、牛佳利、何星、权小龙以及科研助理恒巴提·海拉提！

感谢中国文联出版社！感谢本书责编王素珍女士！她为本书精心编辑、校订，不厌其烦与我多次讨论书稿，我去北京出差，她专门来宾馆面谈……因种种原因，本书修改得不甚满意，难以付梓、出版（觉得一出版就不可能再完善了）；是她认真负责、严谨待书的专业精神感染了我、推动我克服一个个疑难点，核实一个个数据资料，砥砺前行，终得收获。

  本书存在不足之处，如图文并茂对应书稿内容的进一步完善，加强和充实兵团垦区民俗文化研究成果的数字化保护与传播，理论的升华及实践的应用等。由于作者水平、条件和时间有限，错漏之处，恳请专家学者、读者不吝赐教，悉心斧正。

薛洁

2024 年 1 月 10 日